华中师范大学研究生教育创新资助项目（项目编号：2023CXZZ027）
中国旅游研究院（研究生）优奖计划基金资助项目（项目编号：202210）
中山市社科规划课题（项目编号：202315）
国家自然科学基金青年项目（项目编号：42201266）

三峡库区水文化遗产保护与利用研究

李向强　王婧雯　著

吉林文史出版社

图书在版编目（CIP）数据

三峡库区水文化遗产保护与利用研究 / 李向强，王婧雯著 . — 长春：吉林文史出版社，2024.3

ISBN 978-7-5752-0131-5

Ⅰ.①三… Ⅱ.①李… ②王… Ⅲ.①三峡水利工程－水－文化遗产－保护－研究 Ⅳ.① K928.4

中国国家版本馆 CIP 数据核字 (2024) 第 066663 号

三峡库区水文化遗产保护与利用研究

SANXIA KUQU SHUI WENHUA YICHAN BAOHU YU LIYONG YANJIU

著　　者：李向强　王婧雯
责任编辑：戚　晔
出版发行：吉林文史出版社
电　　话：0431-81629359
地　　址：长春市福祉大路 5788 号
邮　　编：130117
网　　址：www.jlws.com.cn
印　　刷：河北万卷印刷有限公司
开　　本：710mm×1000mm　1/16
印　　张：15.75
字　　数：220 千字
版　　次：2024 年 3 月第 1 版
印　　次：2024 年 3 月第 1 次印刷
书　　号：ISBN 978-7-5752-0131-5
定　　价：98.00 元

序

    人类虽然绝大多数在陆地上生活，但始终离不开水元素和水供给。它一直是人类最不可缺少的自然资源。也正是由于水本身所特有的分子属性和它在地球地质和生物过程中的特殊作用，才让水具有了物理转换的神奇力量。自有人类历史以来，人类社会就设法从政治、经济和军事上控制世界水资源。他们围绕水资源建设城镇，依靠水资源运输物品，以多种形式开发水资源的潜能，利用水资源作为农业和工业的关键投入，通过水资源获取政治优势。尤其是人类历史上有过许多重大转折，有些就是以水的突破性进展为基础的。

    5000 年前，古埃及、美索不达米亚、印度河流域以及中国北部的那些地区，就已经掌握了控制大河的水量来进行大规模农田灌溉的水利技术，为人类文明向更高级别发展奠定了经济和政治基础。古罗马在获得对地中海的支配权后，才逐步成为强大的帝国，而在罗马帝国核心地产生的繁荣的城市文明，正是由于帝国庞大的引水渠网，把丰富清洁的淡水源源不断地供给居民使用。开凿于春秋战国时期、全长 1700 公里的京杭大运河，打通了古代中国水上交通大命脉，将气候湿润、适合稻谷生长的南部长江流域与土壤肥沃、气候半干旱的北部黄河流域连接起来。长途跋涉的骆驼商队的财富贸易，维系了伊斯兰文明的辉煌。他们从大西洋出发，横跨中亚大陆，穿过茫茫无际的沙漠，到达印度洋，引发了伊斯兰世界的开放。总之，在人类社会发展过程中，水始终强有力地影响着国家的兴衰和民族的命运。①

    水一旦与人类发生联系，就不再仅仅只是一种自然资源，甚至成为社会文明进步的动力。历史发展进程中的多数文明始终是那些能够超越

---

① 所罗门.水：财富、权力和文明的史诗 [M].北京：商务印书馆，2018：序.

天然的水障碍的文明，它们释放和利用了地球上这个最不可或缺的资源的潜在效益。贯穿整个历史进程的社会命运，始终依赖于建立增加淡水供应和管理地方水资源的能力。尤其是中国，按美国学者卡尔·A. 魏特夫所言，是典型的"治水国家"，也是典型的"治水社会"。① 从古代的大禹治水到李冰主持修筑的都江堰，从沟通南北的灵渠到京杭大运河，从黄河、淮河治理到三峡大坝的修建，不仅创造了国家治水的奇迹，而且也形成了治水社会的水文明和水文化。

但是，关于水文明和水文化以及其文化遗产保护与研究，并没有象水文明和水文化那样悠久和持续。尤其是对水文化资源的保护和利用研究，更少引起人们的高度关注，研究成果也缺乏高度、深度和广度。虽然近几年随着生态环境和生态文明的高调宣传和反复强调，水资源和水文化以及水文明也有了不少研究者的深度介入，甚至在水文化资源的保护和利用方面已有了一些卓有成效的探索，但从总体上说，研究的状况还是与实际相差甚远。

庆幸的是李向强和王婧雯合作撰写的《三峡库区水文化遗产保护和利用研究》一书，不仅为地方政府和有关部门提供了三峡库区水文化遗产保护利用的思路和方法，而且也为中国水文化和水文明的建没和发展提供了启发和借鉴。作者在书中就明确地指出："三峡库区人民在上千年与水交往的过程中，充分利用长江水系之便，勤劳耕耘、繁衍生息，在亲水、用水、畏水、崇水和治水的过程中，产生了独具特色的与水相关的文化，并遗留下大量的水文化遗产。"并认为："三峡库区是长江流域重要的生态屏障，是巴楚文化的重要发源地，是维护长江经济带水生态安全的战略要地，从古至今产生了丰富的水文化遗产，但对三峡库区水文化遗产的研究、保护和利用仍有待加强。"

该书以重庆市和湖北省宜昌市、恩施土家族苗族自治州部分区县

---

① 魏特夫东方专制主义：对于极权力量的比较研究 [M]. 徐式谷，奚瑞森，邹如山，等译. 北京：中国社会科学出版社，1989.

为研究范围，以三峡库区水文化遗产，主要包括字画、古籍、瓷器等各种与水有关的文物，大量的水文碑刻、桥涵码头、水利文博设施、水利风景区、依水而建的名村名镇等物质性水文化遗产，以及几千年来三峡库区的水故事、水歌舞、水民俗、水信仰和水利文献等非物质水文化遗产为研究对象，视野开阔，范围广泛，内容丰富，目标明确。作者基于各类数据资源，对三峡库区水文化遗产进行了专业性和价值性方面的评估，详细梳理了三峡库区各类水文化遗产保护利用过程中积累的有效经验和存在的各类问题，希望为三峡库区水文化产业深入发展提供经验借鉴。同时，围绕重庆市以及湖北省乡村振兴的具体任务，阐述了三峡库区乡村振兴发展与水文化遗产保护利用间的相互关系，科学识别制约三峡库区乡村振兴与水文化遗产保护、水文化产业发展的制约因素，坚持突出特色、深化保护、可持续发展、区域经济与自然生态协同发展的原则，谨慎地提出了三峡库区水文化发展的思路、目标和实施路线图；依托三峡库区水文化遗产禀赋与区域社会经济发展定位，提出了三峡库区文化旅游发展总体布局的设想。难能可贵的是，作者从宏观角度上，提出了三峡库区文旅发展的总体对策；并从中观、微观角度上，提出了可操作性的建议。其研究结果，相信有利于促进三峡库区人地关系演变及水生态建设，有利于加强三峡库区水文化遗产保护，尤其是对解决"三农"问题、促进生态文明建设和乡村振兴具有重要的现实意义。

向强博士从事地理、历史、文化和旅游等领域的研究与教学，在文化遗产的保护和利用等方面有一定的经验和心得。近年来也参与了我主持的《岐澳古道历史文化资源的抢救保护和转化利用研究》《中山市名人文化资源保护与利用》《郑观应研究口述史》《中山市南朗历史文化资源深化研究》等课题研究，不仅态度认真，工作积极，而且在研究中发挥了重要作用。在我的印象里，向强博士是一位难得的有抱负爱学习肯钻研求进步的青年学者。这部《三峡库区水文化遗产保护与利用研究》，仅仅是他广泛阅读、换位思考、深入研究的一次学术操练，相信在不久的将来，其学术研究成果一定会精彩纷呈！

向强博士和王婧雯合作的这本书，研究的重点虽是三峡库区水文化遗产的保护与利用，但也对水文化和水文明进行了学理上的阐释，并在前人或同时代的学人研究基础上有所借鉴有所参考，但他们并没有局限于此，而是有所发现有所创新。尤其是对三峡库区的水文化遗产所做的保护和利用研究，本身就是一种责任，一种情怀，一种境界，一种良善。诚如老子所说："上善若水。水善，利万物而不争。"相信他们的研究和这本书的出版，会为三峡库区乃至全国各地的水文化遗产的保护和利用提供有益的参考和启发。

胡波

2023 年 12 月 27 日

胡波简介：先后在武汉大学、中山大学获学士、硕士和历史学博士学位，中国近现代史教授。原电子科技大学中山学院人文社科系主任、中山市文联主席、中山市社科联主席。曾任中山市第九、十、十一、十二、十三届政协常委，中山市第四、五届优秀专家拔尖人才，广东省首批优秀社科普及专家、全国优秀社科普及专家、中华口述史研究会副会长、中国区域文化研究会副会长等。现任广东历史学会副会长、广东省人民政府文史研究馆馆员。

前　言

　　文化是国家和民族不可替代的身份标志，是国家和民族薪火相传、生生不息的灵魂与血脉。放眼世界，文化是国家核心竞争力的重要组成部分，在国际竞争中发挥着不可替代的作用。作为一个世界性的话题，文化越来越受到人们的高度关注，越来越受到思想界、政治界、学术界、经济界等社会各界的广泛研究。纵观人类文明进程，如果没有先进文化的积极引领，没有人民精神的极大丰富，没有全民族创造精神的不断发挥，一个国家、一个民族就不能屹立于世界民族之林。中华民族历经苦难，仍能屹立不倒、生生不息，就是因为有着深厚的文化积淀、强烈的文化认同和持续的文化创新。

　　水是地球表层分布最广的化合物，是生物的重要组成部分，是孕育人类生命的重要源泉，是开展人类活动的必要资源，是人类赖以生存的物质条件。水也是一种文化载体，可以构成丰富多样的文化资源，可以产生令人称奇的文化现象，影响着人们的思想和行为。水作为一种自然资源，其自身并不能生成文化。只有当水与人类的生产、生活实践产生联系，人们有了开发、利用、治理、保护、管理水等方面的实践，有了对水的认识和思考，才会产生水文化。而人类也在不断发展与进化的过程中，通过丰富多彩的文化内容来表达对水的理解与感悟。

　　在人类与水的依托发展关系中，自然的水体不断被形塑、不断被赋予新的内涵，形成了以"人—水"特定矛盾关系为核心的水文化。水文化是因水而成的精神价值和生活方式。两千多年前，老子说："上善若水，水善利万物而不争。"这是中国水文化养成的一种非常浓缩的、高境界的精神价值和生活方式。三峡库区因水而成，因水而兴。在上千年与水交往的过程中，库区人民充分利用长江水系之便，勤劳耕耘、繁衍生息，在亲水、用水、畏水、崇水和治水的过程中，产生了独具特色的与水相关的文化，并遗留下大量的水文化遗产。

三峡库区是长江流域重要的生态屏障，是巴楚文化的重要发源地，是维护长江经济带水生态安全的战略要地，从古至今，产生了丰富的水文化，但对三峡库区水文化遗产的研究、保护和利用仍有待加强。本书以重庆市和湖北省宜昌市、恩施土家族苗族自治州部分区县为研究范围，以三峡库区水文化遗产（主要包括字画、古籍、瓷器等各种与水有关的文物，大量的水文碑刻、桥涵码头、水利文博设施、水利风景区、依水而建的名村名镇等物质性水文化遗产，以及几千年来三峡库区的水故事、水歌舞、水民俗、水信仰和水利文献等非物质水文化遗产）为研究对象。本书基于各类数据资源进行专题评估，分析三峡库区各类水文化遗产保护利用过程中积累的有效经验和存在的各类问题，为三峡库区水文化产业深入发展提供经验借鉴；同时，围绕重庆市以及湖北省乡村振兴的具体任务，分析三峡库区乡村社区发展与水文化遗产保护利用之间的关系，识别制约三峡库区乡村振兴与水文化遗产保护、水文化产业发展的约束问题。本书秉承突出特色、深化保护、可持续发展、区域经济与自然生态协同发展的原则，提出三峡库区水文化发展的思路、目标和实施路线图；依托三峡库区水文化遗产禀赋与区域社会经济发展定位，提出三峡库区文化旅游发展的总体布局；从宏观角度出发，提出三峡库区文旅发展的总体对策；从中观、微观角度出发，提出可操作性的建议。研究结果既有利于促进三峡库区人地关系演变及水生态建设，又有利于加强三峡库区水文化遗产保护，对解决"三农"问题、促进生态文明建设和乡村振兴具有重要意义。

本书作为三峡库区水文化遗产方面的学术著作，源于中国水利水电科学研究院与华中师范大学的课题"三峡库区文化资源保护保护开发利用对策研究"，全书主要由李向强写作完成，第三章"三峡库区水文化遗产的现状分析"主要由王婧雯完成。另外，黄杰、赵露、李雪婷、彭瑜、胡乐心也参与了本书一些章节内容的写作整理，李向强、王婧雯、黄杰、赵露和彭瑜参与了本书资料的调研搜集，李向强负责全书的最后统稿。

在本书付梓之际，我衷心感谢所有支持我、关心我、帮助我的人。感谢华中师范大学的刘目兴教授和中国水利水电科学研究院的万金红老师对本书启动提供的项目支撑。感谢华中师范大学龚胜生教授、徐金龙研究员、冯玉荣教授等专家学者的宝贵意见。我的学姐王莹莹对本书的结构、内容提出许多建设性意见，并给予项目支持，在此，特表谢意。在这里，要特别感谢我的妻子和父母对我学术生涯的默默付出和坚定支持，并将此书送给我懂事的女儿和可爱的儿子，是你们带给家庭更多的快乐和幸福。吉林文史出版社扶植青年学者，编辑出版此书，在此一并致谢。

由于写作内容的需要，我们还参阅了许多专家、学者、同行等的大量相关文献，多数在参考文献中进行了列举，但难免有所遗漏，在此向各位专家、学者、同行表示衷心感谢，如有不妥之处，敬请谅解。由于笔者才疏学浅，水平有限，书中难免存在众多疏漏和不足，希望得到读者善意的批评和指正，更希望得到读者真诚的指导和鼓励，你们传递的正能量是笔者今后在科学研究和社会服务之路上不断前行的动力。

李向强

2023 年 6 月

目　录

绪　论

水是事关国计民生的基础性自然资源、战略资源以及经济资源，既是生命之源，也是文化之源，水文化是中华民族文化的重要组成部分。水文化作为文化领域的新成员，逐渐发展成为全国乃至全球关注的热门话题。2006年，联合国教科文组织为第十四个世界水日确定的主题是"水与文化"。2021年，由中国水科院和联合国教科文组织联合举办的第一届水文化国际研讨会以"水与文明：水文化的传承与创新"为主题。水不仅孕育文化，更诞生文明，中华民族的形成在很大程度上与治水、理水、用水、管水有关。中华水文化传统久远，博大精深，它的传承和发扬对于中华民族实现人水和谐的福祉有着重要的指导意义。

第一节　研究背景及意义

一、研究背景

（一）时代发展的呼唤

文化是一个民族的血脉和灵魂，文化体现人类社会古老的积淀，展现人类社会创新和发展，弥漫在人类生活的外在环境，铭刻在人类自身的内部系统。中华民族创造了灿烂辉煌的民族文化，水文化是其中的重要组成部分。水是文明的起源，哺育了人类社会，人类利用水、治理水的历史源远流长，我国是一个具有悠久的治水传统的国家，在长期的实践中，中华民族创造了辉煌的物质财富和精神财富，形成了独特而丰富的水文化。近年来，水文化成为国内外研究的热点，越来越多的学者参与到水文化的研究中来。联合国经常举办涉水专题会议，推动设立世界水日，"水与文化"是2006年联合国教科文组织为世界水日确定的主题，且在2008年设立了"水与文化多样性"的科学项目，2023年，联合国水大会在美国纽约联合国总部举行，可见国际上对水文化的重视。我国积极参与联合国有关的水议程，认真落实联合国2030年可持续发展议程涉水目标，全面实施国家节水行动，长期致力于水文化基础设施建设、水文化研究、世界遗产申报和保护等，先后举办两届水文化国际研讨会，为全球水文化的传承与发展做出了积极贡献。水利部组织实施"十四五"水文化建设规划，以保护、传承、弘扬、利用水文化为主线，积极推进水文化建设，全面促进新阶段水利高质量发展。

（二）生态文明建设的需要

生态文明是党和国家的重大战略。党的十八大明确提出了大力推进生态文明建设的总体要求：树立尊重自然、顺应自然、保护自然的生态文明理念，把生态文明建设放在突出地位，融入经济建设、政治建设、文化建设、社会建设的各方面和全过程，努力建设美丽中国，实现中华民族的永续发展。2019年，习近平总书记考察黄河，提出黄河生态保护和高质量发展的五项任务，其中之一就是保护、传承、弘扬黄河文化。2020年，习近平总书记在江苏南京主持召开全面推动长江经济带发展座谈会，指出要把长江文化保护好、传承好、弘扬好，延续历史文脉，坚定文化自信。要保护好长江文物和文化遗产，深入研究长江文化内涵，推动优秀传统文化创造性转化、创新性发展。

（三）乡村振兴战略的要求

实现三峡库区振兴、推动共同富裕的难点在乡村，关键也在乡村。

这就要求我们必须为水资源的现代化提供基本保障，以水资源的可持续利用为支撑。要解决水资源短缺与水资源浪费并存的矛盾，首先，必须坚持人的现代化，用先进的控水观念和现代科学知识促进人的现代化，不断更新观念，促进制度创新。其次，在加大水利工程物质投入的同时，也要注重制度水文化和精神水文化的建设，在物质建设中拓展水文化的内涵，提高水文化水平，实现物质水文化、制度水文化和精神水文化协调发展，服务经济建设、政治建设、文化建设、社会建设和生态文明建设各方面和全过程。对水的认知、开发、利用和治理既关系人民的切身利益，也关系城乡、地区、经济和社会、人与自然的和谐发展。

（四）三峡库区文化振兴的重要组成

1992 年，第七届全国人民代表大会第五次会议审议并通过了《关于兴建长江三峡工程的决议》，1994 年，长江三峡水利枢纽工程（以下简称"三峡工程"）正式动工兴建，2009 年，三峡工程全部完工，是 20 世纪中国建设的最大型工程项目之一。三峡工程的兴建改变了河流的水文情势：水位提高，大量耕地被淹，部分江段峡谷变为湖泊。整个库区人多地少，生态环境变化明显，632 平方公里陆地陆续受淹，112 所集镇完成搬迁，110 多万移民告别故土。

三峡工程既改变了三峡地区的自然生态环境，也影响了三峡传统文化的传承。三峡库区内的部分人文资源受到严重破坏，国家、政府为此做出巨大努力，完成了迄今为止我国规模最大、涉及范围最广、参与人数最多的文物保护规划——长江三峡工程淹没及迁建区文物古迹保护规划。三峡文物的保护和抢救性发掘被称为 20 世纪世界最大的文物工程，先规划、后实施的文物管理模式至今被全国各大型文物保护工程借鉴和应用。除完成了我国在大型工程建设系统中编制的第一部文物保护规划，国家先后组织出版各类规划报告 32 本、规划实施保护项目 1087 项。

三峡特殊的峡江自然环境和故土的群体凝聚氛围是三峡文化产生、发展的现实基础。生态环境被改变，依附其上的传统文化习俗和由此滋生的文脉关系将发生改变。本书在文化生态学理论和系统论的基础上，依托历史，立足现实，面向未来，分析人、自然、社会、水文化之间的相互关系，梳理三峡库区水文化遗产的类型与特点，彰显三峡库区水文化的品格与特性，呈现三峡库区水文化遗产的空间分布，探讨三峡库区水文化遗产的影响因素，以期对三峡库区水文化的保护、传承与开发提供可行的发展路径和有效策略，实现水文化的可持续发展。

二、研究意义

（一）学术价值

长江是中国第一大河流，与黄河并称为中华民族的母亲河。三峡库区是长江流域的重要组成部分。三峡库区既因水而成，也因水而兴。三峡库区水文化遗产是长江水文化遗产中的精华。随着三峡大坝的建成，人们对三峡的关注日益提高，三峡水文化也日益引起人们的关注。但是，有关三峡库区水文化的理论研究相对滞后，存在"重利用、轻保护"的倾向。目前来看，从宏观、整体上探讨三峡库区水文化遗产的研究成果较少，从地理学、旅游学视角研究三峡库区水文化遗产的研究成果鲜见。鉴于此，本书以三峡库区水文化遗产为研究对象，从遗产内涵、构成、特征、现状，以及保护、传承和利用等方面对其进行全面、系统的梳理和研究，以期推动相关研究走向深入。

（二）实践价值

长江在中华文明的起源发展中发挥了极为重要的作用，是中华文明多元一体格局的标志性象征，在很大程度上丰富了中华文明，促进了文化多样性，"江河互济"构建了中华民族共有的精神家园。2022年1月，国家部署启动长江国家文化公园建设，这为三峡库区水文化遗产的保护、传承和利用提供了难得的历史机遇。建设国家文化公园是以习近平同志为核心的党中央做出的重大决策部署，是推动新时代文化繁荣发展的重大文化工程。习近平总书记高度重视国家文化公园建设，做出一系列重要指示批示，部署出台相关重要政策文件，为中国特色国家文化公园建设指明了目标方向、提供了根本遵循。水文化是长江文化的重要组成部分，水文化遗产在长江国家文化公园发展中具有十分重要的意义。保护和利用水文化遗产既是对中华民族优秀传统文化的继承和发扬，也是提升国家文化软实力，增强民族自尊心和凝聚力，实现经济和社会全面、协调、可持续发展的重要途径。具体对三峡库区而言，对水文化遗产开展相关研究，可为地方政府相关部门的决策提供参考和借鉴，对于增强三峡库区文化旅游资源的吸引力、提高三峡库区文化旅游的知名度、推动三峡库区乡村振兴、补齐长江文化短板、促进沿岸地区经济社会发展具有重要意义。

第二节　水文化与水文化遗产的概念

一、水文化

自 20 世纪 80 年代提出开展水文化研究以来，水文化的研究已取得了丰硕成果。特别是许多研究成果已转化为水文化建设的实践，成为一种先进的生产力，对推动社会主义的精神文明建设和水利事业的发展发挥了积极作用。关于水文化的定义，不同学科由于研究视角不同、学科背景不同，理解也不同。应该从更开阔的视野来探求水文化更深厚的文化底蕴。因此，需要明晰文化与水文化、中华文化与中华水文化这四个概念的基本内涵及其关系。

（一）文化与水文化

水文化是从"文化"这一概念派生而来的。"派生"本指江河的源头发展成众多支流，引申为从一个主要事物的发展中分化出来。文化与水文化的关系是"源头"与"支流"的关系，是从"文化"这一主要事物的发展中分化出来的。也就是说，文化是水文化之母，是水文化之根。要理解水文化，应从它的母体上和根源上去寻找水文化的渊源。

"文化"是一个世界性通用的概念，文化的内涵十分丰富。从不同视角看待文化，就有不同的文化内涵，正可谓"横看成岭侧成峰，远近高低各不同"。总的来说，文化的内涵具有三个核心要素：思想、对象和财富。思想是文化的主体——人；对象是文化的客体，是客观事物；财富是将文化的主体与客体相结合而成的成果，是文化存在的形式。

由于文化内涵的不确定性，学者们从人类学和社会学的角度探讨文化现象及其历史发展时，给"文化"下了数百种定义，其中较有影响的有以下四种主要类型：财富型、方式型、反映型和复合型。其中，财富型认为文化是物质财富和精神财富的总和，这一观点对我国定义"文化"影响最大，《中国大百科全书》《辞海》《新华字典》《现代汉语词典》等工具书对"文化"的定义基本上沿用了这一观点；方式型认为文化是人们生活、生产和思维的一种方式，其中包括人们的兴趣、爱好、风俗、习惯等；反映型认为文化是政治和经济的反映，这里的"文化"主要针对意识形态而言；复合型认为文化是包括知识、信仰、艺术、音乐、风俗、法律以及其他种种能力的复合体。

文化是以多姿多彩的形态展示在人们面前的。水文化是以水为特征展示在人们面前的一种文化形态，其特殊性主要表现为与水有关的文化，是以水和水务活动为载体形成的文化现象，是文化中以水为轴心构成的文化的集合体。没有水，就没有人，也就没有文化，水既是文明之源，也是文化之源，水文化渗透所有文化的各个方面。因此，我们说，文化是各种文化形态的母体文化，虽然水文化不是母体文化，但具有母体文化的特性。

（二）中华文化与中华水文化

中华文化既是一个地理概念，也是一个历史概念。中华文化是中华民族在中国这块土地上，在不同历史时期所形成的具有共同价值的文化认同。

中华水文化是中华文化的重要组成部分，是中华文化中以水为轴心的文化集合体，客观地存在于中华文化的各个方面。我们的任务在于把中华文化中与水有关的文化集中起来，并找出形成发展及其变化的规律，使之成为一种相对独立的文化形态。主要包括中华现代文化中的水文化、中华传统文化中的水文化、中华民族文化中的水文化和中华外来优秀文化中的水文化。

（三）水文化的概念

水文化是指以水和水事活动为载体，水在与人和社会生活的各方面发生联系的过程中创造的物质财富和精神财富的总和。这个概念中包含着水文化的实质和主要特征。

水文化的实质是水文化质的规定性，是区别水文化与其他各种文化形态不同的地方。水文化的实质就是以人为文化的主体、以水为文化的客体，在人与水发生联系的过程中形成的文化。认识水文化的实质，就确立了水文化作为相对独立的文化形态在文化百花园中的地位。水文化的主要特性：是以水和水事活动为载体形成的文化形态，是水在与人和社会生活各方面的联系中形成和发展的文化形态，水文化的内涵要素和定义类型与文化基本一致，水文化的内容博大精深，具有文化的特性。

二、水文化遗产

（一）水文化与遗产

水文化的内容博大精深，是一个非常复杂的系统，其分类方法有很多种。从文化形态角度，水文化可以划分为水的物质文化和水的非物质文化；从文化三因子角度，水文化可以划分为水的物质文化、水的制度文化和水的精神文化；从文化的移动性角度，水文化可以划分为可移动水文化和不可移动水文化；从文化层次角度，水文化可以划分为表层的自然水文化、中层的利用水文化和深层的理念水文化；从时空角度，水文化可以划分为时代水文化和区域水文化；从类型角度，水文化可以划分为水的自然文化（以海湖、雨水、冰雪等为主的水的形体文化），水的哲理文化（水哲学、水崇拜、水审美、水文学等），水的利用文化（用水管水的相关文化资源），水的功能文化（水的自然、社会、生产、生活、媒介功能文化资源），水的科技文化和水的派生文化等。

遗产一方面是指自然人死亡时遗留的个人合法财产；另一方面是指历史上遗留下来的物质财富或精神财富，在本书中是指后者，主要包括自然遗产和文化遗产。其中，自然遗产是指从美学或科学角度来看，具有突出普遍价值的、有自然和生物结构或这类结构群落组成的自然面貌；地质、自然地理结构和明确划定的濒危动植物生长区以及自然名胜地或明确划定的自然保护区。文化遗产是指从历史、艺术和科学角度来看，具有普遍价值的建筑物、雕刻、绘画、遗物、铭文等文物；在景观、建筑样式结合等方面具有突出价值的建筑或建筑群体；从历史、美学和人种角度来看，具有突出普遍价值的人造物品或人与自然共同创造的物品和工程，如故宫、秦始皇兵马俑等。

从中华人民共和国成立到 20 世纪 80 年代，乃至在 1982 年制定颁布的《中华人民共和国文物保护法》中，"文物"的概念主要以可移动的物质文化遗产为主。"文化遗产"的概念是在 1985 年我国加入《保护世界文化和自然遗产公约》时，我国才有了初步与国际上文化遗产对接的时机。随着我国社会经济的发展，与世界各国的经济贸易文化等方面的深入交流增加，我国在越来越多地参与全球化的进程中，也逐渐认识到我们在文化遗产管理方面的欠缺。2005 年，国务院出台了《关于加强文化遗产保护的通知》，该通知是首个将"文化遗产"作为主题词的政府文件，同时该通知中给出了"文化遗产"的定义，实现了我国从文物保护走向文化遗产保护的历史性转折，更加注重代际间传承和社会公众参与性。另外，将非物质文化遗产也纳入了文化遗产保护中，保护的范畴进一步扩大①，至此，我国"文化遗产"的概念和范畴基本固定下来。按照2005年《国务院关于加强文化遗产保护的通知》中给出的"文化遗产"的定义，我国文化遗产包括物质文化遗产和非物质文化遗产②。

（二）水文化遗产的概念

根据水文化和遗产的概念和内涵，可将水文化遗产定义为：是人们以水和水事活动为载体，在与人和社会生活的各方面发生联系的过程中创造的可被人类开发和利用的物质文化遗产和非物质文化遗产。对于水文化遗产根据资源禀赋，可以分为物质水文化遗产、非物质水文化遗产；根据移动性，可分为移动水文化遗产、不可移动水文化遗产。2012年，中国水利博物馆主编的《全国水文化遗产分类图录》一书将"水文化遗产"定义为"有关水的或是反映人与水关系的遗产"，并把水文化遗产分为不可移动水文化遗产、可移动水文化遗产、非物质水文化遗产、水文化记忆遗产、水文化线路、水文化景观六大类，既对照了文化遗产的分类，又考虑到了水文化的特点。

根据上述定义，参考现有评价体系，结合研究实际，本书中的水文化遗产分为物质水文化遗产和非物质水文化遗产。

---

① 单霁翔. 我国文化遗产保护的发展历程 [J]. 城市与区域规划研究,2008,1(03):24-33.

② 国务院. 国务院关于加强文化遗产保护的通知（国发〔2005〕42 号）[EB/OL]. [2023-5-20]. https://www.gov.cn/gongbao/content/2006/content_185117.htm.

第三节　研究述评

一、水文化理论

（一）国内研究现状

每年，水利部都会发布《水利精神文明建设与水文化建设工作安排》类的文件，总结水文化建设取得的成果与存在的问题，并提出新的水文化建设目标与要求。近年来，国内学者的研究主要集中在水文化理论、水文化遗产、水文化传播和区域水文化等方面，致力于研究水文化的定义、水的生态文明、水文明等基础问题，并取得了丰硕成果[1][2][3][4][5][6]。

毛春梅、李宗新、郑晓云等专家对水文化的概念进行了界定和解读，并根据其内涵，对水文化的概念进行了划分。毛春梅等[7]认为水文化是指人们通过水的生产和生活活动创造的各种物质、精神、系统和行为的总和。它不仅是在逐渐认识自然水的过程中形成的人类知识的总结，也是使用水作为隐喻的各种哲学，与水接触的历史轨迹，与水接触传递的

---

[1] 贾兵强. 新常态下我国水文化研究综述 [J]. 南水北调与水利科技 ,2016(06):201-208.

[2] 乔利祥. 新时期水文化的内涵及其与水利文化的关系 [J]. 山西农经 ,2016(18):39.

[3] 毛春梅，陈苡慈，孙宗凤，等. 新时期水文化的内涵及其与水利文化的关系 [J]. 水利经济 ,2011(04):63-66.

[4] 程宇昌. 现状与趋势：近年来国内水文化研究述评 [J]. 南昌工程学院学报 ,2014(05): 14-18.

[5] 李静，马育红. 节水型社会背景下可交易水权制度之构建 [J]. 现代商业 ,2015(02):279-281.

[6] 陈祺，杨斌. 文化型水利标志景观设计探析 [J]. 吉林水利 ,2014(08):5-8.

[7] 毛春梅，陈苡慈，孙宗凤，等. 新时期水文化的内涵及其与水利文化的关系 [J]. 水利经济 ,2011(04):63-66.

习俗和信仰，以及与水有关的审美表达，并且包括人类在控制、调控、指导、开发、管理和保护水的过程中创造的水利文化；郑晓云[①②]认为水文化存在于不同民族和地区与水有关的文化之中，是人类认识水、利用水和控制水的相关文化，包含人对水的理解和感觉、水的概念、水管理方式、水处理的社会行为、水治理和水环境转换的文化成果等；李宗新[③④⑤⑥⑦⑧⑨]认为水文化是物质和精神财富以及生产能力的总和。在此基础上，可将水文化分为物质水文化、制度水文化和精神水文化三个层面。物质层面的水文化是指在人们长期持水、用水、控水过程中形成的物质形态。水文化主要包括水形态、水工程、水工具、水环境、水景观等，这些都与人的思想和情感融为一体，它既是精神水文化的载体，也是制度水文化的物质基础。研究物质层面的水文化目的是采用先进的治水理念和治水工具，努力提高水工程的文化品位，改善水的生态环境，营造优美的水景观，推进水利事业又好又快地发展。制度层面的水文化体现了制度制定者的思想和意志，是一种引导主体行为的水文化，它分为两部分：主体行为和实践行为。前者主要是与水有关的法律法规、方针政策、条例制度、重大决策等；后者主要是指人们的实践行为，主要指人们在饮水、治水、管水、用水、亲水等实践中的行为过程和行为规范。制度水文化反映了领导人和管理人员的意愿，是规范社会和人民行为的准则。研究制度层面的水文化目的是养成人们依法治水、管水、用水的良好习惯，培养人们爱水、惜水、护水的健康的生产和生活方式。精神

① 郑晓云. 水文化的理论与前景 [J]. 思想战线, 2013(04):1-8.

② 郑晓云. 近年国外水文化的发展与创新 [J]. 中国水利, 2017(09):61-64.

③ 李宗新. 漫谈文化与水文化 [J]. 河南水利与南水北调, 2012(01):29-30.

④ 李宗新. 略论水文化的基本架构 [J]. 河南水利与南水北调, 2012(03):25-27.

⑤ 李宗新. 水文化的研究对象 [J]. 河南水利与南水北调, 2012(07):22-24.

⑥ 李宗新. 水文化的主要功能 [J]. 河南水利与南水北调, 2012(05):18-20.

⑦ 李宗新. 当前水文化建设的主要任务 [J]. 河南水利与南水北调, 2012(09):12-13.

⑧ 李宗新. 水是治国之枢 [J]. 河南水利与南水北调, 2012(11):9-10.

⑨ 李宗新. 再论水文化的深刻内涵 [J]. 水利发展研究, 2009(07):71-73.

层面是水文化的核心层面。精神层面的水文化主要指与水有关的意识形态，是人们在长期的水事活动中形成的一种心理积淀，具有历史的继承性和相对的稳定性，对人们行为的指导和维系事业的连续性具有十分重要的作用。精神层面的水文化主要包括水哲学、水精神、水价值、水文艺、水著作等。研究精神层面的水文化目的在于更好地践行社会主义核心价值体系，提高人们的思想道德素质，更好地弘扬水精神，筑牢中华民族的精神支柱。刘华杰、李肖强、王建明、杨志考等学者从伦理学的角度阐述了人水关系，丰富了水文化的内涵。刘华杰[①]认为"河流伦理"的概念被认为是社会观念发展到一定阶段的产物。李肖强和吴强[②]认为河流伦理是在当今国内外黄河等河流面临前所未有的危机的背景下提出的。它将人与人的伦理关系扩展到人与河的关系，并从多维视角证明了"河流是存在的"。从哲学层面扩展了道德共同体，确立了河流的新价值尺度，提出了河流的基本权利，建立了人与河流的新关系，确立了人类开发利用河流的基本原则。同时，探讨了河流伦理与河流立法的辩证关系以及河流立法的法律特征。王建明等[③]和杨志考等[④]通过对中国传统文化和西方文化中水伦理的内涵和概念的解读，借鉴人类文化中丰富的水伦理精神资源，进一步丰富了水文化的内涵，加深了人类对水文化的认识。

陈进、王文珂、马文奎、王建华等学者认为水文化的研究应当和生态文明建设相结合，文化研究与生态文明建设相结合是生态文明的重要组成部分，是生态文明建设的重要内容。陈进[⑤]结合我国国情，分析了水生态文明的基本特征和内涵，提出了人民群众的幸福生活、水资源可持

---

① 刘华杰."河流伦理"思想及论证中的若干挑战 [J]. 武汉科技大学学报 (社会科学版),2007(01):12-16.

② 李肖强,吴强 . 构建河流伦理 促进人水和谐 [J]. 道德与文明 ,2006(05):70-72.

③ 王建明,杨志考. 当代水伦理价值观反思 [J]. 常熟理工学院学报 ,2012(01):17-21.

④ 杨志考,赵丽红 . 企业发展中的生态伦理反思 [J]. 内蒙古农业大学学报 (社会科学版),2010(03):260-261.

⑤ 陈进 . 水生态文明建设的方法与途径探讨 [J]. 中国水利 ,2013(04):4-6.

续利用和良好水生态系统三大目标和十一项指标，论述了水生态文明建设的方法和过程，必须做好水环境的制度建设、生态伦理建设和生态环境恢复工作；王文珂①在分析生态文明城市建设背景的基础上，分析了生态文明城市建设的意义，提出了生态文明城市建设与城市建设发展的关键环节，并进行了初步研究。

杜平原、戴锐、王鹰、张云鹏等学者则从文学的角度出发，论述了水文化中的人文精神和审美意趣。杜平原②认为我国水利工作者所遵循的"奉献、责任、现实"的精神是新时期"大禹精神"的具体体现，文化内涵挖掘和文化成就累积将培育和增强水利工作者的责任感和使命感；王鹰③认为水文化是中国传统文化的重要组成部分，文学作品中的水文化内涵丰富，世代相传；张云鹏和崔波④阐述了《周易》中的水文化。

敖特根花、张实、陈鸿等学者研究了少数民族的水文化，强调了他们的民族特性和活动变化。张实⑤从水与藏族民俗、水在藏族房屋中的地位、水与藏族日常生活、水葬等方面论述了水与藏族传统文化的密切关系，反映了高原藏族人民对水的尊重。陈鸿和张纯德⑥指出彝族具有很强的水资源保护意识，以水为生命之源，以水为圣水、吉祥水，以水为祭祀祖先的珍贵礼物，将污染水视为犯罪。

井晓旭、王易萍、席景霞、王延荣等专家从不同方面探讨了不同流

---

① 王文珂. 水生态文明城市建设实践思考 [J]. 中国水利 ,2012(23):33-36.

② 杜平原. 试论水文化与民族精神和时代精神 [J]. 河南水利与南水北调 ,2008(12):50-52.

③ 王鹰. 中国水文化在文学作品中的表现 [J]. 文学教育 (下),2014(06):17-20.

④ 张云鹏 ,崔波. 《周易》水文化浅析 [J]. 华北水利水电大学学报 (社会科学版),2014(04):8-11.

⑤ 张实. 云南迪庆藏族水文化 [J]. 云南师范大学学报 (哲学社会科学版),2011(03):64-68.

⑥ 陈鸿 ,张纯德. 开发利用少数民族水文化 保护水资源——以彝族水文化为例 [J]. 思想战线 ,2011(增刊 2):11-12.

域的水文化特征，突出了不同流域人民与水的共生共存关系。井晓旭①研究了淮河流域的水文化；王易萍②对西江流域水文化进行了人类学研究；席景霞和贾昌娟③④分析了古徽州水文化和巢湖水文化；王延荣和国立杰⑤⑥分析了以河南为中心形成的中原水文化。不同流域的水文化有不同特色，研究各流域的水文化具有重要意义。

靳怀堾⑦等学者强调水文化宣传渠道和载体的重要性，建议充分利用现代先进的传播手段，使水文化走向社会和人民；张芹等⑧、陈玲⑨⑩、钟亮等⑪、王延荣等专家针对具体水利工程和区域开展水文化传播研究，探讨了水文化的传播途径、实施策略和重要性等问题。区域水文化研究涉及行政区域和流域的水政治、水与经济、水与社会、水与城市等多个方面。

水文化遗产是中华民族宝贵的文化资源，也是水文化的重要载体，

---

① 井晓旭. 淮河流域的"水文化" [J]. 华中人文论丛 ,2013,4(02):127-129.

② 王易萍. 水的文化隐喻及认同变迁：西江流域水文化的人类学研究 [J]. 广西民族研究 ,2014(01):46-52.

③ 席景霞，贾昌娟. 古徽州水文化的自然生态观解析 [J]. 浙江水利水电学院学报 ,2016(03):10-13.

④ 席景霞. 巢湖水文化探究与溯源 [J]. 齐齐哈尔大学学报 (哲学社会科学版),2015(01): 24-25.

⑤ 王延荣，国立杰. 中原水文化建设的思考——水利改革与发展需要水文化大发展大繁荣的支撑 [J]. 河南水利与南水北调 , 2012(07):8-10.

⑥ 王延荣. 水文化建设成果和传播的若干思考 [J]. 河南水利与南水北调 ,2014(03): 34-35,47.

⑦ 靳怀堾. 水与中华区域文化——以吴越文化为例 [J]. 河海大学学报 (哲学社会科学版),2008(04):5-10.

⑧ 张芹，张娟. 三峡水文化传播途径研究 [J]. 铜仁学院学报 ,2013(03):44-47.

⑨ 陈玲. 论三峡水文化在纪录片中的传播 [J]. 重庆三峡学院学报 ,2014(06):16-19.

⑩ 陈玲. 三峡水文化的传播优势及其发展趋势 [J]. 西部广播电视 ,2014(20):57-59.

⑪ 钟亮，熊红燕. 南昌水文化符号的构建与传播探析 [J]. 中共南昌市委党校学报 ,2014(04):43-46.

成为学者们研究的重点。谭徐明[①]、汪健等[②]、涂师平[③]等学者将水文化遗产进行分类分级，同时指出其所具备的多方面的价值。郑晓云[④]、薛祺等[⑤]、周波等[⑥]、张帅[⑦]等专家针对不同地区的水文化遗产进行考察，分析了水文化遗产在保护、研究、宣传、传承等方面存在的问题，并提出水文化遗产传承创新的策略，研究成果为水文化建设提供了有力的科学支撑，有利于水文化遗产的传承和复兴。

随着生态文明建设和高质量发展战略的实施，水利风景区的建设、世界灌溉工程遗产的申报、中华水文化书系的出版和各地对水利精神文明和水文化建设的大力推进和投入，水文化的研究和建设已经步入新的发展阶段。与此同时，关于水文化的研究仍然存在很多问题：难以形成系统和体系，且缺乏科学方法的运用；缺乏对水文化建设作用的研究，难以定量描述水文化建设的目的、作用及影响；缺少对水文化遗产统一分类和现有文化资源衔接的研究；缺少与水文化价值相关问题的研究，缺少综合评价水文化价值的指标体系；较少涉及水文化遗产与乡村振兴关系的研究，较少涉及水文化遗产与文旅融合的研究。

（二）国外研究现状

近几年，国外对水文化的研究逐渐增多且不断深入[⑧]，Juan C. Aceros

---

① 谭徐明 . 水文化遗产的定义、特点、类型与价值阐释 [J]. 中国水利,2012(21):1-4.
② 汪健,陆一奇 . 我国水文化遗产价值与保护开发刍议 [J]. 水利发展研究,2012(01):77-80.
③ 涂师平 . 论水文化遗产与水文化创意设计 [J]. 浙江水利水电学院学报,2015(01):10-15.
④ 郑晓云 . 傣族的水文化与可持续发展 [J]. 思想战线,2005(06):76-81.
⑤ 薛祺,黄强.关于榆林市水利风景区发展的探索 [J].水利发展研究,2016(06):75-79.
⑥ 周波,谭徐明,王茂林.水利风景区水文化遗产保护利用现状、问题及对策 [J].水利发展研究,2013(12):86-90.
⑦ 张帅.都江堰水文化与可持续发展 [J].四川水利,2005(01):44-46.
⑧ GUPTA J, PAHL-WOSTL C. Editorial on global water governance[J]. Ecology and Society, 2013, 18(4):54.

等① 分析了如何利用互联网使水事变得具有民众可知性。他们采用不同的组织，利用网络的方式参与有关西班牙水政策的辩论，并确定有关议题。为此，他们还围绕着一项名为"新水文化"的可持续的水政策制定了一个网络并考察了这个网络结构的组成、超链接风格、关键节点等。研究结果表明，"新水文化"已成为西班牙环境政策的主要框架。Hwan-Seung 等② 研究了水在泰国文化中的意义，重点分析和描述了水在泰国语言和文化中的意义，根据其研究成果，许多与水有关的词语和习语在泰国语中表现得非常丰富。从与水有关的词语来看，泰国文化中的水的属性表现为寒冷、灵活、生命力、流动、洗涤等，是危险、逆境中利用生命、机会、力量、希望、言语和行动等的象征。关于水生态，国外的许多学者做了大量研究，Fan 等③ 从调水、节水、补水、净化四个方面分析了山东省生态文明建设的需求，建立了相应的技术体系和实际的相关保障措施；Liu 等④ 研究指出人类活动与生态环境之间的矛盾尤为严重，建设生态文明城市势在必行。Zhu 等⑤ 提出现代城市水利建设应以"人与水和谐"为目标，城市水利工程应以防洪、排水为基础，同时要发挥生

①ACEROS J C, Domènech M. The 'New Water Culture' on the Web: an issue network analysis[J]. Regional Environmental Change, 2011, 11:963-973.

②HWAN-SEUNG J. A Study on the Meanings of Water in Thai Culture[J]. Journal of Korean Association of THAI Studies, 2014,20:21-56.

③FAN M Y, SHI Y Z, Liu H J, et al. Demand Analysis and Technical Framework of Water Ecological Civilization Construction in Shandong Province[J]. Applied Mechanics and Materials, 2015, 737: 701-704.

④LIU K B, WANG X, LI H B, et al. Theoretical Framework of Urban Eco-Civilization Construction[J]. Advanced Materials Research, 2013, 616: 1234-1237.

⑤ZHU H Q, WANG Y. Urban Water Conservancy Project Based on Engineering Construction Combined with Ecological Environment[J]. Applied Mechanics and Materials, 2015, 700: 534-537.

态环境、景观在工程中的社会作用。Jiang 等 [1] 也提出水生态文明与人水和谐相辅相成、相互促进，建设水生态文明是促进现代水利发展的重要途径，要求我们国家必须树立节水观念，处理好水利建设与水生态的关系，完善水生态保护体系，加强水生态文明建设，实现人水协调发展。Liu 等 [2] 分析了中国水文化的基本框架体系与内涵，认为水文化的基本特征是以水循环为基础、以水为载体、以水工程为对象，人与水的文化关系。水文化的主体包括水利文化和给排水文化，目前的水文化建设忽视了给排水文化。Li 等 [3] 分析了都江堰水利工程对我国城市基础设施建设的启示，把古代水利建设的智慧与现代城市发展有机结合。都江堰水利工程促进了成都平原经济社会的可持续发展，发挥了重要的生态作用，具有重大的历史、文化和社会价值。都江堰水利工程作为一项重要的基础设施，不仅优化了成都平原的河流系统布局，改善了成都平原的生态生活环境，而且赋予了成都平原丰富的水文化内涵，如科学的水管理理念、先进的水控技术、热爱水和保护水的风俗习惯等古代城市建设的生态智慧。

　　国外的水文化研究注重水和人类社会发展的关系、水文化和可持续发展、水的伦理道德、水文化和人权、水的传统知识及应用等方面，在学科层面上也更注重从政治学、社会学、人类学、哲学等学科角度去研究水和人类之间存在的文化现象。国外水文化已经成为一个社会化的领域，没有更多的行业化色彩。中国的水文化研究行业性的特点较浓厚，从事水文化

---

　　[1] JIANG M D, WANG H L, WANG J. Construction of Eco-Civilization of Water Based on Human-Water Harmony[J]. Applied Mechanics and Materials, 2014, 3488(641/642):477-480.

　　[2] LIU Z H, LIU F. The Basic Framework System and Connotation of Chinese Water Culture[J]. Applied Mechanics and Materials, 2013, 295: 1862-1865.

　　[3] LI J Z, JIANG T, AHMAD H, et al. The enlightenment on the construction of urban infrastructure in China from Dujiangyan Irrigation Project[J]. Applied Mechanics and Materials, 2017, 858: 319-324.

的研究和应用的科研人员大多来自水利行业，近年来，水文化研究和应用也主要由水利部门推动，在中国，水文化研究还不是一个社会化的领域。

二、文化生态理论

（一）国内研究现状

20世纪初探讨中西文化生成机制时，李大钊[①]、梁漱溟[②]等已经有意识从生态环境角度的共相、殊相来说明文化的差异性、民族性，对东西方的文化环境、行为模式等进行了静态比较研究。但整个20世纪的中国人文社会科学学术史的基本思路是"输入学理、再造文明"，所以对于相关的研究并未系统深入。直到80年代，改革开放的文化复兴思潮兴起，中国当代知识分子开始反思文化"失语症"。同时，随着环境问题的突出和民族调查的兴起，文化生态学逐渐被广泛关注，中国学者对文化生态的内涵进行了东方式的文化解读。1999年第6期《国外社会科学》杂志中黄育馥发表的论文《20世纪兴起的跨学科研究领域——文化生态学》是国内较早介绍文化生态学的学术论文。但直到2015年黄正泉教授的《文化生态学》出版，中国才有了自己的第一部文化生态学理论专著，这也是中国文化生态学理论研究的一个阶段性总结。

西方学者用"Culture Ecology"统称文化生态和文化生态学。中国学者对于文化生态学的学理思考首先是关于"文化生态"概念的辨析。以余谋昌[③]为代表的学者将生态文化与文化生态等同，他们认为"文化生态就是生态文化，是以生态价值观为指导的文化现象"。从环境伦理学的角度探讨，认为相对于自然文化、人文文化和科技文化而言，文化生态（生态文化）是一种新文化。陈寿朋等[④]认为"它有广义和狭义之分：

---

① 李大钊 . 东西文明根本之异点 [J]. 言治 ,1918(7).

② 梁漱溟 . 梁漱溟全集（第 3 卷）[M]. 济南 : 山东人民出版社 ,1990:81.

③ 余谋昌 . 生态文化论 [M]. 石家庄 : 河北教育出版社 ,2001:326-327.

④ 陈寿朋、杨立新 . 论生态文化及其价值观基础 [J]. 道德与文明 ,2005(02):76-79.

广义而言，是以自然价值论为指导的人类新的生存方式，即人与自然和谐发展的生产方式和生活方式；狭义而言，它是以自然价值为指导的社会意识形态、人类精神和社会制度"。这类学者把文化生态（生态文化）视为人类所创造和选择的新文化，将其作为新的文明形态和价值观，人类根据文化生态（生态文化）的价值观念来判定自己所创造的文明的发展程度和发展方向。文化生态（生态文化）以崇尚自然、顺应自然、保护环境为基本特征，强调的是人与自然和谐发展，促进文化的可持续发展。文化生态（生态文化）强调的是一种生态价值观，它的形成标志着从人类中心主义价值取向向人与自然和谐发展的生态中心主义过渡，这也是生态文明在文化观上的具体表现。

文化生态和生态文化是两个不同的概念。文化生态是关于文化要素和自然环境之间关系的研究，讨论文化区是否由自然区决定，主要有环境决定论、或然论、环境感知论、人类作为地球的改造者（文化决定论）等。广义的生态文化是指以生态价值观念、生态理论方法为指导而形成的生态物质文化、生态精神文化、生态行为文化的总称。生态文化是一种人、自然、社会和谐一致、动态平衡的文化，是自然科学与社会科学的融合统一。狭义的生态文化是指从人统治自然的文化过渡到人与自然和谐发展的文化。这是人的价值观念的根本转变，这种转变实现了人类中心主义价值取向过渡到人与自然和谐发展的价值取向。

以司马云杰为代表的学者延续社会科学的研究传统，认为文化生态学是一种从外部生态环境研究文化产生和发展态势的学说。文化生态被看作文化系统与自然系统的耦合，是自然地理环境和社会文化环境各种因素的综合。司马云杰[①]指出："所谓文化生态系统，是指影响文化产生、发展的自然环境、科学技术、生计体制、社会组织及价值观念等变量构成的完整体系。"文化生态不仅讲自然生态，更关注生态体制、社会组织等各种因素变量之间的关系。文化生态的基本含义是外部生态环境的一

---

① 司马云杰 . 文化社会学 [M]. 北京：中国社会科学出版社 ,2001:158.

种复合性概说。魏美仙在论述民族文化的传承问题时，就以文化生态为参照，探讨了文化主体、文化生态、文化传承三者之间的互动关系，并进一步阐述了一个民族的文化生态是该民族文化生成发展所必需的主要因素的综合，也是造就该类文化的特定环境。魏美仙[1]认为"自然生态是文化的依托，它既孕育了丰富多样的文化，又在历史发展中使它渐趋定型，打上了鲜明的自然烙印；文化生态是一种文化的自然生态与人文生态的综合"。越来越多的学者在探讨环境与文化之间的关系时，自觉地将文化与自然作为相互适应、相互影响的两大系统，而王东昕[2]认为文化生态学理论给予了环境和文化充分的重视并强调了文化自身及环境发展的规律以及二者之间的互动关系。这些学者关注研究文化与自然环境之间的相互关系，在文化与环境的互动论基础上，探讨文化活动与自然环境的相互影响。

中国学者对于"文化生态"的第三种理解是冯天瑜等[3]学者认为文化生态是各种文化相互关联、作用、影响中形成的动态有机系统。他们认为不仅自然生态环境与文化之间存在着有机关联，文化内部之间各种具体的文化类型之间也存在着关联。文化生态既包括外部的自然、社会等特定环境，也包括内部各文化之间的生态秩序，内外两种环境影响着文化系统的发展。方李莉[4]把人类文化的各个部分看成一个相互作用的整体，而正是这样互相作用的方式，才使得人类的文化历久不衰，导向平衡。文化生态被看作各种文化具体形态之间相互作用、影响而形成的动态系统。各类型文化聚集形成不同的文化群落、文化圈、文化链甚至文化网，互相联动，

---

① 魏美仙 . 文化生态：民族文化传承研究的一个视角 [J]. 学术探索 ,2002(04):106-109.

② 王东昕 . 环境与文化互动关系的文化生态学反思——以怒江峡谷为例 [J]. 云南民族大学学报 (哲学社会科学版),2007(06):23-27.

③ 冯天瑜，何晓明，周积明 . 中华文化史 [M]. 上海：上海人民出版社 ,2005:94.

④ 方李莉 . 文化生态失衡问题的提出 [J]. 北京大学学报 (哲学社会科学版),2001(03):105-113.

从而形成整个文化生态。文化系统内部的各要素之间有机联系、相互影响，只有各要素和谐共生，才能实现整个文化生态系统的平衡。

　　总体而言，关于文化生态的三种内涵表述都强调了文化与环境之间相互影响与制约的关系。第一种观点侧重的是较为静态的概念阐述，后两种观点则是强调动态的链接、互联的过程状态。余谋昌将文化生态视作一种先进的文化形态，是生态文明兴起背景下生态中心主义价值取向的深化。司马云杰等人的思想与斯图尔德一脉相承，延续了生态人类学的视角，将人类文化作为类比于自然生态的系统，重点关注文化系统内外的关系，着重从外部环境的角度对文化的形成和发展进行了深入探讨。而冯天瑜、方李莉等人的观点则贯穿中国朴素的整体观，注重文化这个有机系统中各子文化之间的关系，通过研究子系统之间的互动来考察文化的传承与变迁。

　　季羡林[①]先生说过："东西文化的根本区别在于西方文化注重分析，一分为二；而东方文化注重综合，合二为一。"中国学者对于"文化生态"的理解体现了西方社会学理论与东方情理哲学的沟通与交融。这也形成了文化生态学在国内研究实际问题的两大倾向：一是延续文化人类学、文化地理学的文化生态研究。这种研究以文化生态系统为研究对象，利用具有可移植性的生态学概念、理念对文化与环境的关系、文化生态系统结构、文化变迁的规律进行了深入细致的描述和动态的探讨。尹绍亭[②]对刀耕火种的比较分析，曲凯音[③]对于云南郑营村、青海郭麻日村等5个村落乡土文化变迁的探讨都是用文化生态理论研究民族区域文化的代表。其重点在于研究某种具体文化在环境中的产生、演变规律。二是从哲学高度进行一般性文化原理的研究。社会文化系统内部各种子系统

---

　　① 季羡林.三十年河东，三十年河西 [M].北京：当代中国出版社,2006:3.
　　② 尹绍亭.一个充满争议的文化生态体系——云南刀耕火种研究 [M].昆明：云南人民出版社,1991.
　　③ 曲凯音.乡土文化变迁与文化生态建设——民族地区五村落实证调查 [M].北京：人民出版社,2017.

间关系的联系与互动是研究的重点，这种研究关注具体的文化类型、因素之间的变化与影响，以此来解读文化变迁的规律。梁渭雄等[①]、钟淑洁[②]等都将社会文化看成内部不同子文化系统的有机集合，从而保持文化多样性，实现文化生态平衡。这种辩证发展与普遍联系的思想更具有全景透视性与方向指导性的价值。

（二）国外研究现状

文化生态学的概念主要源于"生态学"（Ecology）一词。"生态学"于 19 世纪 70 年代由德国生物学家 E.H. 海克尔提出，其主要定义为研究生物体与周围环境之间相互关系的科学，其中环境既包括生物环境，也包括非生物环境。20 世纪中叶，由于人类社会发展过程中的资源短缺、环境污染、人口爆炸等生态环境问题集中爆发，西方学者开始有意识地研究生态环境问题。从利奥波德[③]的大地伦理到蕾切尔·卡逊[④]记录的工业污染，越来越多的西方学者在对近代工业文明反思的基础上，重新认识人与生态环境之间的关系。1955 年，美国文化人类学家朱利安·海恩斯·斯图尔德出版《文化变迁的理论：多线性变革的方法》，书中明确提出"文化生态学"（Cultural Ecology），这被视为文化生态学正式诞生的标志。在此书中，斯图尔德阐释了文化整合、文化核心、次级特征等概念，针对当时的文化相对论者提出的单线进化、普同演化，提出了文化的多线性进化观念。他认为文化变迁就是文化对环境的适应，不同的生态环境下会产生不同的文化形态及其特有的发展线索，试图"用文化生态来解释具有不同地方特色的独特的文化形貌和模式的起源"[⑤]。在斯图尔德看来，文化与其生态环境密不可分，文化生态学"是从一个社会适应

---

① 梁渭雄, 叶金宝. 文化生态与先进文化的发展 [J]. 学术研究 ,2000(11):5-9.

② 钟淑洁. 积极推进文化生态的健康互动 [J]. 长白学刊 ,2001(06):79-81.

③ 利奥波德. 沙乡年鉴 [M]. 侯文蕙, 译. 长春: 吉林人民出版社,1997.

④ 卡逊. 寂静的春天 [M]. 吕瑞兰, 李长生, 译. 长春: 吉林人民出版社,2000.

⑤ 哈迪斯蒂. 生态人类学 [M]. 郭凡, 邹和, 译. 北京: 文物出版社,2002: 8.

其环境的过程进行研究……这一方法要求对社会和社会机构之间以及它们与自然环境之间的互动进行考察"①。他不寻求所谓学科的建构，而是重视对文化变迁的研究，不探寻适应所有文化和环境的普遍规律，而是注重发现不同地区之间特殊文化与环境适应产生的结构与特点。其中，斯图尔德最关注的文化是生计方式。在其影响下，《尼日利亚的山地居民》《北方平原居民》等文化生态学著作相继诞生，研究了环境对生产方式、居住规则、群落发展的影响。早期的文化生态学研究者主要是美国的人类学家，他们关注的焦点是人类聚落，尤其印第安等原始村落文化生成与环境之间的相互关系，所以也被称为"生态人类学"。他们主要考察的是人对环境的适应，注重利用史学的研究成果说明过去的情况，但未将当今发生的生态环境变化当作观察重点，忽视了人类社会的能动作用。

作为与人文生态学、社会生态学的区别，斯图尔德更多的是提出文化生态学的概念，明确其研究目的和方法，但并未形成系统的理论。文化生态学的创立"弥补了 20 世纪早期人类学家在进化论框架下的许多不足，使人们更为清楚地认识了生物性基础、文化形貌与自然生态环境三者之间的复杂关系"②，改变了人类学家长期以来"文化解释文化"的研究视角，丰富了生物学进化的理念，在过程研究中探讨具体文化的变迁规律，促进了自然科学与社会科学的融合。

20 世纪 70 年代以来，文化生态学的影响力不断扩大。仅能解释静止的事物，而不能解释动态的问题的理论缺陷和实践局限受到批判，文化生态学从单一的强调环境决定作用逐渐向多元化方向发展。拉帕波特③等人将系统论用于人类学研究，提供了系统论研究文化的启示。他们在借鉴奥德姆《生态学基础》中关于"生态系统"定义的基础上，将系

---

① 史徒华 . 文化变迁的理论 [M]. 张恭启，译 . 台北：台湾远流出版事业股份有限公司 ,1989: 9.

② 石群勇 . 斯图尔德文化生态学理论述略 [J]. 社科纵横 ,2008(10):140-141.

③ 拉帕波特 . 献给祖先的猪：新几内亚人生态中的仪式 [M]. 赵玉燕，译 . 北京：商务印书馆 ,2016.

统、要素、结构、功能作为文化生态学的学科基础概念，有意识地用定量的方法进行微观研究，试图通过分析系统中的能量流动，以便了解系统的动力、发展规律。埃里克·E.兰帕德[①]则在吸收芝加哥学派关于城市化理论的基础上，将关注重点从文化与自然之间的关系转移到人与社会、人与人、自然与社会的研究，用生态学理论来分析社会文化，发展了一种系统的城市发展理论。以卡尔·奥特温·苏尔为代表的伯克利学派更关注具体文化现象在时间上的发展演化过程与在空间上的地域布局组合[②]，反对环境决定论，在环境与文化的双向互动中研究文化。他们以文化景观为研究对象，对自然景观与人文景观进行结构研究，总结出文化是动力、自然景观是媒介、文化景观是结果的发展图式，从历史地理学角度强调人地关系论。到了80年代，约翰·W.贝理[③]更是将研究领域拓展到心理研究，提出生态文化框架概念。他认为生态背景与社会政治背景通过人类的生物适应与文化适应发挥作用，人类个体接受生态影响、遗传传递、文化传递以及文化融合等作用，具有可观察的行为和可推测的心理特征。20世纪末，随着信息化革命、信息时代的到来，媒体环境成为一个新的研究热点。阿赫蒂萨里用"文化生态"来描述信息传播技术高速发展造成的问题，阐述了"信息有产者"与"信息无产者"之间的鸿沟。文化生态研究的内容不断增多，历史学、地理学、经济学、社会学、伦理学、美学、统计学等都被纳入学术视野，努力最大限度地实现社会还原和全面思想整合。世纪之交，日本、新加坡等地相继召开文化生态学国际研讨会。越来越多的学者加入了研究队伍，文化生态学研究逐步发展成为一种"大环境"下的多学科研究。

---

①LAMPARD E E. American historians and the study of urbanization[J]. The American Historical Review, 1961, 67(1): 49-61.

②LEIGHLY J.Land and Life [M]. Berkeley and Los Angeles: University of California Press, 1963.

③BERRY J. Cross-cultural Psychology: Research and Application[M]. Cambridge: Cambridge University Press, 2002.

　　纵观国外文化生态理论发展，总体而言是延续人类学研究的社会科学模式，用生态学的方法进行文化研究，着重研究人类如何适应周围环境以及环境如何在一定程度塑造文化，从而发现文化发展的规律。主要呈现出以下三大特点：①文化生态学是用生态学的方法研究文化产生和发展的规律，研究的重点是文化与环境之间的关系，从环境适应论、环境影响论逐步发展为环境互动论，在环境与文化的双向互动中研究文化。②文化生态学理论中"环境"这一概念的内涵不断丰富。生态危机的主要表现是资源短缺和环境恶化，文化环境也是重要的文化生态条件。从最初的自然环境、群落集聚到人化环境，从人的主体需要、制度政策、风俗习惯的社会环境到信息浪潮的媒体环境，文化生态环境逐渐扩展为包含自然与社会、人与人、人与社会的多系统环境。研究对象也从局限于农村的"小型地区"慢慢转向现代城市，关注工业化、城市化、现代化、信息化带来的文化异化。③文化生态学逐渐成为一门独立的学科。其研究从单一的人类学家聚焦过去历史的追溯逐渐发展成为多学科学者对文化的多维度探讨，从对人类中心主义的文化批判转向生态智慧的价值关照，呈现出多学科合作的繁盛景象。

三、三峡文化资源

（一）长江三峡学和三峡文化宏观研究

　　1994 年，曹诗图 ① 率先提出建立"长江三峡学"的想法，认为这是继西夏学、徽学、藏学、北京学、温州学之后诞生的又一门全新的地方人文科学。曹诗图等 ② 在《长江三峡学概论》中明确"长江三峡学"是"研究大三峡地区特定的自然环境、特定的生产方式和经济形态、特定的历史民族、特定的历史和社会风貌、特定的人文体系的一门多学科的综

---

　　① 曹诗图，孙世强，田维瑞."长江三峡学"刍议 [J]. 北京联合大学学报,2002(01):139-142.

　　② 曹诗图，等 . 长江三峡学概论 [M]. 武汉 : 长江出版社,2007:1.

合性学科……以社会人文科学尤其是三峡文化研究为主体"。他们从自然科学与人文科学的结合层面来论述三峡文化的缘起、建立、研究意义，并分层论述了三峡文化的地理研究、考古研究、历史文化研究、区域经济研究、名人文化研究、民俗文化研究以及交通、军事、旅游等多个方面，积极推进研究三峡地区这一特定地域空间范围内自然与人文事项演变规律和资源开发利用以及人地关系的新兴地方学。

以三峡工程修建、三峡文化的抢救保护为契机，国家先后组织力量集中编写了《长江三峡工程淹没及迁建区文物古迹保护规划》《长江三峡工程文物保护项目报告》等系列规划报告，廓清了三峡地区历史文化的发展脉络，总结了其历史意义、艺术特点和社会价值，并对三峡文化的保护与开发进行了研究。宜昌、重庆两地学者作为三峡所在地的研究人员，多年来，对三峡文化进行了持续不断的研究。1992 年宜昌市长江三峡文化开发战略研究课题组编写的《长江三峡文化开发战略》是三峡文化研究的早期代表性著作。2003 年三峡大学三峡文化与经济发展研究中心出版的《三峡文化研究系列丛书》坚持突出三峡文化的人文价值，对三峡山水文化、柑橘文化、石刻文化、史前文化、宗教文化、军事文化、方言研究等十个方面进行了细致的分析和总结。重庆社科院牵头的《三峡库区发展研究丛书》也于 2010 年出版，该丛书分析了影响三峡库区发展的制约因素，结合三峡库区的发展现状，分析三峡库区的后发优势。这些报告和系列丛书内容丰富、资料翔实、探讨深入，是对三峡传统文化很好的梳理与归纳。但研究又受限于研究者的属地管理，宜昌、重庆各自为重，虽名为"三峡"，却未能从文脉的发展跳出行政管理的区别。

（二）三峡文化研究热点

三峡文化是一种地域文化，它是生活在三峡地区的民众在社会历史发展中所创造的物质财富和精神财富的总和。史广峰[①]认为，"历史文化

---

① 史广峰. 历史文化资源的保护与开发研究综述 [J]. 河北省社会主义学院学报，2012 (01):89-91.

当成是一种社会资源来看待是史学观念上的巨大变化，对我国的史学发展及经济转型都将产生深远的影响"。三峡文化资源种类丰富，包含史前民生文化、工程移民文化、名人文化、柑橘文化、山水文化等，刘玉堂[①]等名家对此有过深刻论述。纵观三峡的文化资源研究，就研究内容而言，主要有三大热点：其一是对三峡旅游文化资源的研究。瞿塘峡雄伟险峻、巫峡秀丽深幽、西陵峡滩多水急，长江三峡景色久负盛名，与之相应的是三峡旅游文化研究的长热不衰。在国家集中进行三峡工程的论证、决议期间，杨顺华[②]、向剑君[③]、徐廉明[④]等敏锐地指出随着三峡工程的兴建，三峡丰富独特的自然人文景观是旅游大开发的热点。而随着三峡工程建设的深入，学界围绕经济效益对三峡旅游文化资源展开产业化或市场化的探索日渐增多。王善樵[⑤]、巴芒[⑥]、王乃举等[⑦]人的研究都强调单项旅游文化资源开发，特别提出三峡地区已有不少旅游文化资源，三峡大坝、清江风光、巴人故里、屈原故里、大足石刻等都具有很高的品位与知名度，要积极发扬这些独特的地域文化特色，为打造三峡旅游文化的国际知名品牌，为三峡品牌走向世界前列提供了十分雄厚的物质基础。要积极加强文化主体建设，对外加强三峡文化的介绍与传播，创立旅游文化品牌。

其二是关注旅游集群建设、文化空间、文化廊道的整体性建设。王优妮在《大三峡旅游产业集群发展研究》（2008）中使用 SWOT 理论提出大三峡旅游产业集群的可持续发展，注重三峡旅游文化的经济效益。

---

①刘玉堂.三峡文化的主要内涵[J].三峡大学学报(人文社会科学版),2005(05):5-10.

②杨顺华.长江三峡旅游交通刍议[J].旅游学刊,1993(05):21-22.

③向剑君.跨世纪的三峡旅游大开发[J].计划与市场,1995(01):38-40.

④徐廉明.三峡旅游开发前景辉煌[J].中国水运,1995(09):44-45.

⑤王善樵.三峡文化丰富多彩旅游产品应创名牌[J].三峡文化研究,2006(01):467-476.

⑥巴芒.塑造新三峡旅游文化形象的对策研究[J].经济论坛,2007(01):20-22.

⑦王乃举,黄翔.跨区域旅游品牌共建的可行性研究——以湖北三国文化旅游为例[J].重庆三峡学院学报,2010,26(04):61-64.

龚义龙[①]、胡大江等[②]、张玉蓉等[③]从不同角度梳理了三峡库区生态与文化遗产旅游廊道的自然旅游资源和文化旅游资源，展开了对长江三峡旅游文化连片开发的思考。

　　其三是围绕屈原、端午节展开的名人文化与节庆文化。作为中国第一位文人和世界文化名人，屈原在中国文学史上被称为"诗歌之父"。从文学的角度对香草美人意向、人神恋爱主题、楚辞审美价值的研究，屈原与但丁的比较研究内容丰富、探讨深入。国家一级学会"中国屈原学会"于1985年成立。从文化的角度来看，屈原的人格魅力与中国贬官文化、楚文化与巫文化、屈原气节与儒士精神都是学者长期关注的重点。21世纪初，人们有意识地将历史文化作为一种资源来看待，与屈原相关的名人文化资源、端午节庆文化以及衍生的民俗文化成为研究的热点。李哮沛[④]、梁颂成[⑤]等湖北、湖南的学者对有关屈原的文化现象、屈原文化品牌建立进行了专题研究。龚红林、何轩的专著《屈原文化版图考》[⑥]以全国各地的屈原祠、屈原庙、屈原纪念馆为切入点，全面考察了屈原文化在全国的传播路径和文化价值。相较于屈原名人文化研究的学者地域性集中，随着韩国端午祭申遗成功以及清明、端午、中秋等中国传统假日的恢复，中国学者对端午节的内涵、价值和意义高度重视，从人类学、政治学、经济学等角度进行探讨。屈原及其纪念文化是中国端午节

---

　　① 龚义龙. 民族走廊与文化长廊：关于长江三峡旅游文化资源连片开发的若干思考 [J]. 三峡文化研究 ,2015(00):331-339.

　　② 胡大江 , 陈学梅 , 牟红 . 基于演化博弈的三峡旅游区域合作研究 [J]. 现代管理科学 ,2011(08):91-93.

　　③ 张玉蓉 , 林娜 . 三峡库区生态与文化遗产旅游廊道资源赋存及价值功能 [J]. 旅游纵览 (下半月),2018(22):23-25.

　　④ 李哮沛 . 宜昌屈原文化建设的构想[J]. 三峡大学学报 (人文社会科学版),2008(02):9-11.

　　⑤ 梁颂成 . 常德市城区屈原文化资源考述 [J]. 湖南文理学院学报 (社会科学版),2 009, 34(05):49-52.

　　⑥ 龚红林 , 何轩 . 屈原文化版图考 [M]. 南京 : 南京大学出版社 ,2017.

的核心意象之一，从民俗研究扩展到民族文化精神研究，张祖群[①]、沈思涵[②]、熊登海[③] 等人的研究都是在此基础上展开的。

进入 21 世纪，文化产业成为朝阳产业。从文化资源到文化资本，对文化资源的文化属性与经济属性的探讨更多进入学者的视野，以文化遗产、非物质文化遗产为代表的三峡文化的产业化研究成为热点。2010 年湖北省三峡文化研究会代表大会也是三峡文化遗产与文化产业学术研讨会。一方面，随着三峡工程建设，学界相应产生了三峡文物保护及文化发展的研究热潮。李万军[④]、郝国胜[⑤] 从技术、活态保护、数字化等角度进行了研究，对三峡文物的修复与保护、传播与传承进行了思考。另一方面，随着国家非物质文化遗产保护工作的推广，三峡地区非物质文化遗产的产业研究越来越多，曹诗图等[⑥]、阚如良等一批三峡大学本土学者进行了系列研究。他们结合文化产业发展时间，确定了三峡地区非物质文化遗产与旅游开发利用的原则、策略，提出维护非物质文化遗产的真实性、完整性，同时创建文化底蕴深厚的旅游产品与旅游服务。阚如良[⑦] 以宜昌三峡步步升文化旅游村的建设为例，将非物质文化遗产保护与旅游开发结合起来，提出传承是最有效的保护，旅游开发则是有效的传承方式，保护开发工作的根本出发点和核心价值观应坚持"人"的主体地位。

通过对已有的三峡文化及文化生态研究成果的梳理，不难发现，三

---

① 张祖群 . 端午节：基于文化认同的民俗转型意义 [J]. 西北工业大学学报 (社会科学版),2014,34(01):85-88,104.

② 沈思涵 . 非物质文化遗产保护视域下节庆文化传承发现研究——以湖北省秭归县端午节为例 [J]. 长江大学学报 (社会科学版),2018,41(03):27-31.

③ 熊登海 . 端午节蕴含的文化意义思考 [J]. 理论与当代 ,2018(08):60-63.

④ 李万军 . 三峡文物保护的数字化研究 [J]. 武汉纺织大学学报 ,2011,24(01):50-53.

⑤ 郝国胜 . 数据中的三峡文物保护 [N]. 中国文物报 ,2014-11-28.

⑥ 曹诗图 , 胡绍华 , 查俊峰 . 三峡区域非物质文化遗产特点与旅游开发研究 [J]. 地域研究与开发 ,2010,29(02):81-85.

⑦ 阚如良 . 非物质文化遗产旅游开发的"人本范式"[N]. 光明日报 (理论版),2014-06-11.

峡文化资源研究呈现出以下几个特点：①研究或进行宏观描述，或以单个文化事项研究为主，而中观层面的区域性、综合性研究成果则相对较少。②研究的缘起多与三峡工程的论证、兴建息息相关，同时受限于工程建设的时间限制，在内容上更倾向文物的抢救与保护。③虽然刘玉堂、王玉德、曹诗图等学者已提到新时期移民文化、工程文化的出现，传统文化与现代文化、故土文化与迁居地文化的混合，但研究还是以静态研究偏多，对于三峡文化生态的历史考察也缺乏深入的分析。④学界关于三峡文化的具体类型研究偏少，没有构成体系，比如三峡水文化这一重要类型就鲜有研究。学界对三峡区域所衍生的文化全方位的审视和学术整合偏少，从文化哲学角度发掘积淀其中精髓的文化内涵、提升其深层的文化价值，从而在全球化中实现文化自信还有待深入。

第四节　理论基础

一、人地关系理论

人地关系是人类社会及其活动与自然环境相互作用、相互影响而形成的交互关系，是地理学研究的永恒主题与核心（吴传均，1991）。人地关系的产生经历了漫长的演变过程，包括最初的天命论及后来的环境决定论、或然论、生态论，到了20世纪60年代，工业化、城镇化带来人口、资源、环境等方面的一系列问题，追求人类与自然环境和谐共生的人地关系和谐论应运而生。进入21世纪后，人地关系地域系统理论继续创新发展，全球环境变化及其区域响应、区域可持续发展、人地关系机理调控逐渐成为研究的前沿领域（刘彦随，2020）。

二、文化生态理论

文化生态理论由美国文化人类学家朱利安·海恩斯·斯图尔德在

1955 年首次提出，该理论阐释了文化整合、文化核心、次级特征等概念，针对当时的文化相对论者提出的单线进化、普同演化，提出了文化的多线性进化观念。文化生态学关注特定区域或族群内长期与生态系统作用所产生的文化特性，从不同空间向度上看，文化多样性缘于人类对地理环境利用程度和方式的差异（葛剑雄，1992）。文化生态是人类赖以生存的整个自然和社会环境中各种因素相互作用形成的功能整体，是文化与环境的耦合（邓先瑞，2003）。文化生态理论的核心概念契合了文化资源研究的讨论热点（黄永林，2019）。

三、可持续发展理论

可持续发展是指生态环境和经济发展协调一致，在发展经济的同时，保护好自然资源和环境，使我们的后代能够持续永久地进步和发展。可持续发展缘于 20 世纪五六十年代多起环境污染事故，人们对环境问题进行深刻反思，1987 年，由世界环境与发展委员会（WECD）正式提出。经过 1992 年发布的《21 世纪议程》和 2015 年发布的《变革我们的世界：2030 年可持续发展议程》（即 SDGs），可持续发展的概念和内涵不断丰富，其核心一直是强调经济、社会文化、环境三条发展底线。在国内，《可持续发展导论》开启了可持续发展的系统理论新纪元（牛文元，1994）。当前可持续发展正从以经济发展为主导嬗变为以社会发展为主导，强调经济可持续为社会可持续服务，进一步强化以人为中心的核心理念（张朝枝等，2022）。

第五节　研究原则

科学研究所遵循的原则可以分为宏观的哲学原则和具体的方法论原则，水文化遗产研究也是这样。在宏观哲学原则方面，水文化遗产研究要坚持以人为本的原则、继承与创新相结合的原则、科学与实践相结合的原则、理论与实践相结合的原则，这是要共同遵循的大原则。具体到水文化遗产这一特殊的研究领域，还应当遵循其独特的研究规律，因此还要注意方法论上的研究原则。就目前的研究现状来看，以下几个方面的方法论原则需要特别引起重视：

一、坚持本体意识和问题意识相结合，符合科学精神

本体意识，也称本位观念，就是坚守一个属于自己学科领域的、不与他者混淆的角度。在现实生活中，人们可以从不同角度与同一个事物打交道，在研究过程中，也可以从不同角度对同一个事物进行不同的观察和研究。每一个方面的研究都会构成独立的学科领域，具有自己独特的价值。但是，事情往往是在对于同一个事物的研究中，前行的研究思路很容易对后来的研究造成先入为主的影响，使之不自觉地按照"轻车熟路"的方式展开思路，如果这样的研究思路长期发展以至于固定化，就会使得研究的边界模糊，对象不确定，学术研究缺乏自身的声音。学术研究固然需要交叉、综合，但是以独立为前提的，如果缺乏独立的学术领域，便无从谈综合和交叉。人们对水的观照既有科学的、工程的角度，也有经济的、政治的、法律的、行政管理的、文化的角度。而水文化研究的本体意识就是要从文化自身的角度研究水，显示出水文化研究所不可替代的独特价值。而恰恰在这个关键性的问题上，目前我们的一些研究表现出本体意识的缺乏，还没有确立文化自身的研究视角，考察问题的边界不清晰，常常与别的学科领域雷同、混淆，比如重复水利工程建设、水利经济管理方面的思路和话题，显示不出自己的独特性，也就难以确立自己不可替代的价值。因此，在对水的研究方面，需要确立起与工程技术、经济管理、行政管理所不同的文化视角。

一位哲学家说过，文化就是"人生的花样"，或者，文化就是人在衣食住行等实际需求之外的"有意味的追求"。它看似没有实用价值，实则有不可替代的作用，是人类前行的明灯，指引着人们的思想。卢沟桥除了具有水利、交通功能之外，桥上还雕刻了许多精美的石狮子。如

果没有那些石狮子，卢沟桥作为文化遗产的价值将大为降低。随着社会经济的发展，以及人民群众生活需求的提高，社会生活中的文化内涵、文化品位越来越受到重视。在水利工程建设中，不仅需要工程技术方面的精心设计，考虑经济效益、法律法规，还需要把社会文化的因素纳入视野，包括历史、哲学、文学、艺术、美学等方面的内容。水文化建设事业正处于蓬勃发展阶段，无论理论研究领域还是实践运用领域，都有着很多新的、富有活力的生长点，需要人们去关注、去探索。可以说，在这一领域中，有很多历史文化遗产需要梳理，也有很多现实问题需要解答，这将是水文化研究工作者大有作为的领域。

在确立本体意识的同时，还需要有问题意识。马克思说："问题就是时代的声音。"毛泽东曾强调："问题就是事物的矛盾。哪里有没有解决的矛盾，哪里就有问题。"所谓问题意识，简单来说，就是研究工作要有针对性，要努力寻找研究领域中存在的"问题"。什么是"问题"？从理论上说，就是目前还未揭示的内容，或者不完整、不深入、不周密的说法；从实践上说，就是实际存在的、需要加以解决的社会现象、社会状况（可以通俗地称作社会应用题）。研究工作者要对理论上或社会现实中存在的问题做出解答，提出解决的设想，而不能无目标地向着虚空说话。缺乏问题意识的突出表现就是习惯对众所周知的话题进行重复性申说，虽然所说的话无懈可击，但并无新意。这样的"理论研究"没有多大价值。科学研究不能满足不说错话，而是要追求有所发现、有所创新，而创新常常是从"问题"开始的。怎样才能发现问题呢？问题只能来自现实。只有密切关注理论领域和实践领域的进展、动态、趋势，才能不断发现新情况、新问题。发现问题，并努力在研究中给予回答或加以解决，从而推动理论研究向前发展。问题意识不仅是一种思维方式，而且是一种敏锐的眼光和广阔的视野，更是对自我投身研究事业的高度自觉性。将本体意识和问题意识相结合，统一于科学精神之中。

二、坚持"有"和"用"相统一，符合新时代精神

在任何一个学科领域中，历史文化研究都是一个重要方面。水文化遗产研究也常常与历史文化资源发生联系，这方面的研究成果在水文化研究中占了相当大的比例。从近年来的研究成果来看，很多学者对某一地 (多为所居之地) 的历史文化资源比较熟悉，比如历史事实、农事、传说、旅游资源、饮食资源等，对它们所做的解说也比较细致。这是研究水文化遗产的良好基础，也具有明显优势。但仅仅满足把这些历史文化资源叙述出来还是很不够的，因为这只能说明它们的"有"（存在），而"有"是静态的。作为科学形态的水文化遗产研究不仅要让人知道某些事物的"存在"，还要阐发它们的"用"，即这些历史文化资源在当今社会的价值、作用。"用"是动态的、有活力的、有生命的。"古为今用"的原则在水文化遗产研究中有很重要的指导意义。西方历史学家说，所有的历史都是当代史。历史事实已经存在，但每一个时代的人对它的阐说都有其自己的特点，都符合当前时代的价值。今天的水文化遗产研究要体现出新时代的精神风貌。这就要求我们对于历史文化资源，既要说清楚它们的"存在"，梳理出它们的来龙去脉和具体特征，又要努力寻找它们与现实社会生活相联系的通道，使已有的历史文化内容在当今时代得到合理的继承和发扬，实现创造性地转化和运用。比如，历史文化资源如何运用于当前的文化建设之中、旅游资源的开发如何推动乡村振兴，等等。

三、坚持"做法"和"道理"相融合，符合实践精神

工作经验来自实际的社会实践，它具有初步的精神成果的性质，可以成为理论研究的基础。但是有些关于实践经验总结的文章，主要内容就是讲工作的具体措施、步骤、成果，具有更多工作回顾的意味，而缺少理性思考、理论升华的内容。经验不仅包括"如何做"，还应当包括"为什么这样做"。写工作总结，仅仅把工作过程叙述出来而缺少理论

概括会显得分量不够，而作为理论研究工作，就更不能只满足说"如何做"，还要努力从做法、过程中提炼出具有普遍意义的"道理"。从事实材料中提炼出理论是研究工作的重要一步，也是使此时此地的工作能够对彼时彼地产生启发、借鉴作用的关键一步。人文社会科学的研究要回答、解决社会问题，主要依靠的不是提供具体的措施、行为，而是原则、方法、理论等相对成熟的精神成果。水文化遗产的理论研究应当明确认识到叙述具体做法、措施不是理论研究的全部，更不是它的终点。对于丰富实践经验，水文化遗产的理论研究要多做"提炼"的功，多总结出普遍性的"道理"。当然，"提炼"二字说起来容易，真正做起来需要付出艰苦的精神劳动和体力劳动。在水文化遗产研究中，要坚持实践的精神，从研究实践中，不仅要给出路径方法，还要"提炼"出理论原则。

第六节　研究方法

一、文献分析法

文献是科学研究的基础。为了充分了解研究领域已取得的成果、研究盲点及发展趋势，对各种文献材料进行收集、分析、研读是重中之重。本书通过对地方志、统计年鉴、学术专著、期刊论文、学位论文、网站信息、外文资料等文献的收集和整理，在充分了解研究领域现状的基础上，对水文化理论、文化生态理论、文化资源保护与开发的困境和发展趋势进行了归纳与分析，考察了三峡库区文化生态的发展脉络，对三峡库区水文化遗产进行了历时性、动态性的梳理，对三峡库区水文化遗产的类型与特点进行了归纳总结，从而明确了本书研究选题，奠定了研究基础。

二、系统研究法

本书借鉴系统论的思想和方法，注重整体共生、层次结构、和谐发展的观点，将水文化遗产置于"大环境"中加以研究。以系统的整体性、动态性为基本出发点，对三峡库区水文化遗产开展整体性、系统性研究。在准确分析内部结构和特点的基础上，重点关注发展变化的趋势和规律，通过系统各要素的综合性研究实现系统的优化。

三、跨学科研究法

在经济全球化、知识经济发展的背景下，三峡库区水文化遗产的空间分布与保护利用研究涵盖地理学、文化学、历史学、旅游学、管理学、经济学、传播学等学科，交叉学科的综合性特征明显。这既有水文化遗产文化属性的历史研究，也有其经济属性的产业发展；既有人类学的社会分析，也有文化哲学的价值感悟。本书在研讨中尽可能从多视角、多侧面、多层次进行研究，拓宽研究视野，丰富研究内容，充实多维交叉学科的细化研究，旨在更为深入地揭示三峡库区水文化遗产的类型特点和空间布局，为区域水文化遗产保护开发和乡村振兴战略深入实施提供有益探讨。

四、空间分析方法

空间分析是对地理空间现象的定量研究，是 GIS 的核心，也是其区别于一般信息系统的主要方面。空间分析方法内涵丰富，种类多样。在三峡库区水文化遗产研究中，主要采用最邻近指数、变异系数、核密度分析、空间自相关和地理探测器等。

五、定性与定量研究法

水文化遗产具有人文、经济、历史、社会、科学、生态、旅游、情感、艺术等多方面的价值，通过观察法、专家访谈法等定性方法和结构分析法、空间分析法等定量分析方法进行研究。

六、现场调查法

通过对三峡库区水文化遗产相应的重点地段及其周边进行现场调研，掌握水文化遗址的保存现状、历史概况、人文故事、风俗习惯、标识展示、景观布局等各种现状。通过查阅相关政策，了解水文化遗产建设相关内容，为后期长江国家文化公园建设做准备。

七、德尔菲法

德尔菲法，也称专家调查法，1946 年由美国兰德公司创始实行，本质上是一种反馈匿名函询法，大致流程是在对所要预测的问题征得专家的意见之后，进行整理、归纳、统计，再匿名反馈给各专家，再次征求意见，再集中，再反馈，直至得到一致的意见。

第七节　研究内容

本书在对三峡库区水文化遗产的内涵、特征和价值进行论述和梳理的同时，剖析三峡库区水文化遗产保护面临的困境及问题，并在此基础上，归纳和总结水文化遗产保护和传承的具体路径，探寻其开发和利用的策略与方法。本书主要分为六章，内容简介如下：

第一章：三峡库区的基本概况。自古以来，三峡就是进出四川的主要通道之一，战略地位重要，人员往来密集，沿岸积淀形成了丰厚的水文化遗产，这一切构成了三峡库区丰富多彩的旅游资源。1997 年，三峡实现大江截流，三峡库区开始形成。本章主要对三峡库区以地质、地貌、气候、水系、水文、植被等为代表的自然环境和以生产方式、人口经济和社会文化等为代表的人文环境进行分析、介绍，并重点介绍了长江三峡水利枢纽工程，这是三峡库区形成的直接原因。

第二章：三峡库区水文化遗产的基本特征。三峡库区水文化遗产内容丰富，既包括河道、闸坝、堤防、码头、桥梁、城镇、水利风景区等有形的物质文化遗产，也包括文学、戏剧、民俗、舞蹈、音乐、信仰、节庆等无形的非物质文化遗产。这些类型多样、特色鲜明的水文化遗产凝结了三峡库区劳动人民的智慧和血汗，具有很高的历史、科学、文学和艺术价值。本章在探讨三峡库区水文化遗产构成及分布情况的同时，对水文化遗产时空分布的影响因素进行初步分析和探讨，重在分析其文化内涵、价值以及传承和发展的作用和意义。

第三章：三峡库区水文化遗产的现状分析。近年来，在各级政府和社会各界的共同努力下，包括水文化遗产在内的文化遗产保护工作取得了显著成效，但仍存在一些问题。三峡库区列入各级文物的水文化遗产得到有效保护，但没有列入文物的水文化遗产得不到有效重视和保护。三峡库区非物质水文化遗产保护和传承状况堪忧，如果部分遗产项目不进行紧急保护，有可能面临消失的危险。本章主要对三峡库区水文化遗产的现状以及其所面临的困难和问题进行研究和探讨。

第四章：三峡库区水文化遗产的保护传承。水文化遗产的保护是一项长期而艰巨的工程。要通过网络、媒体、出版物等方式扩大三峡库区水文化的宣传，增强全社会保护水文化遗产的意识。各地相关部门要结合当地实际，制定水文化遗产保护工作规划，完善和健全相关法律法规，明确保护范围、措施和目标，并努力付诸实施。本章主要探讨三峡库区水文化遗产保护传承的指导思想、总体要求，并提出具体举措。

第五章：三峡库区水文化遗产的开发利用。三峡库区水文化遗产极为丰富，如何在保护的前提下实现三峡库区水文化遗产旅游的可持续发展是一项重要的现实课题。旅游开发作为水文化遗产保护和利用的有效方式，能够很好地展示和宣传水文化遗产，为水文化遗产保护注入资金，培养受众群体，促进水文化遗产被更好地保护和传承。本章在提出三峡库区水文化遗产开发利用的重要意义、基本原则之后，结合水文化遗产资源利用与开发现状，提出水文化遗产科学开发的路径选择，合理利用的策略举措，以求更好地服务三峡库区经济社会发展。

　　第六章：三峡库区水文化遗产保护与利用的个案研究。三峡库区涵盖重庆市、湖北省的 26 个县区，各地自然、社会和文化环境不同，水文化遗产各有千秋，采取保护、传承和利用的举措也有所不同。本章在分析水文化遗产保护利用在乡村振兴中的作用和在文旅融合中的价值的基础上，从物质水文化遗产和非物质水文化遗产两个方面选取有代表性的案例，在对其水文化遗产概况和现状进行梳理的同时，重在探讨其保护、传承和开发的具体策略与措施。

第一章 三峡库区的基本概况

三峡库区主要是指现代意义上的三峡，即长江三峡水利枢纽工程建成后形成的具有特殊意义的独特地理单元，总面积5.8万平方千米，包括湖北省宜昌市所辖的秭归县、兴山县、夷陵区，恩施州所辖的巴东县；重庆市所辖的巫山县、巫溪县、奉节县、云阳县、开州区、万州区、忠县、涪陵区、丰都县、武隆区、石柱土家族自治县、长寿区、渝北区、巴南区、江津区及重庆核心城区（包括渝中区、北碚区、沙坪坝区、南岸区、九龙坡区、大渡口区和江北区），共26个县区。三峡库区（28°28′N~31°44′N，105°49′E~111°32′E）西起江津区，东至夷陵区，南起武隆区，北至开州区，位于长江上游下段到长江中游上段之间，东南与宜昌市和恩施州相邻，东北与神农架林区和十堰市相接，西南与川黔交界，西北与川陕接壤，是长江上游主要的生态脆弱区之一，也是中国乃至世界最为特殊的生态功能区之一，其水土保持、水质安全、生物多样性保护和文化资源开发利用对三峡工程的安全稳定运行、长江中下游的防洪与生态安全、巴蜀地域文化资源保护开发具有特殊的、重要的战略意义。《全国主体功能区规划》将三峡库区流域定位为重点开发区和重点生态功能区，其区域间水资源数量、水资源质量以及社会经济发展存在较大差异。

第一节　三峡库区的自然环境

一、地质环境

三峡库区的大地构造单元属于扬子准地台，仅巫溪北东面小片地方属秦岭地槽褶皱系。就构造特征，大巴山断褶带构造线由北西向向东变为东西向，并向南突出形成弧形构造体系；东南部的川鄂湘黔隆起褶皱带构造线由近南北向向北逐渐变为北东向，构造和岩性控制着地貌发育，地形倒置明显；库区中西部的川东褶皱带构造线表现为北北—北东向梳状褶皱，地质构造制约着地貌发育，背斜形成狭长高峻山岭，向斜则成宽缓的丘陵，成为典型的平行岭谷区。库区内主要经历过前震旦纪晋宁运动、侏罗纪末燕山运动和第三纪末喜山运动三次构造运动，地层岩性跨度很大，从震旦系至第四系之间除少部分缺失外均有分布。7000 万年前的燕山运动使三峡形成了七曜、巫山、黄陵三组背斜山地；喜马拉雅运动以来，山地继续抬升，河床下切，两侧河流，特别是东侧河流溯源侵蚀强烈，切穿三大背斜，形成了统一的长江水系，滚滚东去，不断冲刷、下蚀，因而形成今日壮丽的长江三峡①。三峡库区岩性组合为泥灰岩、泥质页岩、泥质粉砂岩、碳酸盐岩及部分煤层和黏土层。岩性成分主要有石灰岩、白云岩、砂岩、黏土岩及含煤砂页岩等，有的形状陡倾，有的则平缓近于水平。这些不同的地质条件加上新构造运动的影响，导致整个库区环境地质问题突出。三峡库区广泛分布的侏罗系砂泥岩互层中的泥岩层、三叠系须家河组的页岩夹煤层、巴东组的泥灰岩和砂岩夹泥岩、二叠系炭质页岩夹煤层、志留系页岩等具有抗蚀强度低，易风化，遇水易软化、泥化的特性，导致该地区不仅水力侵蚀活跃，水土流失严

---

① 黄健民.长江三峡地理（第二版）[M].北京：科学出版社,2011:6.

重，而且易引发滑坡、崩塌和泥石流。三峡库区东部地区地层岩性以古生代、中生代碳酸盐类地层为主，地表、地下喀斯特地貌发育，地表缺水，土层瘠薄，生态环境十分脆弱，一旦植被遭到破坏或因过度垦殖而土层剥蚀，生态环境将遭受彻底破坏甚至无法利用。

二、地貌环境

三峡库区山谷窄陡峭、流水湍急，是长江通航上最险峻的河段①。三峡库区地形大势为东高西低，西部多为低山丘陵地貌，往东逐渐变为低、中山地貌，并由南北向长江河谷倾斜。库区北部以及东部边缘东北—西南向为大巴山山地、巫山山地、大娄山山地等中低山地，海拔一般在 1000 ～ 2500 米之间；该线以北以西地区地貌以低山丘陵为主，海拔一般在 200 ～ 1000 米之间，丘陵区地形起伏和缓，地质疏松，是库区垦殖系数较高的农产区，自然植被少，水土流失严重，是江河泥沙的主要来源。三峡库区地貌以山地、丘陵为主，地貌发育以流水作用为主，库区内地形高低悬殊，地貌结构复杂，主要具有以下几个特点：一是地势起伏大，层状地貌明显。区内东南地势高，西北地势低，最高点海拔2796.8 米，最低处海拔仅 73.1 米，相对高差 2723.7 米，高差巨大。二是以丘陵、低山和中山为主体的地貌类型组合。全区地貌形态类型有中山、低山、高丘陵、中丘陵、低丘陵、缓丘陵、台地和平坝等几大类。三是地貌格局受地质构造控制，地貌类型组合的区域分异明显。库区可以分为三个地貌区：东北部为大巴山中山区，东部、东南部和南部为巫山、大娄山中低山区，中部为平行岭谷区。大巴山区因流水强烈切割，谷坡陡峻，崩塌、滑坡和泥石流等坡地重力侵蚀较为突出；东部、东南部和南部的中低山区流水侵蚀主要沿岩体破碎、易于侵蚀的断裂带和碳酸岩进行，区内岩溶地貌发育；平行岭谷区地形以顺地貌为主。四是地面切

---

① 谭雪霏 . 文化生态视域下的三峡宜昌库区文化资源保护研究 [D]. 武汉：华中师范大学 ,2019.

割破碎，现代地貌过程较为强烈。三峡库区地处间歇性隆升的中国大陆第二阶梯的前缘，与相邻的第三阶梯相对下沉的江汉平原形成巨大的地形反差，必然促使河流的强烈下切侵蚀，塑造了库区地形破碎、高低起伏的地貌格局。三峡库区平坝、平缓土地比例小，主要分布在 1000 米以下的河谷阶地、台地、岩溶低中山的槽谷和洼地、低山及低中山山麓，以及向斜盆地，其中又以 500 米以下处最为集中。

三、气候环境

三峡库区地处中纬度，属湿润中亚热带季风气候，气候受峡谷地形影响十分显著，具有冬暖春早、夏热伏旱、秋雨多、湿度大以及云雾多等特征。全区多年平均气温 15 ～ 18℃，大部分地区最冷月（1 月）平均气温 7 ～ 8℃，最热月（7—8 月）平均气温 24.8 ～ 29.3℃，大部分地区 ≥ 35℃ 的高温日数在 20 天以上。由于地势高低悬殊，库区多年平均气温垂直差异明显（见表 1–1）。库区月平均气温以 1 月最低（8.1 ～ 10.9℃），7 月或 8 月最高（32.2 ～ 34.8℃），而年平均最高气温为 17 ～ 29.5℃。三峡库区作为全国著名的"火炉"地区，其河谷平坝浅丘区的极端最高气温均可超过 40℃，极端最低气温为 –1.7 ～ –9.2℃，山地为 –10℃ 以下。

表1–1　三峡库区垂直高差气温分布

海拔（米）	400 以下	400 ～ 600	600 ～ 1000	1000 以上
气温（℃）	17.5 ～ 19.0	16.5 ～ 17.5	14.5 ～ 16.5	<14

三峡库区常年雨量充沛，多年平均降雨量为 1150.26 毫米。降水空间分布不均匀，其中开州、万州、云阳西部和南部、奉节南部、巫溪的西部小片区域、忠县和石柱的东部以及秭归、夷陵地区平均年降水量在 1200 毫米以上，为区域多降雨中心。巫山是全区平均年降水量最少的地区。全区降水量也表现出明显的年、季变化，全年中降水量以夏季最

多，占全年降水总量的 40% 左右；春、秋季各占 27% 左右；冬季最少，不足 5%，年降水量相对变率为 11% ～ 16%。三峡库区是我国的暴雨中心之一，库区累计日降雨量 >25 毫米（大雨）的次数为 9 ～ 15 次 / 年，>50 毫米（暴雨）的次数为 2 ～ 5 次 / 年，暴雨主要出现在 4 月至 9 月。洪涝 2 ～ 4 次 /10 年，主要出现在 4 月至 10 月，暴雨洪涝以库区东段较多，发生频率为 85%，年降水 1350 ～ 2000 毫米。强烈的降水过程导致水土强烈流失并伴有崩塌、滑坡、泥石流等重力侵蚀灾害。

四、水系环境

三峡库区江河纵横，属长江水系。水系形态受地质构造、地貌、气候等自然环境要素的影响，形成不同的水系类型[①]。长江干流自西向东横穿三峡库区，北有嘉陵江、黄柏河汇入，南有乌江、清江汇入，形成不对称的、向心的网状水系。另外，主要大的河流水系还有涪江、綦江、御临河、龙溪河、大宁河、小江、清港河、童庄河、香溪河等几十条。长江河谷深切，水系发育，由于受亚热带湿润季风的影响，库区降雨比较集中，大部分河流具有流域范围内降水丰沛且多暴雨、河谷切割深、谷坡陡峻、天然落差大、滩多水急、陡涨陡落等山区河流的特点，是库区内产生水土流失的重要因素之一。受降雨的年内分配和暴雨历时短与强度大等特点的影响，库区内地表径流和泥沙多集中在 5 月至 9 月，且地表径流与泥沙的年内和年际的变化与降雨量的年内年际分布基本一致，表现出时间分布不均匀的特点。

五、水文环境

长江自宜宾至宜昌一段在习惯上称为川江。川江河段穿行在四川盆地的红色砂页岩丘陵之间，河床纵剖面显著减少至 0.2 米 /1000 米，江面增

---

①涂师平，王磊，金柯洁，等. 重庆水文化遗产保护 [M]. 北京：中国水利水电出版社，2019:2.

宽至 300～800 米，最宽处达 1500 米，并发育有许多河曲；河漫滩广布，阶地发育。同时接纳了岷江、沱江、嘉陵江、乌江等大支流，流量激增至 8000～11000 立方米/秒。过万州后，山势越来越险峻，至奉节以东，进入闻名于世的三峡峡谷区。整个峡谷区峡滩相间，滩礁星列，峡谷两岸峭壁危崖林立，大多高出江面 1000 米左右，江面束狭（最窄处仅约 100 米），给航行带来很大困难。但它控制了三峡以上 100 万平方千米流域内的来水，多年平均径流总量达 4500 多亿立方米，水能资源十分丰富。

自 2003 年 6 月蓄水以来，三峡水库的运行水位介于 135～139 米之间。2006 年 10 月蓄水至 156 米，运行水位介于 144～156 米之间。2008 年试验性蓄水至 175 米，运行水位介于 145～175 米之间。经过 2010 年 10 月底的两次试验性蓄水，三峡水库水位达到最高水位 175 米，三峡大坝正式形成 393 亿立方米总库容量、1080 平方千米占地面积、600 千米长的河道型水库。1998 年，三峡库区流域干流的年均流量达到历史最大值 10000 立方米/秒（朱沱站）。2005 年，三峡库区流域干流的年均流量达到自 2003 年蓄水以来的最大值 9493 立方米/秒（朱沱站）。

六、植被环境

三峡库区植被类型丰富，主要植被类型有亚热带常绿阔叶林、落叶阔叶林、常绿落叶阔叶混交林、暖性针叶林和温带暗针叶林。其中尤以亚热带常绿阔叶林类型的物种密集程度最高、生态效益最显著，是库区内最珍贵的地带性植被，其中马尾松林、柏木林这两类森林群落在库区森林中面积最大，但多呈疏林或幼林，为次生的人工或半人工林。森林植物以马尾松为主，其次为栎类。主要乔木树种有马尾松、栎类、杉木、柏木、华山松、桦木、油松、杨树、云杉、巴山松、冷杉、铁杉等；主要经济树种有板栗、核桃、杜仲、漆树、银杏、柑橘、梨、柚、桃、李、猕猴桃、杏、柿等；竹类主要有楠竹、慈竹、方竹、观音竹、水竹等。三峡库区由于受到人为破坏，原有森林植被大幅度减少，致使库区森林覆盖率低，生态系统退化，库区森林林种结构不合理，生态效果不理想，自然生态呈现"森林→疏林→灌木→草地→裸露荒山"的逆向更替。库区森林覆盖率有待提高，林种结构单一，用材林占 87%，经济林、防护林、薪炭林仅占 13%。从林分起源来看库区植被，天然林占 67.33%，人工林占 32.67%。此外，在灰岩区还有灌丛草坡，植被覆盖率为 35%，但放牧和垦殖加剧了水土流失。

第二节　三峡库区的人文环境

三峡库区东西狭长，南北较窄，犹如一条游动的中国龙，是长江中上游重要的生态屏障，少数民族众多，是巴文化和楚文化的重要发源地和交汇地之一，水文化遗产丰富。开展水文化相关研究对加快三峡库区的文旅融合、促进三峡库区乡村振兴具有重要意义。

一、生产方式构成

长久以来，受限于自然环境，山地畲耕、谷底农耕是三峡库区农业的主要发展模式，农耕效率低。长江航运的发展促进了农贸集镇的兴盛，形成了沿江且依赖外界的地理经济。主要的生产方式是源于血缘聚落、地缘社会的集体劳作，基于生产方式的结构性贫困长期存在。

山地畲耕、谷底农耕的原始农业。三峡库区山崇林密，地势陡峻，土质和天气也不利于农业的发展。长期以来，该区域的农业生产水平远远落后两侧的四川盆地和江汉平原。水土丰腴的河谷谷地是早期先民从事农业生产的地方。受限于自然条件，农业生产整体发展缓慢，魏晋时期的《建平郡嘉禾诗序》谓："湖楚之北，郡十有二，归之地最为境瘠。"《荆州记》也称这一带"郡少农桑"[①]。山区农业得到开发，畲耕不再是山地垦殖的主要方式，梯田开始出现。山区并不适宜广泛种植稻麦。外来

---

① （宋）王象之．舆地纪胜 [M].北京：中华书局，2003:1024.

人口带来的玉米、红薯、马铃薯都是域外旱地高产作物，这些旱地作物在山区的广泛栽种改变了当地以稻为主的农业生产结构，使得高山区得到一定开发。三峡库区不适宜大面积种植粮食作物，但相对湿度大的气候十分适宜种植果木，其中最为出名的当属柑橘。经济作物则主要种植苎麻和茶叶。

沿江而行，更迭频繁的过境贸易。宋代之前，农业为主、渔猎为辅是三峡先民长期的谋生方式。随着人口增长、人地矛盾凸显以及自然环境恶化，手工业和商业逐渐在该地区的经济发展中占据一定地位，以农业为主的传统自然经济格局悄悄发生改变。沿长江而行的交通运输业和以航运转输贸易为主体的商业逐渐发展。以井盐和茶叶为代表的商业贸易首先打破了三峡地区封建经济自给自足的区域限制，与外界的联系得以加强。三峡地形复杂、水流湍急，历来被视为畏途。但从宋代起，随着经济重心的东移南迁，三峡成为连接四川盆地与京都开封、临安之间的重要通道。物资出川主要依靠三峡水路，"巨舰西下，舳舻相衔，梱载客货，安然如山"①。以转输贸易为主的商业蓬勃发展。由于航道特殊，还形成了专门的舟船转换制度。三峡江面狭窄、弯多流急、礁多滩险，该地区所用的船只一般船身小、底阔而轻，但这种船只到了长江下游就经受不住大风大浪的考验，而且船小量少不符合航运成本效益。所以从四川至东南船载舟运的旅客和货物都需从荆南上岸，改换大船。在三峡东部和西部，商业兴盛，农不如工、工不如商，峡州盛产花椒、漆料、纸张等物产，畅销四方。长江航运的兴起促进了峡江经济的迅速发展，在临时集市的基础上形成了许多集镇。但这又造成乡镇的发展对地理环境过分依赖，沿江而行、兴衰更迭频繁的过境贸易是该区域商业的主要模式。以茅坪古镇为例，由于长江至此江面逐渐开阔、山势舒缓，码头易于泊船和经贸，其战略地位十分重要。茅坪独有的地理位置造成它的兴盛衰落交替极快。

---

① （清）徐松 . 宋会要辑稿 [M]. 北京：中华书局，1957:25.

血缘聚落、地缘社会的集体劳作 ①。三峡地区民居群大多以血缘聚落、依山就势，对生活的地区形成相似的"集体记忆"和归属感。由于这里的地势是山水相间，没有开阔的平原，受地理环境的限制，所以大多成"带状"聚落。不同于平原地区自由性较大的"团状"聚落，这里与山河地势相呼应。崇山峻岭、滩多水险的地形导致交通不便，长期以来，该区域与外界的交流沟通并不充分。小杂居、大聚居，居民以自然村落为基本单元而形成社会关系网。这是典型的邻里团体，"村落聚居区"又往往是"宗族共同体"，是以宗法血缘与道德情义伦理为纽带的亲密性社会共同体。每个村镇内部常常由同姓的家族构成，并逐渐发展壮大。为克服劳动力不足的问题，争取好的收成，邻里之间常常通过换工的方式进行集体劳作。由于自然环境恶劣、劳动工具简陋，在以山地为主的区域主要依靠的是人力耕作。在个体小农经济条件下，人人自勉，通过换工、助工补充了人力，以保证不误农时。换工的形式多种多样，既可以是几家帮一家，也可以是一家轮流帮几家。这种集体劳作形式既是乡邻间的互助，又会遵循一定的"等价交换"原则。换工、助工虽源于刀耕火种的耕种模式，但在小农经济社会一直延续，是山区特有的一种劳作模式。

二、人口经济环境

2021 年，三峡库区共有常住人口 2228.64 万人，比上年增长 0.14%。其中湖北库区常住人口 139.49 万人，比上年减少 0.31%；重庆库区常住人口 2089.15 万人，比上年增长 0.16%。库区年末户籍总人口 2192.50 万人，比上年增加 0.32%。其中，湖北库区 153.14 万人，比上年减少 0.55%；重庆库区 2039.36 万人，比上年增加 0.38%。2021 年，三峡库区城镇化率达到 77.48%，较上年提高 0.46%。其中，湖北库区城镇化率

---

① 谭雪霏 . 文化生态视域下的三峡宜昌库区文化资源保护研究 [D]. 武汉：华中师范大学 ,2019.

47.96%，较上年提高 0.53%；重庆库区城镇化率 92.24%，较上年提高 0.42%。湖北库区城镇化水平还有很大提升空间，重庆库区城镇化水平进入后期阶段，重点要聚焦高质量发展。总的来看，三峡库区非农产业在城镇集聚、农村人口向城镇集中进程进一步加快，城市功能和辐射能力持续增强，城镇化率逐步提高。

2021 年，三峡库区实现地区生产总值（GDP）19832.22 亿元，比上年增长 12.83%。其中，第一产业实现 1147.52 亿元增加值，增长幅度为 8.98%；第二产业实现 7339.99 亿元增加值，增长幅度为 14.41%；第三产业实现 11344.71 亿元增加值，增长幅度为 12.23%。人均 GDP 达到 102795.29 元，比上年增加 12329.19 元，增长 13.63%。其中，湖北库区实现地区生产总值 1146.45 亿元，增长 22.16%；重庆库区实现地区生产总值 18685.77 亿元，增长 12.3%。湖北库区人均 GDP 为 79200.93 元，增长 20.02%；重庆库区人均 GDP 为 114592.47 元，增长 11.57%。2021 年，三峡库区城镇常住居民人均可支配收入 43936.51 元，比上年增加 3591.73 元，增长 8.9%；农村常住居民人均可支配收入 20072.99 元，比上年增加 1893.86 元，增长 10.42%。

近两年，三峡库区地区生产总值保持较快的增长态势，整体趋势与全国保持基本一致，但增速明显高于全国水平。与前几年相比，新常态下经济增速虽有所回落，但波动幅度逐步减小，经济运行态势明显趋稳。从产业结构来看，2021 年，库区三次产业结构为 5.79%：37.01%：57.20%，库区非农产业比重达到 94.21%，且第三产业比重超过五成，成为库区经济增长的关键力量。从非农产业内部结构来看，第三产业显示出强劲的发展势头，第二产业的比重在逐步降低。三峡库区的人口发展和经济增长既为三峡库区水文化遗产的孕育和发展提供了土壤，又为三峡库区水文化遗产的保护和利用提供了支撑。

三、社会文化环境

崇山夹峙、环境闭塞，三峡库区形成了最初"外封闭、内活跃"的内向型文化气质。这种文化特质影响着当地民众的思维与审美：宗教信仰更重视实用性，艺术风格奇谲瑰丽、感情浪漫热烈。航运飞速发展带来的是心态的开放，具有包容性。不畏艰险的英雄气概、负重前行的质朴性格则是峡江人民在长期艰苦自然环境生活中形成的古朴民风，对故土的依恋和自强不息的奋斗精神。

民间信仰。"根据考古发现，先后在宜昌地区发掘出大量西周至战国时代巴人与楚人的文化遗址和墓葬，其中巴人的 100 多处，楚人的 40 多处。"① 就其具体分布而言，楚人的文物偏重在长江西陵峡地区；而巴人的生活足迹则是自东向西，早期多发现于宜昌前坪等地，中晚期慢慢发展到峡西一线，巫山双堰塘遗址正是西周巴蜀风的典型代表。这片土地孕育了重庆悠久的历史，距今 3 万~ 2 万年的旧石器时代末期，已有人类生活在重庆地区；公元前 11 世纪商周时期，巴人建立了巴国，而后迁都到了重庆。长江三峡地区处于巴楚交错地带，是巴文化与楚文化碰撞交融的地区。三峡巫文化明显吸收了巴楚、巴蜀文化的特点。随着社会的进步，巫文化明显衰落，但由于巫师实际是最早的知识分子，相比于一般人具备较高的文化素质，掌握了更多的文化技能，因而在相当长的一段时期内，巫师作为官方的代言人，记录下灿烂的古代文化并传承，文学、医学莫不如此。巫文化的部分元素也依附民俗风情、故事歌谣之中，特别在山区广为流传。巴人善舞，楚人喜乐。祭祀歌舞是三峡地区最早歌舞、戏曲的来源。"歌舞媚神"，散发着浓烈巫文化气息的祭神歌舞逐渐变为群众娱乐，在促进人际交往、愉悦民众身心方面发挥着积极作用。蒙昧与文明并存，人神共位，富于幻想。无论娱神还是娱己都注重审美愉悦，崇火尚凤、亲鬼好巫、力求浪漫。巴人崇虎，楚人崇凤，以此为图腾的符号文化也影响着三峡地区的文化偏好。此外，三峡地区宗教信仰显示出世俗化特点：敬神者多、信教者少。三峡文化具有开放性特点，民间祭祀的诸神体系呈现出多教合流的特点。佛、道诸神并没有在此地区的民间信仰中占有独立地

---

① 余静. 从近年来三峡考古新发现看楚文化的西渐 [J]. 江汉考古，2005(01):73-84.

位，而是经过一定的改造，均纳入了民间俗众祭祀的神系。比如三峡地区民间广泛祭祀的道教的玉皇、诸神和佛教的观音菩萨等就是宗教神民间化的典型例子，儒、道、佛"三教合一"是三峡地区一道奇特的宗教景观。西陵峡口石门洞原是佛教名胜，但早从宋朝开始，洞中就修建了龙王庙，后来逐渐增修了真武殿、灵济殿、灵泉寺等，慢慢成了佛、道两教合一的圣地。宗教世俗化的特点还表现在多采取实用态度上。普通个人、劳苦百姓可以成为石刻的主角，世俗生活、日常劳作也能成为石刻的题材。民间信仰是多神崇拜，讲究实用性，并与峡江风物紧密联系。黄牛因相传其受巫山神女所派协助大禹开峡成功而成为三峡地区重要的崇拜对象，敬牛、祭牛相沿成习。生活依山傍水，信仰重山祭水，河神崇拜人格化。屈原逝后被当地人尊为"水仙"，充当航运、水产的保护神，张飞庙里的张飞、神女庙里的神女同样被百姓及过往商客当作"江神"拜祭。黄牛岩、下牢溪等地名的背后都有一段治水的传说，镇江阁、水府庙等各类庙宇祠堂沿江而设，保佑行船安全。江河安流、出入平安、民富物丰是峡江人民最朴素、最实际的希冀，百姓生活与水息息相关，信仰、仪式所表达的都是广大乡民对实际生活的种种美好意愿。

航运精神。三峡航运，借水之利，依水而生。三峡地区山高谷深、江流湍急，既是行路天险，又是资源宝库，既是绝美的山水风光，又是严峻的生存环境。据考古发现，三峡航运可溯源至新石器时代。巴蜀先民从事通舟楫、划船筏主要是为了进行渔业捕捞生产，当然也有迁徙生存、战争抗衡的因素。唐宋以来，中国社会经济重心逐渐东移南迁。三峡水路是物资出川的主要路线，三峡成为主要交通干道。《食货志》曾载："弘舸巨舰，千轴万艘。交易往来，昧旦永日。"① 该区域原本地域偏远、高山夹峙、环境闭塞，在长期相对独立的地理空间中形成了"外封闭、内活跃"的内向型文化气质。繁荣的贸易打破了这种封闭，活跃的商贸活动带来文化的交融。本土文化和外域文化有了多元化交融的可能，

① （五代）刘昫 . 旧唐书 [M]. 北京：中华书局,1975:725.

更具有移民性、包容性和商业性。随着航运迅速发展，三峡文化逐渐以开放的心态进行交流。如果说早期巴楚文化的融合奠定了该区域的文化底蕴，唐宋商贸大发展则促进了其与西蜀文化、中原文化的交汇，之后的明清大移民又促进了三峡文化与江浙文化、闽粤文化的不断融合。

峡江特性。楚国被称为南蛮之地。荒僻之壤、辛苦拓荒，一部楚国历史就是荆楚民族自强不息的奋斗历史。艰苦的自然环境造就了荆楚民族不畏艰险、质朴豪爽的性格和勇猛强悍的尚武精神。在高山峻岭、峡急谷深的环境中，三峡人民为了生存而与自然界做斗争，表现出刚健无畏的精神。早在巴人时期，峡江上就有了纤夫，他们是峡江两岸专门以拉纤和划船为生的土著山民。船工、纤夫、背夫都是随三峡航运而兴起的职业。船工操舵、纤夫拉纤、背夫转运，在三峡天险中艰难生存。屈原"虽九死其犹未悔"，其对国家、故土眷恋的屈子遗风影响深远，对故土的依恋和自强不息的奋斗紧密相连。

第三节　长江三峡水利枢纽工程

三峡库区的形成缘于长江三峡水利枢纽工程（如图1-1所示）的建设。研究三峡库区，就不能不谈三峡工程，二者密切相关。三峡工程不仅是中华人民共和国成立以来投资最大的水利项目，也是我国最具综合效益的水利枢纽工程，承载着中华民族兴修长江水利、治理长江水患的百年梦想。三峡工程是治理和开发长江的关键性骨干工程，主要由枢纽工程、移民工程及输变电工程三大部分组成。三峡工程是当今世界上最大的水利枢纽工程，具有防洪、发电、航运、水资源利用等功能，综合效益巨大。三峡工程坝址地处长江干流西陵峡河段、湖北省宜昌市三斗坪镇，控制流域面积约100万平方千米。

三峡大坝旅游区位于湖北省宜昌市境内，于1997年正式对外开放，现拥有坛子岭园区、185园区及截流纪念园等园区，总占地面积15.28平方千米。旅游区以世界上最大的水利枢纽工程——三峡工程为依托，全方位展示工程文化和水利文化，为游客提供集游览、科教、休闲、娱乐于一体的多功能服务，将现代工程、自然风光和人文景观有机结合，使之成为国内外友人向往的旅游胜地。2007年被国家旅游局（今文化和旅游部）评为首批国家5A级旅游景区，2015年获得中央精神文明建设指导委员会授予的"第四届全国文明单位"荣誉称号，2021年荣获"灵秀湖北·十佳红色旅游经典景区"。

图1-1　长江三峡水利枢纽工程

（资料来源：中国长江三峡集团有限公司官网）

一、前三峡工程时代

1919年，孙中山先生提出了开发三峡的宏伟设想。中华人民共和国成立后，毛泽东等历届党和国家领导人高度重视和关心三峡工程论证工作。在历经近半个世纪的勘测设计、规划论证后，1992年4月，第七届全国人民代表大会第五次会议审议并通过了《关于兴建长江三峡工程的决议》。以三峡工程的建设为时间节点，研究者一般将1992年《关于兴建长江三峡工程的决议》通过前，统称为"前三峡工程时代"。"前三峡工程时代"是三峡历史文化资源产生并基本定型的重要阶段，代表性的三峡水文化遗产都产生于此时间段内，并形成相对稳定的艺术风格和资源风貌。兴建三峡工程、治理长江水患是中华民族的百年梦想。

二、三峡工程时代

三峡工程时代是指三峡工程从 1992 年到 2009 年的十七年建设期。1992 年第七届全国人民代表大会第五次会议上，出席的 2633 名代表以 1767 票赞成的结果通过了建设三峡工程的议案，形成了《关于兴建长江三峡工程的决议》。从 1992 年开始，三峡工程具体开始分三期兴建。从 1994 年 12 月 14 日三峡工程正式开工建设到 1997 年 11 月 8 日实现大江截流，这标志着一期工程胜利完成。三峡大坝坝址位于西陵峡中段的宜昌市三斗坪镇，在已建成的葛洲坝水利枢纽上游约 40 千米处。从 1998 年到 2003 年建设三峡工程的二期工程，2003 年 6 月，三峡工程开始通航、发电，枢纽初步产生效益，进入围堰挡水发电期。这也是完成移民任务最重的时期，累计搬迁安置移民 70 余万人。2009 年，三峡工程全部完工，开始 175 米试验性蓄水，三峡水库形成。

枢纽工程为 I 等工程，由拦河大坝、电站建筑物、通航建筑物、茅坪溪防护工程等组成。挡泄水建筑物按千年一遇洪水设计，洪峰流量 98800 立方米／秒；按万年一遇加大 10% 洪水校核，洪峰流量 124300 立方米／秒。主要建筑物地震设计烈度为 VII 度。拦河大坝为混凝土重力坝，坝轴线全长 2309.5 米，坝顶高程 185 米，最大坝高 181 米，主要由泄洪坝段、左右岸厂房坝段和非溢流坝段等组成。水库正常蓄水位 175 米，相应库容 393 亿立方米。汛期防洪限制水位 145 米，防洪库容 221.5 亿立方米。电站建筑物由坝后式电站、地下电站和电源电站组成。坝后式电站安装 26 台 70 万千瓦水轮发电机组，装机容量 1820 万千瓦；地下电站安装 6 台 70 万千瓦水轮发电机组，装机容量 420 万千瓦；电源电站安装 2 台 5 万千瓦水轮发电机组，装机容量 10 万千瓦。电站总装机容量 2250 万千瓦，多年平均发电量 882 亿千瓦时。通航建筑物由船闸和垂直升船机组成。船闸为双线五级连续船闸，主体结构段总长 1621 米，单个闸室有效尺寸为长 280 米、宽 34 米、最小槛上水深 5 米，年单向设计通过能力 5000 万吨。垂直升船机最大提升高度 113 米，承船厢有效尺寸长

120 米、宽 18 米、水深 3.5 米，最大过船规模 3000 吨级。茅坪溪防护工程包括茅坪溪防护坝和泄水建筑物。茅坪溪防护坝为沥青混凝土心墙土石坝，坝轴线长 889 米，坝顶高程 185 米，最大坝高 104 米①。泄水建筑物由泄水隧洞和泄水箱涵组成，全长 3104 米。

移民工程涉及湖北省、重庆市的 19 个区县和重庆市主城区，共搬迁安置城乡移民 131.03 万人（库区移民 129.64 万人，坝区移民 1.39 万人），其中外迁安置 19.62 万人，主要安置到上海、江苏、浙江、安徽、福建、江西、山东、湖北、湖南、广东、四川、重庆 12 个省（直辖市）。库区复建各类房屋 5054.76 万平方米，迁建城市 2 座、县城 10 座、集镇 106 座，搬迁工矿企业 1632 家，以及专业项目复建、文物保护、生态环境保护、库底清理和地质灾害防治、高切坡防护等。

输变电工程承担着三峡电站全部机组满发 2250 万千瓦电力送出的重要任务，具有向华中、华东和广东电网送电的能力。最终建成的规模为：500 千伏交流变电总容量 2275 万千伏安，交流输电线路 7280 公里（折合成单回路长度）；±500 千伏直流换流总容量 2400 万千瓦，直流输电线路 4913 公里（折合成单回路长度）；相应的调度自动化系统和通信系统。

三、后三峡工程时代

后三峡工程时代一般是指三峡工程建设结束后，从建设期进入运行管理期。2010 年，国家出台《三峡工程后续工作总体规划》，明确今后的工作重心是移民安置和环境保护，是复建区、重建区、消落区的文化发展。三峡工程后续工作规划范围按地域分为三峡库区和长江中下游影响区。三峡库区是指水库淹没及工程建设涉及的湖北省、重庆市的区县；长江中下游影响区是指三峡工程建成后，由于水文条件变化对长江中下游干流两岸、洞庭湖区和鄱阳湖区、河口区可能造成影响的区域，主要

---

①陈志荣，张振坤. 三峡茅坪溪防护大坝沥青砼心墙施工 [J]. 水利水电施工，2001,(02): 18-19.

包括湖南省、江西省、江苏省和上海市。后续工作规划的重点内容主要包括促进移民安稳致富和库区经济社会发展规划、库区生态建设与环境保护规划、库区地质灾害防治规划、三峡工程对长江中下游影响处理规划、综合监测系统建设与完善规划、三峡工程运行管理体制与能力建设规划以及三峡水库综合调度与综合效益拓展等专题研究。

四、三峡工程的巨大效应

长江三峡水利枢纽工程是世界最大的水利枢纽工程，也是我国最大的文物保护工程。大自然以鬼斧神工造就了长江雄、险、秀、美、神、奇的三峡，令无数人为之神往，三峡工程创造了多项世界之最：世界最大的水利枢纽——总库容 393 亿立方米，防洪库容 221.5 亿立方米，水库正常蓄水位 175 米；世界最大的电站——三峡水电站 2250 万千瓦，年平均发电量超 850 亿千瓦时；世界建筑规模最大的水利工程——三峡大坝坝轴线全长 2309.5 米，水电站机组 70 万千瓦 ×26 台，无论单项还是总体都是世界建筑规模最大的水利工程；世界工程量最大的水利工程——三峡工程主体建筑土石方挖填量约 1.34 亿立方米，混凝土浇筑量 2794 万立方米，钢筋 46.30 万吨；施工期流量最大的水利工程——三峡工程截流流量 9010 立方米 / 秒，施工导流最大流量 79000 立方米 / 秒；世界泄洪能力最大的泄洪闸——三峡工程泄洪闸最大泄洪能力为 10.25 万立方米 / 秒；世界级数最多、总水头最高的内河船闸——三峡工程的双线五级连续船闸，总水头 113 米；世界最大的升船机——三峡工程的升船机全线总长约 5000 米，船厢室段塔柱建筑高度 146 米，最大提升高度 113 米，最大提升重量超过 1.55 万吨；世界水库移民最多、工作最艰巨的移民建设工程——三峡工程水库动态移民达 131 万人。

三峡工程的修建将淹没海拔 175 米以下的广大地区，而这些地区拥有极为丰富的文物资源，为了永远保留三峡库区的文化遗产，国家文物局成立了"三峡工程文物保护工作领导小组"，组织全国各地考古和古建筑专家奔赴三峡，进行大规模的抢救性考古发掘和地面文物保护工作。

　　三峡库区实际文物保护项目达到 1128 项，超出规划项目数 3.77%。出土文物 25 万余件（套）。为保护、利用这批文物，有关三峡文物保护的博物馆比较多。2005 年 6 月，重庆中国三峡博物馆落成并对外开放。2009 年，白鹤梁水下博物馆落成，是一座原址保存的记录千年以来的枯水石刻的博物馆。2019 年，宜昌博物馆新馆主体工程也已落成。近年来，陆续建成开放的博物馆还有巫山博物馆、夔州博物馆、重庆三峡移民纪念馆、开州博物馆、忠州博物馆、巫溪博物馆、云阳博物馆、长寿博物馆等，还有一些博物馆如丰都博物馆、石柱博物馆等正在建设中。不久，三峡库区将实现各区县均有博物馆。

第二章　三峡库区水文化遗产的基本特征

从一定意义上说，中华民族灿烂悠久的文明史就是一部认识水、探索水、利用水、兴水利、除水害的历史。我国人民在对江河湖泊的不懈研究、探索、治理与开发保护的过程中，不仅为中华民族创造了巨大的物质财富，也创造了宝贵的精神财富，即水文化[①]。

水既是生命之源，也是文化之源、文明之源，更是可持续发展之源。文化资源是人们从事文化生活和生产所必需的前提准备。有水才有灵气，有水才有生机。水本身是一种重要的文化资源，水具有形状吸引功能，水的影与色具有吸引功能，水的音响也具有吸引功能。因水而生的中外文明是重要的文化资源，世界上的四大文明古国都诞生在大江大河附近。尼罗河哺育了古埃及悠久的文化，被誉为"水的原始颂歌"；印度河和恒河打开了古印度的文明之门，被誉为"永恒的涅槃"；幼发拉底河和底格里斯河孕育了古巴比伦文明，被誉为"世界文明的摇篮"；奔腾不息的黄河与长江九曲十八弯，成就了源远流长、一脉相承、多元文化交相辉映的华夏文明。缘水而生的中华文化是一种重要的文化资源，中华文化的早期发展史就是一部壮美的"河流文明"发展史，水在影响人的思想精神的同时，还给予人以力量、快感和享受。文明因河流孕育，受河流滋养，随河流流淌，与河流共存。

古代，长江三峡地区处于巴楚交错地段，因水而生，逐水而居，缘

---

① 陈雷.弘扬和发展先进水文化 促进传统水利向现代水利转变 [J]. 中国水利,
2009(22): 17-22.

水而兴，巴楚两种文化于此交融、混合，形成独具特色的"似巴似楚，亦巴亦楚"的"第三种文化"，文化界称之为"巴楚文化"。同时，这一地区又位于长江经济带和北起大巴山、中经巫山、南过武陵山、止于五岭这条"文化沉积带"的"十字路口"，独特的地理环境造就了三峡地区特有的水文化特点。

第一节　三峡库区水文化遗产的内涵特征

一、似巴似楚，亦巴亦楚

三峡库区是巴文化的起源地和楚文化的发祥地。两种文化同出一域，有同有异，是两种具有高度亲和力的文化，因而相互渗透，彼此不间断地多次覆盖、吸收、混融，形成了一种既非纯粹的巴文化，亦非纯粹的楚文化的混融性的地域文化，即"第三种文化"，或曰"派生文化"。20世纪80年代以来，面对三峡库区大量客观存在的"似巴似楚，亦巴亦楚"的文化现象，有些学者大胆提出了"巴楚文化"的构想。关于巴楚文化的概念，张正明先生说："我们所讲的巴楚文化，既有考古学文化——主要是秦汉以前的，也有历史性文化兼地域性文化——主要是魏晋以后的。总而言之，它是从古到今存在于巴楚交错地段的人类学文化。泛称人类学，当然是把体质人类学、考古人类学、语言人类学和文化人类学或社会人类学囊括无遗的。"[①] 今天我们所看到的"活"的巴楚文化主要存在于土家族及与故楚之地接壤地区的民俗文化之中。

由于三峡地处巴楚交界地段，从水文化遗产中可以窥见巴楚文化"半巴半楚"的特征。虽然巴楚之间的关系时好时坏、时战时和，但这并不妨碍两种文化于此反复覆盖、相互渗透，直至融为一体。山川险阻的

---

① 彭万廷.巴楚文化研究 [M].北京：中国三峡出版社,1997:1.

地理环境，加上秦汉以来的历代封建统治者对湘鄂川黔地区巴人后裔所采取的"羁縻"政策，使得巴人后裔土家族民众承续了巴楚文化，也使得这种源远流长的巴楚文化得以不曾中断、消失而成为一种历史文化流传至今。

二、崇拜自然，不畏艰险

古时候，三峡大部分地区属于楚国地域，这里既是夷夏交接之地，也是山川相缪之区。蒙昧与文明并存，人神共位，并富于浪漫色彩的幻想。端午节期间的挂艾就常扎成虎形、凤形，不少人家门上还会挂上变形的"吞口"。另外，用雄黄酒在小孩子额头上写"王"字也暗含"虎"意，以保安康。

闯险滩、斗激流，绕礁破浪、艰难逆行。峡江号子、川江号子是峡江人民在与江水搏斗的生命极限考验中群体劳作合力唱出的战歌，既有着高昂的英雄气概，又体现出乐观豁达的胸襟，体现出鲜明的水文化特点。另外，坚韧不屈的古朴民风也与情系故土、奋斗于斯的文化精神紧密相连。楚人为生存远离故乡，西周初年才在睢、荆之间真正拥有了一小块属于自己的立足之地。上下一心的筚路蓝缕造就了民族的自强与壮大。三峡库区一代又一代人民艰苦创业的过程也是地域归属、文化认同增强的过程。

三、意蕴深邃，富于审美

三峡水文化遗产内涵深刻，意蕴深邃，并深深地影响三峡地域文化的形成和发展。进入三峡，你首先能感受到的是水的自身之美。水的美是多姿多彩、客观存在的。有人发现水具有壮阔美、动态美、雄险美、瀑泻美、虚幻美、声色美、纯净美、情致美等。长江三峡由于水能资源十分丰富，除了受两岸峡谷的限制，无法看到壮阔的水的美景外，水的其他美在这里几乎都能寻觅到。李白的"朝辞白帝彩云间，千里江陵一日还。两岸猿声啼不住，轻舟已过万重山"四句已把水的流动美形容到无以复加的地步。夔门口的雄险美、大宁河巫溪县花台"白龙过江"的瀑泻美等更是美妙绝伦。要体会到水的虚幻、声色、静态情致之美，需要找到一种感觉，一种心领神会的、与大自然形成默契的、心神交往的感觉。总之，这一切将水文化与审美文化有机地结合起来，能够使你的审美视野更加开阔、审美情绪更加丰富，同时你还将以高品位来探讨水文化的底蕴。

四、交融碰撞，乐观向上

穿越历史，三峡以其独特的自然风光和深厚的人文底蕴吸引着众多文人墨客的目光，各种文化在此交织碰撞，交融共生，来到这里的文人墨客即使仕途不顺乃至身陷囹圄，仍写诗歌颂三峡，说明三峡文化给人以积极乐观的达观态度。从宋玉的《高唐赋》《神女赋》到郦道元的《水经注》，从六朝民间歌谣《滟滪歌》《巴东三峡歌》到唐宋文人的三峡诗词，再到明清外来移民对三峡文化的关注与建设，有关三峡的作品数量之多、质量之高，在地域文学中可谓首屈一指。而其中尤以唐代三峡诗歌成就最高、影响最大，仅直接带有"三峡"二字的诗歌就有85首，直接反映了当时巴渝地区长江流域水文化的众多因素。唐时，巴渝地区与岭南、琼州等地一样，环境恶劣，是烟瘴之地。文献记载，唐代贬谪、流放到三峡地区的官员共69人次，其中流放2人，即韦述、令狐运。①这在数量上仅次岭南地区。其中还不包括流放其他地区途经三峡的诗人，如李白，或者被贬其他地方但其作品涉及三峡地区的诗人。虽然李白不是直接被贬到巴渝，但他是在被贬夜郎的途中路经三峡的，因而也是以贬谪之身与三峡相遇的。他的《上三峡》诗云："巫山夹青天，巴水流若兹。巴水忽可尽，青天无到时。三朝上黄牛，三暮行太迟。三朝又三暮，不觉鬓成丝。"江水虽有尽，青天不可见，人生艰难、前途黯淡的忧虑与

①李俊.长江三峡地区外来文学家的聚集与唐代贬谪文化[J].中华文化论坛,2015(11): 19-25.

沉重之情跃然纸上。与这种绝望、沉重形成巨大反差的是他后来被赦免时所作的《早发白帝城》，"千里江陵一日还""轻舟已过万重山"这种顺流而下的快意与逆流而上的沉重艰难映射出人生中两种截然相反的处境。江水对世事与人生的映射在贬谪文化中体现得淋漓尽致。在中国历史上，自古以来三峡及其周围地区就是南北文化碰撞与融合的重要区域，也是长江流域东西部文化交汇的重要地带，更是在政治上连接中国西南与中原王朝的要冲，唐代诗歌中的贬谪文化正蕴含在这样一种历史背景和地域环境中，客观上也起到了文化引领与交融碰撞的效果，总是带给人乐观向上的心境。

五、地域鲜明，同构相似

三峡库区文化特质地域鲜明，文化资源具有同构相似的集聚特点。这既有地域上的联系，比如长江峡江号子就包括宜昌市秭归县、夷陵区、伍家岗区，正是顺江而下；薅草锣鼓则包括宜昌市夷陵区、秭归县、宜都市、五峰县、长阳县、兴山县，这些多是宜昌所辖山区、海拔偏高，与薅草锣鼓的田歌本质相呼应。不同类型的资源之间更存在一种内在的文化逻辑联系，具有交叉性。兴山民歌的保存就依赖薅草锣鼓，薅草锣鼓兴则民歌兴。花鼓戏和皮影戏互相借鉴。

文化资源的地域分布比较集中，具有明显的地域特色，资源的基本风貌保存相对完整。不同地区有不同的水文化遗产聚集区，如渝东南以古堰和古桥居多，且大多相对集中；渝西南地区水文化遗产以水文化题刻和古井渠为主，且多数沿长江沿岸及周边地区分布；渝北地区山地分布广泛，水文化遗产类型则以大小规模不等的梯田为主；三峡库区湖北段水文化遗产以大坝、屈原、昭君为特点。

六、诗词歌赋，彰显魅力

诗歌是一种用言语表达来呈现的艺术形式，是中国传统文化中的瑰宝，也是三峡文化中一颗璀璨闪光的明星。

春秋战国时期，屈原的离骚体、宋玉的《神女赋》《高唐赋》等以直接或间接的方式吟诵三峡。唐宋时期为三峡诗歌创作的高潮期。现代著名诗人和剧作家贺敬之说："中国是诗的国度，奉节是诗的故园。"奉节可以说是三峡诗歌中最精彩的华章。"诗仙"李白三次经过奉节，每次感觉皆有不同。特别是当他流放夜郎，在奉节听到特赦的消息时，不禁欣喜若狂，乘舟东下，写下了"朝辞白帝彩云间"的千古绝唱。"诗圣"杜甫在奉节寓居一年多，写下"夔州诗"481首，约占今存杜诗的三分之一。刘禹锡在夔州任职期间，采集民歌《竹枝词》，把"三峡"搬上了中国文坛。著名的现实主义诗人白居易在奉节游历时，记叙下对三峡的真切感受。爱国主义诗人陆游在奉节为官三年，受到杜甫"夔州诗"的影响，诗风发生变化，完成了从浪漫主义向现实主义转变的历程。宋代状元、元曲传奇《荆钗记》中的主人公王十朋在奉节为官三年，写下许多描述夔州山川的诗歌，并有《梅溪集》诗集存世。自称"石湖居士"的范成大夜泊瞿塘峡前，用生花妙笔描绘出夔门秋月的无限美妙和诗情画意。另外，陈子昂、高适等众多诗人也先后来到奉节，写下了浩如繁星的诗章……

此外，毛泽东、郭沫若等也都歌咏过三峡。历史上各个时期的诗歌成为三峡地区独特的文化资源，诗词歌赋彰显了三峡地区独特的水文化魅力。

第二节　三峡库区水文化遗产的外延特征

一、独特的自然地理环境

三峡库区地处四川盆地与长江中下游平原的结合部，跨越鄂中山区峡谷及川东岭谷地带，北屏大巴山，南依川鄂高原，地处大巴山断褶带、川东褶皱带和川鄂湘黔隆起褶皱带三大构造单元的交汇区，地貌以山地、丘陵为主。地表起伏不平，地形破碎多样。

在自然界复杂的内、外力作用下，三峡库区水文化遗产沿长江两岸呈线状分布，峡景风光壮丽雄奇，还有价值极高的溶洞景观和生态环境良好的风景名胜区。比如奉节天坑地缝堪称绝世奇观、长江三峡享誉世界。正是这种独特的自然地理环境，造就了丰富多彩的三峡库区水文化遗产。

二、丰富的社会文化环境

在得天独厚的自然条件之下，三峡库区形成了丰富多彩的社会文化。三峡库区的宗教信仰、文化事业、旅游产业、文化传统等社会文化环境各具有特色。

三峡库区的社会文化具有亲水逐水的峡江特色，它是由三峡地区特有的自然环境、生产方式和社会风尚孕育而成的，显示出巴楚文化浓郁的历史氛围和朴实的峡江民俗风貌。其产生大多与山、江有关，与屈原、王昭君等名人相关的文化资源更是为本地所特有。比如川江号子、搬运号子、江河号子、广阳镇民间故事、屈原传说、土家族吊脚楼、巴人船棺等都反映了三峡库区人民亲水逐水、与水相伴相生的峡江特点。

三峡地区水文化遗产的类型比较集中，资源的基本风貌保存相对完整。但由于"前三峡工程时代"的生产方式主要以传统农业为主，受限于恶劣的自然环境，手工业和商业并不发达。各类水文化遗产发展不均，高水平的水文化遗产都集中在民间音乐、民间文学等非物质水文化遗产方面，传统技艺类水文化遗产缺乏。

三、多样的水文化遗产类型

三峡地区地处北半球亚热带常绿阔叶林地区，山高谷深，气候湿热多雨，地质地形复杂多样，动植物资源丰富多彩，生物多样性丰富，人类活动历史悠久，历史文化原始而封闭，各民族在此交汇融合，长江水系沟通内外，这些自然条件和历史特点造就了三峡地区水文化遗产的丰富多样。

三峡库区拥有以巴楚文化、土家族文化、苗族文化等民族文化为主题的遗址遗迹，如巫山龙骨坡文化遗址、大溪文化遗址等。三峡库区佛教文化、道教文化和丰都鬼城文化等宗教文化的建筑遗存非常丰富，如梁平双桂堂、忠县天主教堂、双桂山建筑群和丰都鬼城等。三峡库区还拥有众多古镇遗址，如西沱古镇、宁广古镇等；独特的建筑文化遗址，如土家吊脚楼、山水城市建筑等；独特的石刻考古文化遗址，如白鹤梁石刻等。

三峡库区水文化遗产既有古遗址、古墓葬、古建筑、石窟寺及石刻、近现代重要史迹及代表性建筑、水利风景区、水利文博设施、依水而建的名村名镇、陶瓷、青铜器、书画等物质水文化遗产，也有民俗、文学、音乐、戏剧、美术、舞蹈等非物质水文化遗产。总体来看，水文化遗产数量丰富，类型多样，品位较高，值得深入挖掘和开发。

四、宏伟的长江三峡水利枢纽工程

三峡库区水文化遗产的最大特点之一就是具有三峡工程的美丽光环。三峡工程作为当今世界上最大的水利工程，举世闻名，以此为依托，形成了以水利设施、水库、航运、发电、文博设施等为特色的水文化。

大自然以鬼斧神工造就了长江雄、险、秀、美、神、奇的三峡。三峡工程创造了多项世界之最。2020 年，湖北三峡移民博物馆开工建设，这是继三峡库区重庆万州移民纪念馆、云阳移民博物馆之后三峡库区的第三座移民博物馆，是湖北省第一个移民博物馆。在三峡工程淹没区，还有一批地面文物被搬迁保护，形成了巫山江东嘴文物复建区、夔州古城文化博览园、云阳青龙古建筑群、云阳三峡文物园、丰都小官山古建筑群、忠县文化生态保护区等文物搬迁复建区，成为三峡地区新的文化景点，供公众参观游览。

除了三峡文物，三峡水库水文化景观也成为三峡的特色。三峡水库是三峡水电站建成后蓄水形成的人工湖泊，总面积 1084 平方千米，其中有 150 多处国家级文物古迹，库区受淹没影响人口共计 84.62 万人，搬迁安置的人口 113 万人。淹没房屋总面积 3479.47 万平方米。三峡水库为宜昌三斗坪至重庆 650 千米的江段及支流河谷，增添了一批岛湖风光，其中湖泊 11 个、岛屿及半岛 14 个，如著名的白帝城湖泊环绕、水鸟栖息的白帝岛，石宝寨变成石宝岛。

三峡水文化遗产包括：以峡谷、喀斯特地貌和河湖瀑泉为特色的山水景观，以峡江、大坝为依托的水电文化，以传统民居、佛寺道观、水库大坝、现代桥梁为载体的建筑文化，以佛教、道教和巫文化为主的宗教文化，以古战场和抗战遗迹为载体的军事文化，以历代移民走廊和集散地为故事的移民文化。

五、绿色、古色、红色相互依托，自然与人文交相辉映

绿色是三峡库区水文化遗产的底色。三峡库区是长江流域重要的生态屏障和水源涵养区，森林覆盖率达到 50%，水土流失治理率达到 95%，基本形成了复合稳定的森林生态系统，维护了长江经济带的生态安全。这里动植物资源丰富，从卫星地图上看，满眼都是绿色，同时造就了大批高质量的与水相关的自然资源景区。

古色是三峡库区水文化遗产的特色。三峡库区具有巴楚文化的特点，形成历史悠久而风味独特的文化，历史传承悠久。在巫山龙骨坡遗址发现的"巫山人"左侧下颌骨化石经古地磁和铀系等多种方法测定，距今已有 200 万年，出土的石制品数量超过百件，说明龙骨坡遗址是迄今中国乃至东亚早更新世早期的相同时序中文化内涵极其丰富的地点，为探索东亚人属兴起的年代不是几十万年前而是 200 万年前提供了佐证。这些古遗址、古墓葬、古建筑、石窟石刻和古风俗文化深刻反映出三峡库区悠久的历史。

红色是三峡库区水文化遗产的亮色。历史上，三峡库区涌现出很多可歌可泣的英雄人物，如巴蔓子、屈原、寇准、邹容、刘伯承、聂荣臻等；形成了很多蜚声中外的革命遗址，如重庆沙坪坝抗战名人旧居、重庆红岩革命历史博物馆、张自忠墓、重庆抗战遗址博物馆、宋庆龄旧居陈列馆、巴东邓玉麟将军故居等。这些重要资源体现出三峡库区薪火相

传的红色血脉和忠贞不渝的革命亮色。

　　三峡地区的自然景观和人文景观不仅闪烁着古朴、悠久的光辉，令人神往和魂牵梦萦，还表现在于依"水"而发展起来的工程文化的输入，也就是以水利工程为代表的现代美的不断注入。长江三峡不仅有令人流连忘返的山水画廊、令人神往的人文风景线，还有很多坝型各异的大坝坐落于峡谷、峡口或峡区范围内，给古老的三峡注入了现代的气息。像这样坝峡相得益彰，闪烁着自然、人文双重光芒的，由各种坝点构成的不同特色的风景区如此众多地集中到一个地区，世界上唯中国独有。三峡库区的水文化遗产将绿色、古色、红色融入其间，使自然与人文交相辉映。

第三节　三峡库区水文化遗产的组成结构特征

一、级别结构特征

　　根据级别，水文化遗产可划分为世界级、国家级、省级、市级和县级，本统计主要涉及世界级、国家级、省级、市级和部分未定级遗产，重庆市级水文化遗产项目等同于省级水文化遗产项目。从总体等级结构来看，三峡库区水文化遗产等级分布呈"金字塔"结构，级别与数量呈负相关，即级别越高，水文化遗产的数量越少。根据前面的调查统计可知，三峡库区水文化遗产包含物质和非物质两大类。从表2-1可以看出，三峡库区水文化遗产级别中，国家级的有65项，省市级的有246项，其他级别的有193项，其中国家级的和省级的占总数的53.97%，整体品质较高，具有较高的文化价值，这种结构有利于助推三峡库区文旅融合发展，提升"文旅＋乡村振兴"的层次和水平。

　　从各县区的等级结构来看，渝中区、石柱土家族自治县、巴南区、巴东县、夷陵区等形成了较为完善的"金字塔"结构；兴山县、秭归县、江北区、巫溪县、长寿区省级水文化遗产数量较少，未来应重点加强省级水文化遗产数量的储备；北碚区、大渡口区、江津区、开州区、沙坪坝区、武隆区、长寿区、云阳县和忠县的国家级水文化遗产数量为0，都属于三峡库区重庆段，今后这些区县要努力提升水文化遗产的影响力和层次水平，加大国家级水文化遗产项目的申报力度。

表2-1 三峡库区水文化遗产级别结构

级别	数量（项）	比例（%）
国家级	65	12.90
省级	207	41.07
市级	39	7.74
其他	193	38.29
合计	504	100

二、类别结构特征

三峡库区水文化遗产的类别结构丰富，体现出水文化遗产的多样性。具体来看，A级旅游景区、风景名胜区、水利风景区、文物保护单位、文博设施和桥、井、渡口、水利设施等物质水文化遗产共有419项（如图2-1所示），占总数的83.13%；非物质水文化遗产共有85项，占总数的16.87%，风景名胜区和水利风景区分别有20项和21项，总数偏少。

综上所述，目前三峡库区水文化遗产主要形成了以桥、井、渡口、水利设施和非物质文化遗产为主，A级旅游景区、文博设施和文物保护单位为次，水利风景区和风景名胜区偏少的类别结构特征。

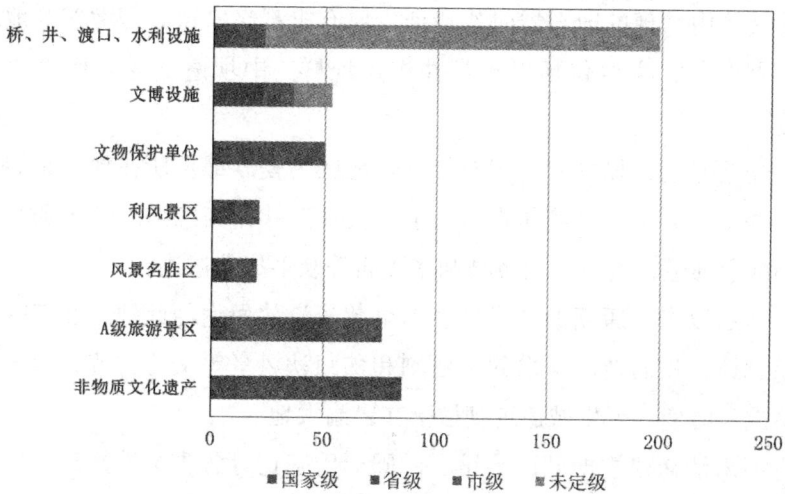

图 2-1　三峡库区水文化遗产类别结构

第四节　三峡库区水文化遗产的时空分布特征

一、水文化遗产的时间演化特征

（一）时间跨度久远，各历史时期均有水文化遗产代表

从史前时期到近现代，各时期重大历史事件和历史文化都在三峡库区水文化遗产中得到充分体现，而且三峡库区水文化遗产涵盖多个时期的历史文化。从旧石器时代早期开始，旧石器中期及晚期、新石器时期、夏商周、战国秦汉、隋唐五代、宋元、明清至民国近代，几乎没有断档，水文化遗产的连续性较强，且各个时代都有较为可观的发现，构成了三峡库区水文化遗产的完整序列。

重庆地区史前文化起源于 200 万年前的旧石器时代早期，代表性古人类是"巫山人"，到新石器时代末期，代表性文化是"巫山大溪文化"。

目前其境内发现的旧石器时代遗址主要有丰都高家镇、烟墩堡等地，到新石器时代，主要包括以忠县井沟遗址群、中坝遗址等为代表的大溪文化。

先秦时期，如春秋战国时代三峡地区为夔族部落所在地，是周王朝建立夔子国后留下的夔州古城遗址；长江三峡作为三国时期吴蜀之争重要的战争通道，留下了白帝城和张飞庙等众多战争遗迹。

隋唐以来，唐朝的文人墨客因宦游或流放而途经此地，在三峡两岸挥笔题诗，从而造就了白鹤梁题刻和秭归秋风亭等文化古迹；南宋末年宋蒙战争时期，天生城遗址则散落在巴渝大地。

明末清初建立的湖广会馆、云阳彭氏宗祠等各类会馆建筑和宗祠见证了"湖广填四川"的三峡库区移民潮；清末至民国时期，重庆历经开埠之后，开始向现代化城市转变，建筑风格、生活方式受西方影响并出现中西交融的趋势，保留了大量的西式古典建筑和中西合璧建筑，如鸡冠石法国教堂、慈云寺、重庆大学近代建筑群等。

抗日战争时期，抗战指挥中心内迁至重庆，并将重庆定为陪都，遗留了大批与红色革命相关的重要建筑物、遗址、纪念地。

这些具有鲜明时代特色的历史遗迹奠定了三峡库区发展水文化事业和产业的基础。

（二）时间批次规范，水文化遗产认定数量显著增加

水文化遗产不同时间批次，既可以反映出水文化遗产的可持续发展情况，又可以体现出政府对水文化遗产的认识、态度和推动力度。从图 2-2 来看，2000 年前公布的三峡库区水文化遗产有 41 项，仅占总量的 8%；2000—2010 年公布的三峡库区水文化遗产有 96 项，占总量的 19%；2010 年之后公布的三峡库区水文化遗产数量最多，有 367 项，占比最大，占总量的 73%。这种状况体现出对水文化遗产的挖掘范围逐年扩大、申报力度逐年加大和重视程度逐年提升，这是因为"文化强国"战略的提出和实施，党的十八大以来，党中央对文化建设高度重视，把

文化建设提到了很重要的地位，特别是把文化自信和道路自信、理论自信、制度自信并列为中国特色社会主义"四个自信"。这种时间分布情况体现出地方各级政府对水文化遗产申报、传承、保护的认识在加深，力度在加大，也是落实文化强省、文化强市战略的重要内容。

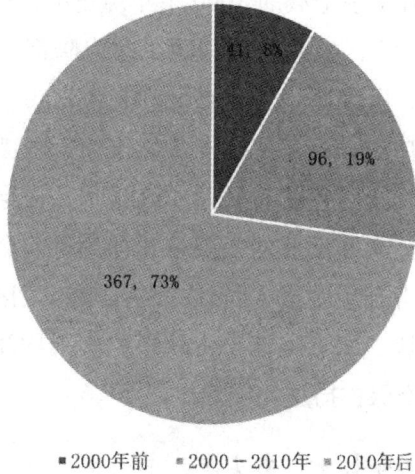

图 2-2　三峡库区水文化遗产认定时间分布

二、水文化遗产的空间分布特征

空间分布可以直观展示水文化遗产的分布状况，便于我们从总体把握水文化遗产的分布规律，为保护、开发和利用水文化遗产提供借鉴。三峡库区水文化遗产的分布具有明显的不均衡性，表明水文化遗产具有空间分布的聚集性。下面将从整体和区县两个视角分析其空间分布特征。

（一）从整体视角来看，集聚一主核四次核

用 ArcGIS 10.7 软件中的核密度分析工具对三峡库区水文化遗产的总体分布进行核密度分析，得到三峡库区水文化遗产的整体核密度空间分布图。从图中可以发现，三峡库区水文化遗产集聚一个主要核心区和

四个次要核心区。前者是以渝中区所在的重庆市主城区为中心的椭圆形核心区，后者是以"石柱—丰都""万州—云阳""奉节—巫山"和"夷陵—秭归"为中心的次核心区。

重庆历史悠久，宋光宗赵惇先封恭王，再即帝位，升恭州为重庆府，重庆因此得名。在有文字记载的3000余年历史中，重庆曾三为国都，四次筑城，史称"巴渝"，抗战时期为国民政府陪都，现在是我国的直辖市、国家中心城市、国家历史文化名城和超大城市。重庆市的主要河流有长江、嘉陵江、乌江、涪江、綦江、大宁河、阿蓬江、酉水河等。长江干流自西向东横贯全境，流程长达665千米，横穿巫山三个背斜，形成著名的瞿塘峡、巫峡和湖北的西陵峡，即举世闻名的长江三峡；嘉陵江自西北而来，三折于渝中区入长江；乌江于涪陵区汇入长江，有沥鼻峡、温塘峡、观音峡，即嘉陵江小三峡。重庆别称江城，由此造就其水文化遗产丰富，文物保护措施比较到位。

（二）从区县视角来看，两头多，中间少

三峡库区由于经济、自然、文化等因素的差异，水文化遗产空间分布不均衡，西南与东北差异明显，呈现出"两头多，中间少"的分布格局。渝中区和夷陵区是总数最多的两个区县，渝中区作为重庆市的政治、经济、文化以及商贸流通中心，巴渝文化、抗战文化以及红岩精神在此发源，水文化遗产众多。另外，因为特殊的政治地位，很多市属机构都位于渝中区，这在无形中也增加了很多水文化遗产的属地。夷陵因"水至此而夷，山至此而陵"而得名，古属荆州，历史源远流长，人文璀璨厚重，是巴蜀文化的发祥地之一。秦将白起所烧的"夷陵"就是今宜昌市区的古称。公元前278年，"夷陵"地名始见于史，表明夷陵见诸于史至2022年已达2300年之久。夷陵区是宜昌人口最多、面积最大的市辖区。夷陵区被誉为中国非金属矿之乡、中国早熟蜜柑之乡（中国柑橘之乡）、中国名优茶之乡、中国民间艺术之乡、中国观赏石之乡。夷陵区临水而建、因水而生，是三峡大坝所在地，也是三峡库区水土保持生态

功能区，境内长江黄金水道 148 公里，有长江一级支流 8 条、二级支流 19 条、三级支流 5 条，也是宜昌"母亲河"黄柏河东西支的发源地和宜昌城区饮用水源地，境内官庄等 5 大水库滋养着宜昌百万人口、灌溉着宜昌百万亩农田。拥有西塞国、大老岭两个国家森林公园以及圈椅淌国家湿地公园、笔峰洞省级森林公园，被命名全省河湖长制示范区。夷陵区旅游资源丰富，是长江三峡国家地质公园核心区，拥有 2 颗世界地质标准剖面"金钉子"，共有 A 级景区 17 个（其中 5A 级 3 个、4A 级 5 个、3A 级 9 个）和 4 项国家级非物质文化遗产，四分之三的乡镇跻身省级及以上民间文化艺术之乡、民歌之乡、民间故事之乡，是全国首批全域旅游示范区、湖北省旅游强区。大渡口区水文化遗产数量最少，仅有 4 项。1965 年，重庆市人民政府为服务重钢，设立大渡口区，导致其水文化遗产先天不足，历史积淀不够，另外，和主城其他区相比，其自身在教育资源、产业发展条件等方面没有什么突出优势可言，致使其对外来人口很难有持续吸引力，由此带来的直接后果是商业、文化、交通等设施不完善，它原本属于重工业区，生态条件相对较差，人文环境不优，发展文化的条件相对匮乏。其他县区由于自然、人文和社会条件差距不明显，水文化遗产数量处于中间水平。

第五节　三峡库区水文化遗产的影响因素

任何一种文化的形成都脱离不了特殊的地理环境，都是人与自然相互作用的产物，水文化遗产是基于人水实践形成的，它深深根植其形成的自然地理环境与人文地理环境。三峡库区水文化遗产的的差异性受自然地理、社会经济和历史文化的交叉复合影响，地形地貌、河流分布、经济发展、人口、交通、城镇化、文化和民族等都是重要的影响因素。通过对不同水文化遗产格局及影响因素的相关研究进行梳理，并结合三峡库区的实际情况和专家意见，确定从自然地理、社会经济和历史文化三大维度八个具体指标（见表 2-2）来分析三峡库区水文化遗产的影响因素，进而运用地理探测器，计算不同维度和影响因素对三峡库区水文化遗产形成的影响程度以及不同维度之间的交互作用。

表2-2　三峡库区水文化遗产基本特征的影响因素及因子解释力

维度	指标	评价指标	数据来源	q 值
自然地理	地形地貌	高程	ArcGIS 处理数据	0.086
	河流分布	水系长度	官方统计数据	0.151
社会经济	经济发展	GDP 总量	官方统计数据	0.474
	人口	常住人口数	官方统计数据	0.184
	交通	公路里程、铁路营业里程、内河航道里程	官方统计数据	0.144
	城镇化	常住人口城镇化率	官方统计数据	0.246
历史文化	文化	国家级和省级历史文化名城名镇名村数量、国家级和省级文物保护单位数量、中国传统村落数量、博物馆数量、文化馆数量	官方统计数据	0.465
	民族	少数民族人口数	官方统计数据	0.411

一、影响因素分析

通过地理探测器得到影响三峡库区水文化遗产的指标的 q 值结果。不同维度、不同指标对三峡库区水文化遗产的影响程度不同，社会经济和历史文化相比于自然地理的影响力更强，充分说明水文化遗产是基于人水实践的文化遗产，人的主观能动性在水文化遗产的发展与传承过程中具有重要作用。其中，经济发展（0.474）、文化（0.465）和民族（0.411）是影响力最强的三个指标。经济发展水平反映了区域内的经济实力，表明水文化遗产与经济发展关系密切，两者互相影响，非物质水文化遗产是人类满足基本物质生活需求后更高层次的文化追求，是国民精神建设的重要内容；文化和民族均体现了区域内的历史文化，表明水文化遗产是历史文化长期积累和传承的结果，悠久的历史和多样的民族是水文化遗产形成发展的重要条件。而地形地貌因素的影响力（0.086）较低，说明三峡库区内地形地貌对水文化遗产的影响较小，符合三峡库区水文化遗产主要分布在河流沿线的平原地带，高海拔地区分布少的特征。

（一）自然地理因素

1. 地形地貌

地形地貌是组成自然环境的要素之一，影响着自然环境的分异，与地域文化的形成有着千丝万缕的联系。三峡库区横跨中国第二、三阶梯，地貌特征以山地、丘陵为主，地貌发育以流水作用为主，区内地形高低悬殊，地貌结构复杂，地形大势为东高西低，西部多为低山丘陵地貌，往东逐渐变为低、中山地貌，并由南北向长江河谷倾斜。平坦开阔的地势有利于人的互动交往，促进文化的交流传播，封闭的地势则不利于人口的流动和文化的交融。地形地貌通过对人口的流动产生作用，进而影响水文化遗产的形成和发展。水文化遗产多数分布在低海拔地区，水文化遗产的分布表现出较强的平原指向性特点。通过计算每个水文化遗产点的海拔，可以得出三峡库区水文化遗产处于海拔 3～200m、201～500m、501～1000m、1001～2000m 和 2001～2989m 的数量分别为 138、278、65、23 和 0 项，从中可以看出三峡库区 82.54% 的水文化遗产分布在海拔 500m 以下的地势相对平坦的丘陵平原地区，这些地方地形便利、水源充足、气候优越且交通便捷，有利于多元文化的交流融合，所以三峡库区水文化遗产聚集在低海拔地区，沿"一主核四次核"

向外递减。地势高的兴山、开州、巴东、巫溪等地由于受到山地的阻碍，文化交流与传播受到一定阻碍，故水文化遗产分布相对较少。宜昌高岚河水利风景区、九龙坡码头、古洞口水电站、石工号子、江河号子等水文化遗产就是依赖当地的地形地貌条件而产生的。

2. 河流分布

三峡库区水系发达，长江干流贯穿东西，嘉陵江、乌江、綦江、御临河、龙溪河、大宁河、清江、黄柏河、香溪等多条河流汇入长江，形成不对称的、向心的网状水系，为三峡库区人民交通出行、商贸往来、生活定居奠定了良好的基础。可知三峡库区水文化遗产分布河流指向性明显，尤其聚集于长江干流沿线的平原丘陵地带。经过计算得出，三峡库区五级及以上河流的 1km、3km、5km 缓冲区内分别有水文化遗产257、378、411 项，占比分别为 50.99%、75%、81.55%，说明河流分布（q 值为 0.151）是影响水文化遗产格局的重要因素。大江大河是产生文化、孕育文明的主要源地，长江作为中国最长的河流，是三峡水文化产生的母体，长江三峡水利枢纽工程、龙河谷水利风景区、江河号子、龙舟、舞龙等水文化遗产的形成与长江水系密不可分。

（二）社会经济因素

水文化遗产是人类创造的产物，由人类传承和保护，人的社会经济行为对水文化遗产的影响明显。社会经济维度对三峡库区水文化遗产影响力排序为：经济发展（0.474）＞城镇化（0.246）＞人口（0.184）＞交通（0.144），其中经济发展对三峡库区水文化遗产的影响力最大，经济与文化相辅相成，经济发展水平构成了水文化遗产保护的坚实基础，经济发展水平高的地区更易形成水文化遗产集聚区。如以渝中区为核心的三峡库区西南部，经济实力最强，是水文化遗产最为集聚的地区；城镇化对三峡库区水文化遗产的影响力较大，城镇化的过程就是人口集聚的过程，使有赖于人的水文化遗产加快扩散和传承；人口对三峡库区水文化遗产的影响力较小；交通对三峡库区水文化遗产的影响力最小。

1. 经济发展

三峡库区水文化遗产是千百年来人地关系耦合作用的结果。经济集聚效应对水文化的产生、时空分布与流动传播产生了重要影响。GDP 是衡量经济发展的显著指标，以 GDP 为指标来分析经济发展与三峡库区水文化遗产之间的相互关系。以三峡库区水文化遗产数为横坐标，2021年，各县区 GDP 值为纵坐标，水文化遗产数和 GDP 均值为中间线，生成波士顿矩阵分析图（如图 2-3 所示）。从图 2-3 可以看出，第一象限内渝中区、涪陵区、巴南区、九龙坡区、万州区等 7 区的水文化遗产数和 GDP 值双高，第三象限内忠县、大渡口区、开州区、巫溪县、兴山县等 9 区县的水文化遗产数和 GDP 值双低，这 16 区县占三峡库区区县的 61.54%，说明三峡库区水文化遗产的时空分布与经济发展呈明显的正相关；第四象限内水文化遗产数和 GDP 值呈高低分布，原因在于这些区县虽然由于区位及其他原因，经济发展相对缓慢，但由于地处长江干流，少数民族较多，文化多样性明显，多民族交融中产生的水文化遗产也较多。

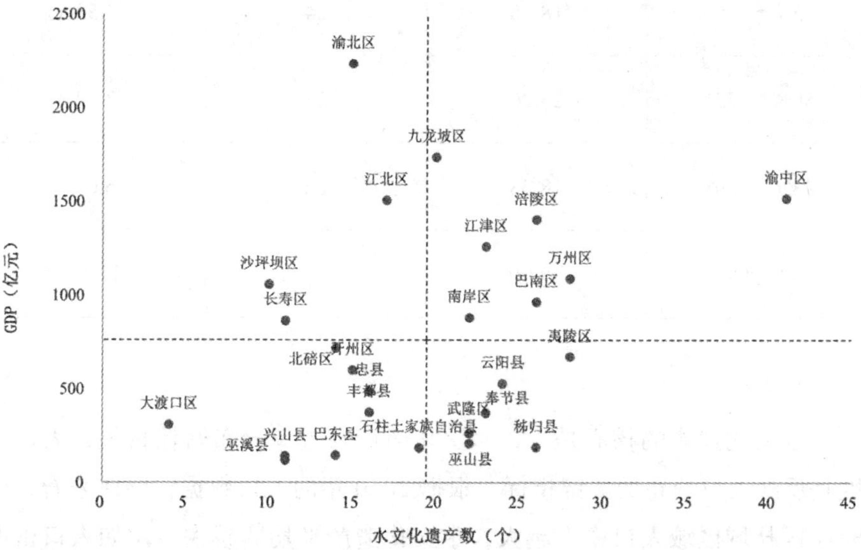

图 2-3　三峡库区水文化遗产分布与 GDP

2. 城镇化

城镇化的过程是经济发展和人口集聚的过程，城镇化水平可以反映出地区内社会生产力、文化科学的进步以及产业结构的转型升级，城镇化水平高的地区第三产业比较发达，会有更多人从事水文化遗产的研究、创作、传承等工作。根据2020年相关数据，运用自然间断点分级法，将三峡库区县级地区常住人口城镇化率由低到高分成 ≤ 44%、45% ～ 58%、59% ～ 72%、73% ～ 89%、≥ 90% 五个等级，分别有 4 个、8 个、5 个、3 个、6 个县级地区，水文化遗产平均数由 18.25 个增加到 19 个（见表 2-3），除第三组外，基本符合逐步增加的趋势。

表2-3　三峡库区水文化遗产数量与常住人口城镇化率

城镇化率	平均值（个）	最大值（个）	标准差
≤ 44%	18.25	26	6.95
45% ～ 58%	18.25	24	4.53
59% ～ 72%	23.20	28	7.12
73% ～ 89%	18.33	26	6.66
≥ 90%	19.00	41	12.68

3. 人口

水文化遗产的核心是人，水文化遗产与人口分布密切相关，人口密度是反映人口分布的关键指标。根据2020年的人口数据，整体来看，三峡库区县域区域人口密度越大，水文化遗产平均数越大。比如人口密度高的渝中区、南岸区、九龙坡区和巴南区也就是水文化遗产数量较多的地区。水文化遗产丰富的南岸区仰拥"山城花冠"南山，俯临长江、嘉陵两江，人口密度高，是人们创业宜居的首选之一，每10万人中有32336人拥有大学受教育水平，为全市最高，是重庆主城都市区历史母城的重要组成部分。大量的人口资源为水文化遗产的建设、传承和利用提供了广阔的舞台。

4. 交通

在社会经济维度中，尽管交通对三峡库区水文化遗产分布的影响（0.144）最小，但交通对三峡库区水文化遗产的扩散传播仍然产生了一定的影响。以2020年三峡库区各区县等级公路和铁路的长度为道路长度，以三峡库区各县区面积的比值为道路密度。道路密度高的地区，水文化遗产数量也较多。比如道路密度高的渝中区和九龙坡区就是水文化遗产数量较多的地区，水文化遗产丰富的秭归县地处湖北省西部，长江西陵峡畔，三峡工程坝上库首，130多千米的长江干支流航道和宜万铁路、沪蓉高速在此汇聚，是三峡文明大通道的重要组成部分。交通在水文化遗产传播中也发挥着积极作用。

（三）历史文化因素

水文化遗产是文化的展现形式，文化是水文化遗产的本质属性，区域内文化对水文化遗产具有较强的影响力，悠久的历史、灿烂的文化、多样的民族是水文化遗产成长的沃土，文化的发展和水文化遗产的形成互相促进，历史积淀久、文化富集、民族多样的区域更易形成水文化遗产集聚区。文化和民族对三峡库区水文化遗产的影响力分别为0.465和0.411，二者的影响力均较强。

1. 文化

三峡库区具有自身独特的自然环境，是巴楚文化的交汇地，受两种文化的影响，形成了独具特色的三峡文化。三峡文化包含三峡独特的生活习俗、宗教信仰、生产类型等，这些都是三峡库区水文化遗产的基础。如三峡库区以女神、香草、治水英雄为主题和主线的神话传说深刻反映了三峡库区的文化内核，三峡特色的风味佳肴是其饮食文化熏陶的结晶。三峡库区的水文化遗产高度聚集于政治、商业和文化中心，水文化遗产最密集的渝中区是重庆市的政治文化中心，也是重庆市文化资源最集中的地区；夷陵区临水而建、因水而生，是三峡大坝所在地，更是巴蜀文化的发祥地之一；巴南区的前身是千年历史名邑，是巴国的主要发源地和传承地；奉节县是中国诗歌文化的地标；江津区是重庆市唯一的历史文化名城，也是国家级历史文化名镇分布最集中的地区。

2. 民族

民族性是水文化遗产的基本特征之一，三峡库区水文化遗产特征与民族的分布紧密相关。三峡库区是一个多民族共居的区域，少数民族人口众多，有近百万之众，世居少数民族主要有土家族、苗族、侗族、蒙古族、回族和满族。土家族是三峡库区人口最多的少数民族，其次是苗族、回族、满族、蒙古族、彝族、藏族、侗族等，主要分布在石柱、巴东、万州、武隆、忠县、云阳、奉节和巫山等三峡库区东南部。民族与水文化遗产的关系体现在以下方面：首先，三峡库区民族节日众多，民俗文化多姿多彩。节日民俗数不胜数，如端午节龙舟竞渡；土家族过赶年，土家姑娘出嫁时唱"哭嫁歌"，葬礼上的"跳丧"活动；苗族的赶秋节、踩花山节。居住民宿更显地方特色，如土家族和苗族的吊脚楼。其次，三峡库区的传统体育、游艺和杂技大都直接反映和体现了该地区或某一民族的生产、生活方式与社会风尚。龙舟、射弩、蹴球、秋千等少数民族传统体育项目得到发展，比如万州逃遁术、奉节夔龙术、广阳龙舟会、白沙龙舟会等，苗族的上刀山、划龙舟、天地球、苗岭球、芦笙舞、鼓舞等，侗族、仡佬族的抢花炮，蒙古族的摔跤、马舞等。这些形式多样、风格迥异且具有鲜明地方特色的体育活动形式作为三峡库区民间文化的载体，伴随着民间文化的演进而传承至今。最后，三峡库区的传统医药包括中草药、土家族医药、苗族医药等，这些都是我国医药宝库中的瑰宝。因此，民俗类型的水文化遗产在三峡库区东南部集聚得最为明显，传统医药及传统体育、游艺和杂技也在少数民族多的三峡库区东南部比较集中。

二、影响因素的交互作用分析

为识别不同风险因子之间的交互作用，运用地理探测器得到不同影响因素对三峡库区水文化遗产的交互作用影响（见表2-4）。交互作用的类型为双因子增强型和非线性增强型，不同影响因素的交互作用对三峡库区水文化遗产的影响力存在一定差异，但两个维度影响因素交互作用的影响力大于单个维度影响因素的影响力。经济发展与文化、民族的交互作用类型以及城镇化与文化的交互作用类型为双因子增强型，其余的交互作用类型为非线性增强型。其中，交通与民族的交互作用最强（0.98），便捷的交通有利于三峡库区水文化遗产的扩散和传播；河流分布与经济发展的交互作用次强（0.90），长江横贯三峡库区东西，沿江且经济水平高的地区更有利于水文化遗产的生存，更便于水文化遗产的传播。自然地理环境对三峡库区水文化遗产的单独影响力较弱，但作为水文化遗产生产的空间载体仍然是水文化遗产形成发展过程中不可忽视的因素，自然地理格局仍对三峡库区的文化发展产生久远影响。

表2-4　影响因素交互作用分析

		社会经济				历史文化	
		经济发展	人口	交通	城镇化	文化	民族
自然地理	地形地貌	0.51(*NE*)	0.26(*NE*)	0.24(*NE*)	0.29(*NE*)	0.50(*NE*)	0.50(*NE*)
	河流分布	0.90(*NE*)	0.74(*NE*)	0.50(*NE*)	0.77(*NE*)	0.77(*NE*)	0.87(*NE*)
历史文化	文化	0.85(*BE*)	0.71(*NE*)	0.72(*NE*)	0.60(*BE*)	—	—
	民族	0.81(*BE*)	0.79(*NE*)	0.98(*NE*)	0.86(*NE*)	—	—

注：*NE*为非线性增强，*BE*为双因子增强。

第三章　三峡库区水文化遗产的现状分析

第一节　三峡库区水文化遗产的保护传承现状

一、市、区、县内水文化遗产清查基本完成

制定水文化遗产清查方案，通过文献整理、田野调查、专家咨询、现代空间信息技术等手段，对三峡库区（重庆市，湖北省宜昌市、恩施土家族苗族自治州部分区县）物质水文化遗产（水利风景区、水文碑刻、古籍、字画等），不可移动水文化遗产（水利风景区、水文碑刻等），以及非物质水文化遗产（水故事、水歌舞等）进行清查，构建三峡库区水文化遗产体系和资源名录，明确水文化遗产的分布，分析三峡库区水文化遗产的特征与突出价值，以及水文化遗产保护利用中积累的有效经验和存在的各类问题，为后续政策制定和具体项目实施提供基础资料，也为库区产业的深入发展提供经验借鉴。

二、水文化遗产学术研究和保护机构基本建成

为了更好地促进水文化遗产的学术研究与保护，三峡库区成立了多个水文化遗产研究和保护机构（见表3-1）。首先是2000年成立的重庆市文物考古所，2008年增挂"重庆文化遗产保护中心"牌子；接着2005年重庆市编办批准建立了重庆非物质文化遗产保护中心；随着白鹤梁题刻研究在学术界影响力的增强，2014年，白鹤梁石刻文化研究中心在长

江师范学院建立；随后，重庆各区县、宜昌市也纷纷成立了文化遗产研究中心；2017年成立重庆市水文化研究会，进一步推进了三峡库区水文化的深入研究。

表3-1 三峡库区水文化遗产研究和保护机构（部分）

所在地区	水文化遗产研究和保护机构
重庆市永川区	重庆市水文化研究会
重庆市江北区	重庆市社会科学院
重庆市南岸区	重庆工商大学长江上游经济研究中心
重庆市渝中区	重庆市文化遗产研究院
	重庆市非物质文化遗产保护中心
	中国非物质文化遗产保护协会重庆分会
重庆市涪陵区	白鹤梁石刻文化研究中心
奉节县重庆市	奉节县文化遗产保护中心
重庆市巴南区	巴南区文化遗产保护中心
重庆市江津区	江津区非物质文化遗产保护中心
重庆市万州区	三峡研究院（三峡库区可持续发展研究中心）
	三峡移民与经济发展研究会
	万州区非物质文化遗产保护中心
重庆市渝北区	渝北区非物质文化遗产保护中心
重庆市北碚区	西南大学"一带一路"文化研究院
	北碚区非物质文化遗产保护中心
重庆市沙坪坝区	沙坪坝区非物质文化遗产保护中心
重庆市九龙坡区	九龙坡区非物质文化遗产保护中心
武汉市武昌区	湖北省社会科学院
宜昌市西陵区	三峡智库研究院
	三峡大学
	湖北省三峡文化研究会
	宜昌市社会科学界联合会

所在地区	水文化遗产研究和保护机构
宜昌市夷陵区	夷陵区非物质文化遗产保护中心
宜昌市秭归县	秭归县非物质文化遗产保护中心

三、宣传和保护水文化遗产的文博设施基本建成

文博设施主要是指各类文化场馆，如博物馆、纪念馆、文化馆，一般是征集、典藏、陈列、宣传和研究代表自然和人类文化遗产实物的场所（见表3-2）。文博设施的建设有利于使公众了解水文化相关知识和有关水文化遗产保护的法律法规，提高公众对区域特色水文化遗产的认同感，以及公众保护水文化遗产的觉悟。

表3-2　三峡库区水文化文博设施（部分）

所在地区	水文化文博设施
恩施州巴东县	巴东县文化馆
宜昌市夷陵区	夷陵区文化馆
宜昌市兴山县	兴山县文化馆
宜昌市秭归县	秭归县文化馆
重庆市北碚区	北碚区文化馆
重庆市大渡口区	大渡口区文化馆
重庆市涪陵区	涪陵区文化馆
重庆市江北区	重庆市群众艺术馆
重庆市江北区	江北区文化馆
重庆市江津区	江津区文化馆
重庆市九龙坡区	九龙坡区文化馆
重庆市开州区	开州区文化馆

续　表

所在地区	水文化文博设施
重庆市南岸区	南岸区文化馆
重庆市沙坪坝区	沙坪坝区文化馆
重庆市万州区	万州区文化馆
重庆市渝中区	渝中区文化馆
重庆市云阳县	云阳县文化馆
重庆市长寿区	长寿区文化馆
重庆市忠县	忠县文化馆
重庆市巴南区	巴南区文化馆
重庆市丰都县	丰都县文化馆
重庆市巫山县	巫山县文化馆
重庆市巫溪县	巫溪县文化馆
重庆市武隆区	武隆区文化馆
重庆市渝北区	渝北区文化馆
重庆市奉节县	奉节县文化馆
重庆市石柱县	石柱县文化馆
重庆市秭归县	秭归县屈原纪念馆（秭归县博物馆）
重庆市兴山县	兴山县民俗博物馆
重庆市秭归县	湖北三峡移民博物馆
重庆市北碚区	重庆自然博物馆
重庆市万州区	重庆三峡移民纪念馆（重庆市万州区博物馆）
重庆市渝中区	重庆中国三峡博物馆（重庆博物馆）
重庆市巫山县	巫山博物馆
重庆市云阳县	云阳县博物馆

所在地区	水文化文博设施
重庆市奉节县	奉节县白帝城博物馆
重庆市开州区	重庆市开州博物馆（重庆中国三峡博物馆开州分馆）
重庆市渝北区	重庆巴渝民俗博物馆
重庆市巴南区	重庆长江石文化艺术博物馆
重庆市奉节县	奉节县瞿塘关遗址博物馆
重庆市奉节县	夔州博物馆
重庆市奉节县	奉节县诗城博物馆
重庆市涪陵区	重庆市涪陵区博物馆
重庆市涪陵区	重庆白鹤梁水下博物馆
重庆市江北区	重庆嘉陵江索道博物馆
重庆市江津区	重庆市江津区博物馆
重庆市九龙坡区	重庆巴人博物馆
重庆市渝中区	重庆市渝中区巴渝民风博物馆
重庆市渝中区	重庆湖广会馆
重庆市云阳县	云阳县非物质文化遗产博物馆
重庆市长寿区	重庆市长寿区博物馆
重庆市忠县	忠州博物馆
重庆市忠县	忠县石宝寨

四、三峡库区水文化遗产的保护传承成绩较好

三峡地区包括东起湖北宜昌、西至重庆的长江及其支流流经的地域，是万里长江最险峻的峡谷，孕育出丰富的文化遗存。20 世纪末至 21 世纪初，三峡工程建设期间，对三峡库区文物开展的抢救性保护是我国迄今规模最大、保护范围最广、参与人数最多的文物保护工程。1992 年 4

月，第七届全国人民代表大会第五次会议审议并通过了《关于兴建长江三峡工程的决议》。1994 年 12 月，三峡工程正式开工。随着长江三峡工程的兴建，抢救性发掘埋藏在三峡库区的地下文物已成燃眉之急。1997 年 6 月 19 日，重庆直辖市正式挂牌的第二天，国家文物局与重庆市人民政府共同召开"三峡文物抢救全国协作会议"，会上，重庆文物部门与全国 20 多所大学、30 多家文博单位签订了近百项三峡文物保护的协议书。自 1997 年开始，全国共有 55 家相关单位到重庆进行三峡文物考古、发掘，规模空前。重庆三峡库区文物资源富集，重庆市在整个三峡文物保护工程中任务最重。根据国务院三峡建委印发的《长江三峡工程淹没及迁建区文物古迹保护规划报告》，重庆市三峡文物保护规划项目共 752 项，占总量的 69%。在实施阶段，进行了项目调整，增加了 35 项。因此，重庆市三峡文物保护实际实施任务共 787 项。

1998 年 10 月，重庆市文化局成立了三峡文物保护领导小组，下设办公室，重庆库区的三峡文物保护迈入正轨。经过不懈努力，顺利完成了 2003 年 135 米线下和 139 米线下、2006 年 156 米线下、2008 年 175 米线下的文物保护任务。经过这场世界考古史上空前的大会战，三峡历史文化的脉络已经清晰地再现，大量珍贵文物和研究成果展现出三峡地区光辉灿烂的古代文明。重庆三峡文物保护工作分为前三峡文物保护（1992—2010 年）和三峡后续文物保护（2011—2025 年）两个工作阶段。在"前三峡"阶段，投入资金 9.28 亿元，完成文物保护项目 787 项，出土文物 14.3 万件。三峡工程的地面文物（含水下）种类有石阙、宗教建筑、民居建筑、石质文物、水文石刻、古桥梁、古代航运交通遗迹等。"前三峡"阶段，重庆实施地面文物保护项目 246 项，包括原址保护 57 项、搬迁保护 91 项、留取资料 98 项。白鹤梁题刻原址水下保护、张飞庙搬迁保护、忠县石宝寨保护三大重点工程圆满完成。"世界第一古代水文站"白鹤梁题刻位于涪陵城北长江中。梁上题刻始于唐广德元年（公元 763 年），记录了 1200 多年间 72 个年份的枯水水文信息。2001 年 2 月，中国工程院院士葛修润提出了一种基于"无压容器"概念的新的原址水下保护工程方案。该工程由水下保护体、水下交通廊道、坡形交通廊道、水下参观廊道组成，题刻处在"无压容器"中，岸上设地面陈列馆与交通廊道相连接。该工程于 2003 年 3 月开工，2009 年 5 月竣工，实现了白鹤梁题刻的原址水环境保护和观赏，这是迄今水下文物保护中涉及技术学科最多、难度最大的项目，是世界上在水深 40 余米处建立遗址类水下博物馆的首次尝试。

张飞庙，又名张桓侯祠，与云阳县城隔江相望，是为纪念三国名将张飞而建，距今已有 1800 多年的历史。庙宇依山取势，坐岩临江，层层迭起，错落有序。张飞庙于 2002 年 10 月闭馆拆迁，2003 年 7 月复建开馆，被原样复建到云阳新城对岸，较好地保存了原来的环境格局。这是中华人民共和国成立以来搬迁距离最远、文物级别最高、单项工程投资额最大的文物迁建项目。

石宝寨位于重庆市忠县东 45 公里的长江北岸，建于玉印山邻江一侧的崖壁间。整个建筑由寨门、寨身城楼、寨顶古刹三部分组成。石宝寨被誉为"世界八大奇异建筑之一"。三峡水库蓄水 156 米高程后，水面会漫至山门。该工程于 2006 年 3 月开工，2009 年 3 月竣工，采用围堰方案对石宝寨就地保护。

三峡库区二线水位线下发现的三个汉阙——丁房阙、无铭阙、乌杨阙是库区最早完成搬迁保护的国宝级地面文物。它们都得到了妥善保护，分别在重庆中国三峡博物馆和忠县白公祠"安家"。

在"前三峡"阶段，重庆市三峡地下文物保护项目实施完成 541 项，实施勘探面积 1084 万平方米，发掘面积 131 万平方米。"前三峡"文物保护的实施确保了三峡工程顺利蓄水，为长江文明和巴渝历史文化研究提供了新的实物资料，初步构建了重庆历史文化序列。通过库区文化遗址的发掘，梳理了本地区考古学文化发展脉络，揭示了三峡地区悠久灿烂的历史文化在我国古代文化中的重要地位和作用。

2010 年 10 月 26 日，三峡水库坝前水位达到设计的海拔 175 米，标志着三峡工程建设阶段顺利结束，也表明三峡工程建设阶段的文物抢救与保护工作基本结束。2011 年，国务院通过了《三峡后续工作规划》。三峡库区的文物保护进入了"后三峡"时期。截至 2020 年，投入资金 6.2 亿元，文物保护项目已完工 163 项，在建 16 项。

这一时期，重庆的考古工作主要围绕消落区地下文物保护和大遗址保护两大主题而展开。三峡库区消落区是指防汛期内由 145～175 米的水位涨落而形成的 30 米水位回落区，这使得埋藏在水中的许多文物露出水面。消落区地下文物保护以抢救消落区的出露文物为主要任务，实施考古发掘项目 62 项，出土文物 2.9 万件。大遗址保护考古工作为配合性发掘，以配合三峡库区一批重要的遗址公园建设，以及其他保护利用项目为主要任务。截至 2020 年 6 月，围绕巫山高唐观、奉节白帝城、巫溪宁厂、云阳磐石城、万州天生城、忠县皇华城 6 处三峡大遗址，先后开展考古发掘项目 9 项。

通过消落区文物抢救发掘，有效实现了对出露文物的及时保护，严峻的三峡库区文物保护形势得到了明显缓解。此阶段累计有 3 个项目入选"全国十大考古发现"终评，3 个项目入选"重庆'十二五'期间十大考古新发现"。位于巫山县的大水田遗址和柏树梁子墓群二者毗邻，是重庆境内继巫山大溪遗址之后关于大溪文化最重要和最集中的考古发现。因抢救保护的需要，墓葬的清理一直是三峡后续考古发掘中的重点工作，已清理的战国、西汉、东汉至六朝、唐宋及明代墓葬达千余座，大大充实了峡江地区历史时期的墓葬资料。以三峡后续工作大遗址保护为契机，峡江地区的宋元（蒙）战争山城考古掀起了新的热潮，其中以奉节白帝城、云阳磐石城、万州天生城的工作最具代表性。地处夔门西口的奉节白帝城为宋元（蒙）战争山城防御体系西线的重要门户，通过 2017 年的工作进一步廓清了南宋白帝城的空间格局，集中发现了一批南宋时期的火器，为目前我国考古所发现的年代最早的火药实物及最完整的铁火炮实物。

经过持续研究，三峡历史文化内涵不断丰富。出版《三峡重庆库区考古报告集》，重点收录巫山大溪遗址等考古发掘简报，陆续出版《忠县中坝遗址》《丰都冶锌遗址》《三峡文物》等研究专著，累计出版 60 项。许多学术空白得到了填补，一些历史疑团得到了诠释，建立了三峡人文历史的新坐标。

集人文、艺术、科技于一体的重庆中国三峡博物馆三峡文物科技保护基地是"国家文化和科技融合示范基地""国家文物局重点科研基地"，其位于南岸区南坪片区，占地 8400 平方米，建筑面积约 1.8 万平方米，包括文物科技保护实验室、文物修复室、有害生物研究与控制科研实验室、珍贵文物预防保护实验室、三峡出土文物实验性展厅、文物库房等，主要承担科学研究、文物保管、保护及修复、分析鉴别、教育培训及展示、文物保护装备研发等工作，将满足三峡后续出土文物保护修复的迫切需要，明显改善重庆文物修复的基础设施条件。

通过三峡后续文物保护项目的实施，建立起三峡文物保护体系。累计抢救修复三峡出土文物 13182 件，展陈利用 10231 件。建设文物库房 21167 平方米，安防、消防和恒温恒湿等设施基本具备。出土文物为重庆中国三峡博物馆、白鹤梁水下博物馆、涪陵博物馆、巴南博物馆、重庆三峡移民纪念馆（万州博物馆）、开州博物馆、武隆博物馆、忠州博物馆、云阳县博物馆、张桓侯庙博物馆、云阳古建博物苑、云阳县彭咏梧纪念馆、云阳县非物质文化遗产博物馆、奉节县白帝城博物馆、夔州博物馆、巫山博物馆 16 家博物馆和石宝寨提供了丰富的展品支撑。重庆市文化遗产研究院、重庆中国三峡博物馆等单位对三峡出土青铜器、陶器、瓷器等文物开展重点修复，通过项目带动、师承制的形式，培养了一大批文物修复人才。

五、三峡库区水文化遗产的保护传承提升空间

在肯定三峡库区水文化遗产保护所取得的成绩的同时，也要正视由于流域内工业化、城镇化和农业现代化的快速推进，在一定程度上忽视了资源环境的承载力，对三峡库区多样且丰富的历史文化资源造成了不同程度的破坏。总体来看，三峡库区历史文化资源保护不平衡，文化遗

产的保护仍面临着严峻挑战。

其一，三峡库区水文化遗产保护不够均衡，存在区域间与区域内差异。由于水文化遗产资源分布不均衡，受制于区域经济发展差异，水文化遗产保护状况呈现出不均衡状态，这种不均衡状态也表现为区域内的不平衡。在分级管理模式下，不同级别的文物保护状况不一。市级及以上文物保护情况较好，而区县级及以下文物保护情况则较差。基层单位仍面临人才、资金短缺的困境。基层文物保护单位人才不足、编制紧缺，造成文物保护工作难以满足需求，基层研究水平较低。由于人员、经费短缺，区县级及以下文物经费无法得到保障，加剧了水文化遗产保护不均衡的状况。在文物保护中，非国有不可移动文物的保护仍面临较大挑战，主要表现为产权不清、地理位置偏僻、分布较为分散等原因所导致的保护力量缺失。

其二，三峡库区水文化遗产的活化利用仍然存在难点。在当前三峡库区水文化遗产保护、传承和利用的过程中，长江沿线文物主要是作为公共文化服务中的重要资源进行利用，如建筑类文化遗产大多作为博物馆、展览馆加以使用。文物的活化利用主要依赖政府扶持，但是活化利用的模式较为单一。与物质水文化遗产的保护工作相比，非物质水文化遗产的保护利用则存在概念界定模糊、保护理念与方式传统、数字化保护程度低、品牌量化程度低等难题。首先，由于三峡库区涉及的非物质水文化遗产资源众多，在长江流域各个区段的非物质水文化遗产资源存在概念界定模糊、文化遗产存在家底不清的状况，尚待进一步发掘和整理。其次，当前非物质水文化遗产的保护理念和方式较为传统。长江流域沿线各省市在非物质水文化遗产的保护方式上仍以行政保护为主，且停留在静态的、单点的、项目性保护的层面上。非物质水文化遗产的整体性和生产性保护机制不健全，抑制了非物质水文化遗产生存发展的活力。再次，非物质水文化遗产保护的数字化、信息化程度偏低。最后，当前的非物质水文化遗产传承主要依赖政府扶持，活化途径和手段单一，品牌量化程度低，难以与市场相结合，未能充分体现对长江优秀传统文化当代价值的弘扬。

其三，公众参与水文化遗产保护的意识较为薄弱。虽然我国早已在包括《中华人民共和国非物质文化遗产法》在内的诸多法律文件里确立了公众参与文化遗产保护的原则，但这项原则并没有得到认真的贯彻与执行。在实践中，仍然缺乏公众参与水文化遗产保护的合理机制，导致在我国文化遗产保护中社会力量长期处于低参与状态。具体体现在以下几个方面：首先，公众尚未在思想上完全树立文化遗产保护的主体意识，缺乏文化遗产保护的观念，同时，部分有意愿的公众参与文化遗产保护的渠道尚不通畅。其次，受体制限制，我国的文化遗产管理制度是一套自上而下的行政管理制度，政府在文化遗产保护的实践中一直居于主导者地位，社会公众在文化遗产保护中的知情权、参与权与监督权难以得到有效保障。由此导致水文化遗产保护中群众边缘化现象的出现，水文化遗产保护缺乏广泛的群众基础。最后，社会流动性加大引起社会结构的变动，从侧面导致人们的文化归属感淡薄。种种原因最终导致人们对于三峡库区传统文物、建筑、遗址、非物质水文化遗产等保护的淡漠，水文化遗产的破坏产生不可逆的影响，这也成为过去很长一段时间里三峡库区水文化遗产保护工作中的常见现象。因此，"公众参与"这一国际普遍适用的文化遗产保护机制迟迟得不到落实，相关工作无法吸纳社会资源的加入，而且削弱了外部监督的力量。

其四，三峡库区水文化遗产与旅游融合度不高。在文旅融合的背景下，遗产旅游成为文化产业与旅游产业融合发展的大趋势，但是当前三峡库区文化和旅游的融合度不高。三峡库区沿线各城市发展旅游产业仍主要依托现有的水文化遗产资源，以游客的参观游览为主，对于遗产资源背后文化内涵的深度开发不足，缺乏 IP 打造。此外，旅游资源开发中同质化现象较为严重。虽然三峡库区水文化遗产资源丰富，文化和旅游项目日渐增多，但是对文旅融合产业发展定位不明，核心竞争力不强，品牌塑造力不足，尚未实现文化产业与旅游产业的提档升级。此外，在文旅融合的配套设施建设上仍然不完善，无法满足文旅融合发展的需求。

总体来看，三峡库区水文化遗产与旅游资源融合发展仍处于较低水平。

其五，三峡库区水文化遗产的协同保护不足。由于在气候条件、生活方式以及文化心理等自然生态与人文环境上相近、相通，自古以来，长江沿线各地区在文化习俗上存在相似性、艺术表现形式上存在相通性、文化遗产上呈现同源性，在文化发展过程中形成了相似的文化内蕴和相通的文化价值，承载着相似的文化记忆。但从现实层面来看，三峡库区范围广阔，文化遗产数量众多且分布较为分散，文化遗产保护情况复杂，其协同发展存在体制机制的障碍，并且长江上、中、下游也面临经济发展不平衡与遗产保护理念认知的差异。以上种种问题导致目前在三峡库区内水文化遗产的保护上，尚未形成统一的管理与协调机制，主要表现为政府层面缺乏跨区域的合作机制，以及市场和社会层面跨地域的文化合作项目、活动较少。

第二节　三峡库区水文化遗产的开发利用现状

一、三峡库区水文化遗产的优势分析

（一）特色的区位优势

三峡库区地形破碎，复杂多样。地势东高西低，西部多为低山丘陵地貌，向东逐渐变为低、中山地貌，并由南北向长江河谷倾斜。处于中纬度地区，属于湿润中亚热带季风气候，具有冬暖春早、夏热伏旱、秋雨多、湿度大以及雨雾多等特征。常年雨量充沛，为动植物的繁衍生息提供了充沛的水源。三峡库区河网密布，河流众多，历史上，这里就是进出川蜀两地的要道，是沟通东西交通的咽喉，是横贯长江干流的关键，是经济往来、商贾流通、军需调配的交通动脉。今天，三峡工程是提升长江"黄金水道"地位的关键枢纽，三峡库区是中国东中西区域协调的

战略通道，发挥着日益重要且不可替代的作用。中华文明在此碰撞，巴楚文化在此交融，多民族在此共生，人口众多，经济发展，商贸繁荣。因此，在该地区孕育的水文化遗产多种多样，具有稳定发展、源远流长的特征。

（二）丰富的资源种类

三峡库区水文化及其历史资源丰富，具有独特的地域特色，许多古遗址及文物具有独特的历史价值和科研价值，传统民间工艺品极具市场竞争力。三峡库区水文化遗产多种多样，包括字画、古籍、瓷器等各种与水有关的可移动文物，大量的水文碑刻、桥涵码头、水利文博设施、水利风景区、依水而建的名村名镇等不可移动水文化遗产，以及几千年来三峡库区的水故事、水歌舞、水民俗、水信仰和水利文献等非物质文化资源。三峡库区内各类文物保护单位、风景名胜区、历史文化名村名镇名城、水利风景区、水利文博设施、非物质水文化遗产等文化旅游资源众多，为水文化遗产的保护利用提供了丰富的物质基础。

二、三峡库区水文化遗产的劣势分析

三峡库区水文化是长江三峡流域人类社会历史实践过程中，人类依水生存并改造、利用水环境所创造的物质财富和精神财富的总和①。水文化的核心是水利文化，三峡工程的修建在改变原有生态、社会与文化体系的同时，也为三峡库区水文化增添了新的内涵。分析三峡库区水文化遗产的开发劣势，需要对生态、社会与文化等多重复合体系进行考察。

（一）物质资源层面

1. 生态环境污染较严重

三峡工程的建设不可避免地带来了一系列生态环境问题。水土流失、

---

①刘玉堂.三峡文化的主要内涵[J].三峡大学学报（人文社会科学版）,2005,27(5):5-10.

水体质量下降等问题长期制约着三峡库区水文化的开发。三峡库区消落区生态十分脆弱，污染物会通过消落区进入水体或沉积在土壤、沉积物中，从而影响整个库区的生态环境。农业面源污染会对水生态系统产生破坏效应。有研究者指出，农田化肥和畜禽养殖是三峡库区最主要的农业污染贡献单元。农业面源污染的控制不仅是三峡库区后续水污染防治工作的关键，还是实现乡村振兴战略中"生态宜居"要求的重要组成部分。

发展山水文化旅游所衍生的环境污染问题较为严重。三峡旅游发展中的游人、车船产生的污水、垃圾及废气等影响和污染环境，旅游景区产生大量的污水和垃圾，旅游项目、旅游设施建设、旅游企业生产和旅游景区建设产生的生产生活污水、固体废物、弃土、垃圾、噪声等影响当地人居环境，这些都会制约水文化遗产的进一步开发。与此同时，景观保护和旅游发展的环保宣传教育略显不足，旅游环保工作与现实需求还有一定差距。

2. 资源分布不均衡

三峡水文化遗产非优势区的范围较广，在三峡库区重庆段，非优势区包括云阳、丰都、石柱、涪陵、长寿、巴南、渝北、开州 8 个区县。这些区县与资源优势区差距明显，空间分布大都位于"三峡旅游的序曲段"，是三峡水文化遗产开发中的短板，资源开发推进较为困难。

当前水文化遗产主要集中在水利工程附近，工业化的人造景点容易造成审美疲劳。由于现阶段的水文化遗产分布情况，开发者难以将优质的山水文化遗产整合起来，打造一体多元的水文化遗产分布带。水文化景点、遗址等的分布不均衡使得资源的系统化利用和连片开发难度大。另外，如何将工业建设与自然景色、人文风光相结合是进一步推进水文化遗产利用的关键所在。

3. 水文化遗产设施建设滞后

水文化遗产开发是较为前沿的领域，当地政府对建设水文化遗产设施的认识不够、动力不足、理念迟滞。针对水文化的旅游产业合作开发效率低、政策不稳定等困境，使投资者投资意愿不强，这极大地制约了水文化遗产设施的建设。

水文化遗产设施规划理念不够先进。现代水文化遗产设施的建设既需要注意发掘和保存优秀的中国水文化，又要满足现代人对水域空间的景观和休闲娱乐功能的要求，并在此基础上改善水域空间的景观。水域景观具有各自的特色和风貌，由水域的平面尺度、水深、流速、水质、水生态系统、地域气候、风力、水面的人类活动等要素决定。景观的构造需要融合人们的审美需求，并将现代技术、文化、观念引进现代水利建设中，创造现代水文化。这些对于水文化遗产设施建设的要求相对较高。

水文化遗产设施建设与生态保护的结合不够紧密。三峡库区大小河道的堤防多采用人工材料，两岸湿地消失，同时，沿河开山修建公路，边坡岩石裸露，植被破坏，水质污染，致使自然景观人工化。水文化遗产设施建设的基本原则是满足现代人对水文化的基本需求，反映现代人与水的关系，体现现代科技的进步。这些都需要由人力资本、知识观念和技术突破支撑。

（二）山水旅游层面

1. 山水景观服务不精细

水文化遗产开发与山水旅游的融合度不够高。旅游资源的开发和水文化遗产的开发相辅相成，但是现阶段三峡库区的水文化遗产开发存在不够精细的问题。比如：少数景观和景区整体环境不配套，少数景观存在地质灾害隐患，少数旅游景区的环保设施不完善，少数旅游景区的环境质量差，少数旅游景区管理不善、存在一些污染环境问题，等等。

水利工程在为社会提供水资源、水电以及防洪安全保障的同时，造就了一大批风光各异的水利风景区，水文化为水利建设赋予了新的内容。但是现阶段人们过度开发水景观，影响了水生态的平衡，城市水景观建设存在铺张浪费的现象，人水和谐的理念未得到很好的贯彻。

2. 旅游线路开发同质化

三峡库区水文化遗产尚未打造出具有地方特色、舒适便捷的旅游精品线路。文化与旅游市场秩序不够健全，需要进一步突出优化整合高铁、高速公路、机场、游船、旅游专线等交通组织，大力开拓"自驾游、周末游、周边游"市场，推进旅游市场供给的多样化、异质化，为水文化消费者提供独特的体验与优良的消费环境。

三峡库区水文化旅游线路存在地区联动不够强的问题，难以凸显出三峡库区的文化异质性，无法给水文化消费者带来文化震撼的体验。解决该问题的关键在于根据三峡库区水文化遗产的多元性和丰富性、原生性和原创性、群众性和参与性强以及文化艺术价值高等特点，科学利用水文化遗产旅游开发的物质载体、空间载体、时间载体，进行活态开发，努力打造丰富多彩、吸引力强、独具特色的系列旅游精品。

三峡库区水文化旅游路线开发和文化内涵挖掘结合度不高。高亢豪放的峡江号子、幽默达观的民间故事、自由奔放的巴山舞、激越诙谐的薅草锣鼓、流溢巴楚余韵的哭嫁歌丧和俚语小调等这些非物质文化表现形式之所以能超越时空而历久弥新，其深层原因在于巴楚文化的活力和魅力，更在于受三峡地域文化鲜明的原生性和原创性特质的影响。将这些独具地方特色的文化资源嵌入旅游开发，能够更好地促进水文化遗产的深度挖掘。

3. 水文化艺术品开发不完善

除了上文提及的水文化遗产之外，生产具有地方特色的水文化艺术品对于开发水文化遗产也同样重要。当前水文化艺术品的研发、生产、销售仍处于不够完善的阶段。

艺术品是水文化的生动凝结。三峡库区山高谷深，地理位置相对闭塞，受外来文化的影响较小，因而保留了较多古朴、原始的文化风貌，传统民族文化、器物、艺术品都值得进一步挖掘。传统民族文化和民间生产生活方式同样能够给水文化遗产开发带来令人无限遐想的艺术灵感。当前对于推动本地民间文化的复兴，推进集体记忆重建的资金、人力和设施投入等方面都存在严重的不足和滞后。

（三）法律制度层面

1. 法律制度供给不充足

我国流域管理法治建设不能够很好地适应现代流域管理的需要。在三峡库区水文化开发利用中，各个部门的政策之间存在不畅通的情况。同时，移民、扶贫、开发等方面综合性的政策扶持效果不佳。决策和施策部门面临信息不对称、区域情况复杂、资源利用难度大等多重困境，因此，在制度设计和实施的过程中会出现大量扭曲、效率低下等问题。

水文化建设的制度保障机制不够健全，法律制度较少涉及水的非物质形态保护与建设问题，水文化建设资金短缺。三峡库区核心资源保护不够严格，有关水文化保护和利用的法律法规不够健全。深入挖掘和整理长江三峡特色文化符号，加强文化资源保护利用的力度还不够。与水文化遗产开发密切相关的生态环境保护制度不够健全和完善。水文化遗产的开发需要进一步严格长江三峡水域、森林、湿地等生态资源的保护性管理，共筑长江上游生态屏障。

2. 对民间用水规范认识不足

民间对水的认识方式、利用方法与官方制定的规则之间存在差异，地方知识在推进水文化形成中的作用容易被官方所忽略。保护水文化遗产需要尊重当地居民历史悠久的水文化行为方式，不能强行按照法规进行治理。现今以《中华人民共和国水法》《中华人民共和国防洪法》《中华人民共和国水污染防治法》《中华人民共和国水土保持法》等为代表的一系列水利法律、法规、条例、规章、制度办法等相继出台，逐步建立起以水法为核心的水法律法规体系，为依法治水、规范管理提供了制度保障。同时，人们在长期的水事活动中形成了基本道德、习惯、行为准则以及对水和水利的价值判断标准，这是水文化的积淀，同样规范着人们从事水事活动的行为。

对水的利用不仅是科学研究的对象，更与人们的日常生活习惯密切相关，尊重和参考人们在漫长历史中形成的水文化是构建和谐的水文化的必由之路。我们对古往今来形成的治水思想的认识不够深刻，无法对新时期的水文化内涵形成生动的理解。水文化建设的过程使人类在对待水、使用水和保护水的过程中更具有文化性，也就是对于水的状况有更丰富的知识、对水和人类文明的发展过程和对象关系有更深刻的理解，在使用水和保护水的过程中有更好的友好行为和习俗、规范、制度，水利建设也更具有文化内涵。因此，我们有必要利用文化的手段实现上述目标。将人类共同的优良水文化传统、当代的水文化研究成果和水文化建设理念和规划应用到现实生活中。

3. 环境保护落实不到位

工业项目造成的水污染和植被破坏造成的水短缺阻碍了水文化遗产的开发。在近年来的开发建设中，人们过多地注重短期经济利益而忽视了环境保护，尤其传统的水文化在这个过程中受到破坏，使水环境保护丧失了重要的社会规范，从而导致当代发展中严重的生态危机。

（四）社会互动层面

1. 资源管理规划不合理

三峡库区水文化遗产综合利用效率低的主要原因在于三峡库区的资源开发和生态环境保护彼此分离，缺乏统一的水文化遗产管理与综合利用机构。国家和地方有关部门在资源管理和生态环境保护上形成了条块分割体制，这一体制难以统一规划和协调，不利于三峡库区兼顾水文化遗产的综合利用和生态环境治理。

公共政策和现实中的非均衡发展模式，社会经济资源集中于中心城市与精英群体，使地理位置偏远的山区被边缘化。市场分割和经济发展要素的管制性使得原本封闭的经济发展更加封闭。社会协同与价值共享、人地协同与机会保存、制度协同与系统开发都是决策层需要解决的问题。资源管理决策通常会影响资源配置及其效果的发挥。当前对于区域水文化遗产的利用存在生态、市场与社会的协同发展难度大，形成正向的集体行动的难度大等组织管理层面的难题。建构有一定生态区位差异的系统结构，实现职能互补、互动合作、层次有序需要付出更多努力。

2. 多元治理结构未形成

重视河流综合开发和利用，按流域统一管理，整合资源管理和生态环境管理是提高水文化遗产利用效率的必由之路。当前三峡库区的水文化遗产开发利用处于浅层面、以单一的旅游为主的开发利用阶段。需要对水文化遗产进行深入的资源挖掘和产业整合，形成高水平、深层次、网络化的开发模式，这样才能形成文化推动产业、经济的巨大内生动力。

当前水文化建设的民众参与度不够高，没有形成多元主体共同参与建设和治理的局面。土地、劳动力入股，吸纳周边群众参与景区开发，探索互惠合作的政策模式是未来可以探索的途径。深入挖掘水文化遗产的历史、美学、人文价值的内涵，开发特色旅游项目同样需要当地民众的支持。水文化遗产的开发与利用需要借助当地民众的参与。研究者指出，如果政府加大对当地乡村旅游的规划、投入和相关资金政策的扶持力度，会对移民农户参与当地乡村旅游服务产生积极的促进作用。

3. 水文化传播与创新迟滞

水文化的传播是提高水文化遗产利用效率的重要途径，但是当前对于水文化的传播力度不够大、传播途径不够广。水文化宣传教育活动成效不太明显。水文化建设主要局限于治水管水层面，围绕老百姓用水节水的水文化活动很少，主要表现为行业水文化，而不是社会水文化。

三峡库区水文化的品牌建构意识不足。互联网时代，受众接受信息的途径主要为自媒体等新兴传播手段，三峡库区水文化的传播途径较为单一，借助"互联网+三峡水文化"的宣传推广模式发展不足。三峡库区对水文化遗产的整合意识不强，受众面较为分散，需要借助新媒体持续发布三峡库区水文化的相关信息，让更多受众了解三峡库区水文化。多部门协同合作不够深入。需要从政府部门、教育机构、媒体、文化产业部门等多方面加强其传播，从而促成三峡库区水文化的传承、创新与发展。

（五）精神文化层面

1. 水文化内涵挖掘难度大

水文化特色不够凸显、水文化氛围不足、水文化产品不够精美等都是水文化内涵挖掘欠缺的体现。长江三峡之水本已被大自然赐予了无限神气，而历代文人的古诗词和民间传说故事的诗性智慧又赋予了三峡之水丰富的文气和灵气，使长江三峡之水成为有情之水、灵动之水、文明之水、文化之水。到过长江三峡的人大多会有想象飞越、感慨万千的情感体验。传统水文化开发不够精细。三峡库区对水文化的开发仅限于表层，缺乏深层次的文化内涵。

与水文化有关的节目表演肤浅单一，对三峡历史文化缺乏系统、精细的研究。为了取悦旅游者，把传统的表演低俗化，适得其反，给旅游者留下了不好的印象。对三峡水文化的内核没有形成规范的认识，比如不少区县争相热炒的"巫文化"，其内核到底是天人合一、人与自然和谐的精神，还是医药术、音乐、舞蹈等艺术形态，又有哪些元素可转化、可弘扬，尚不明晰。

水文化的产学研结合不够深入，地方在打造水文化的时候没有较好地利用既有的文化资源。三峡"诗城"奉节县既有传诵千年的李杜诗篇、竹枝词赋，也有名垂史话的夔门胜景、瞿塘牢关。诗词文化、山水文化是其文化魂魄和底色。但走进当下的奉节，除一个白帝城风景区、一片粗制仿古民居外，很难感受到"诗城"意境。水文化遗产的开发建设，没有与学术研究有机结合起来。

2. 水文化传承与保护迟缓

文化重在传承，只有在保护基础上的传承才能塑造生生不息的文化。名人、名词、名诗、名赋、名雕、名刻构成了三峡库区富有诗情画意的人文景观。但是现阶段对三峡库区文化独特性的保护和传承不够，传播力度不大，对三峡传统水文化的系统性挖掘、整理、提炼不够。大规模文物抢救性发掘后，后续对三峡文物的深度、系统研究跟进不足。在不少区县，文物保护简化为"实物保存"，没条件、没力量研究，对文物所代表的历史文化含义说不清、道不明的现象比较普遍。

受诸多因素的影响，一些典型的三峡文化符号也面临消亡危机。以峡江木船、纤夫号子为例，它们是三峡治水文化的典型符号，在世界大河文化史上占有特殊地位，很多三峡独有的文化特质在其中都有所体现。如今，峡江木船营造法式几乎失传绝迹。

3. 现代水文化意识不足

三峡库区水文化必须依照当今的发展需求进行创新和构建。水文化的内涵和外延无比丰富，我们需要克服当前对水文化片面、短视的理解。和谐、友好、优美、可持续的水文化理念还没有成为全社会成员的共同追求。发展现代水文化能够加深社会公众对水文化的认知，也是建设宜居环境的重要途径。目前传承发展水文化一般较多地看重其在环保中的价值，这没有问题，但我们也要考虑水文化建设如何让人民受益，让人民享受水文化，让水文化成为人民美好生活和家园建设的重要组成部分，这样才能彰显水文化的终极价值。

文化建设是一项塑造人的灵魂的基础工程，应该坚持以人为本，把培养人作为最基本的任务。通过弘扬水文化，呼吁全社会进一步关注水文化，呼吁全社会都来珍惜和保护水文化。提高水工程的文化品位，满足人们对水环境的文化需求。认知、技术与制度构成了水文化的三个方面，其中，对水资源、水环境的认知与信仰处于核心地位。深入发掘并系统总结传统水文化蕴含的理性与智慧是探索建设现代水文化的重要途径。

三、三峡库区水文化遗产的机遇分析

（一）国家政策机遇

党的十九大报告对加快生态文明建设、建设美丽中国提出了新要求，进行了新部署。综合利用水利设施、水域及其岸线，建设水利风景区，

维护河湖健康美丽就是在努力提供优质生态产品，满足人民群众走进自然、亲水近水、休闲娱乐、观光旅游、科普教育、文化活动等需要①。水利部先后发布了《水利风景区管理办法》（水综合〔2004〕143号）、《水文化建设规划纲要（2011—2020年）》和《"十四五"水文化建设规划》等一系列政策文件，为水文化遗产开发利用提供了政策支持。

（二）需求与产业技术重构机遇

近年来，我国旅游业取得了大发展。文化旅游作为一种新型的休闲健康生活方式，逐渐成为人们新的追求，呈升温态势。新时代人民日益增长的美好生活需要所形成的巨量旅游新需求造就了国家新一轮消费升级的机遇。旅游产业技术重构以旅游知识和物联网、数字化、大数据等技术创新与应用为表现，不断推动智慧旅游的发展，丰富旅游产品和服务的体验方式，促进旅游营销创新，能够更好地满足人们的旅游消费需求，为三峡库区水文化遗产文旅高质量发展提供技术要素保障。

四、三峡库区水文化遗产的挑战分析

总结过去，立足当下，面向未来，三峡库区水文化遗产开发仍然面临诸多挑战，需要我们科学规划，统筹实施，化挑战为机遇。

（一）突发事件的挑战

地震、洪涝、泥石流、新冠疫情等突发事件会加重三峡库区水文化遗产开发的风险。旅游业的系统性风险会影响三峡库区水文化遗产的开发和利用。三峡库区得天独厚的山水资源转化为可持续性的经济收益是资源开发的基本落脚点。但是在不可抗力因素的影响下，水文化遗产开发可能面临资金短缺、客源减少、设施损耗、从业人员不足等诸多困境。

---

① 陈晓群，吴雪洁，舒卫萍. 湖北水利风景资源开发利用现状及发展对策 [J]. 中国农村水利水电,2019(04):39-41,46.

（二）思维固化的挑战

水文化遗产开发是一项系统性、整体性的工程，单纯地依靠经济学、管理学知识无法实现对水文化的深入、系统挖掘，反而容易产生高昂的社会成本。水文化与水科学融通共振是当代中国治水兴水的重要路径，也是基于人水和谐和生态文明建设的应有之义。要进一步深化对水科学的认识，掌握水世界的自然规律；要把治水实践中的新理念、新做法、新精神凝练为全社会共同的水文化认知，加快推进传统水利的现代化进程。[①]

开发思维固化、开发形式单一、开发观念落后是现今三峡库区水文化遗产开发面临的挑战。在当前多学科融合的背景下，需要突破以水论水、以河论河的传统局限与束缚，创造水与人、水与城、水与景、水与文化的和谐统一，通过水利达到"利益众生"。

（三）保护开发的挑战

水文化开发涉及多个地域、不同部门，实现保护与开发的协同难度大。政策之间的畅通度不够，条块部门之间缺乏流畅、信息对称的互动。美国田纳西河流域管理局的开发经验值得我们借鉴。在中国全面推进乡村振兴战略和县域协同发展的过程中，可以将移民、贫困治理、区域开发结合起来，既打破片区内各区县"各自为政"的局面，又形成片区间特色鲜明、互为关联、互补完善的"文化命运共同体"。比如，巫山、巫溪、奉节"金三角"就可联手发掘运用好巫文化、诗词文化、神女文化。但是由于三峡库区在各方面影响的广泛性和特殊性，特别是生态环境影响的严重性，对我们应对资源开发与生态环境管理提出了较高的要求和挑战。

水文化遗产开发需要与农村人居环境改善协同发展。但是现阶段转变农业经营方式难度大，污染防控压力大。农业面源污染可能对水体造成更

---

① 朱海风. 水文化与水科学融通共振是当代中国治水兴水的重要路径 [J]. 中州学刊 ,2017(8):89-92.

大破坏。有机现代农业由于受资金、人力、收益等约束，推进较为困难。

（四）冲突与摩擦的挑战

围绕对水的认识和利用，民间习俗、日常生活和政府干预之间存在持续的张力。把水生态风险的化解和水文化的引导放在"生态、经济、社会"三位一体的全局中去看具有积极的理论意义与实践意义。在实践中努力朝着"人水和谐"的水生态文明建设方向推进。水文化绝不是简单的取水、用水文化，而是水资源与当地生态、群众生活、旅游活动之间的多维度关系，又体现出宗教信仰与日常生活之间的人水互构关系，还包含着潮流化生活方式和文化对当地的深刻影响。① 如何化解水文化层面的矛盾是水文化遗产开发的难关。

（五）水文化教育的挑战

水文化教育需要久久为功。三峡库区水文化教育需要相应的学校教学、社会组织宣传、媒体部门倡导和政府制定政策等多方行动的配合。水是贯穿社会生活方方面面的基础要素，要让水文化真正产生价值、发挥作用，必须处理好水文化建设和其他长江大保护要素之间的关系。例如，水环境、水资源、流域森林、河道、土壤保护以及防止长江水污染等，要将水文化也融入这些工作中。另外，我们还应将水文化和长江流域生物多样性保护结合起来，将其作为水文化建设的重要内容，形成生态治理修复与"自然—社会生态"交互循环模式。

（六）水文化深度挖掘的挑战

挖掘与整理水文化的内涵、文本和实物需要付出持之以恒的努力。"把不住文化的脉，思路错乱是大问题。"三峡库区水文物保护和水文化研究融合难度大。抛弃自有的传统文化精髓，选些无足轻重的文化符号

---

① 赵国栋.地方水生态：牧区水文化的价值、风险与化解 [J].贵州民族研究 ,2020,41(2):52-60.

保护传承在一定程度上造成三峡文物资源的"沉睡"和浪费。

　　三峡库区的传统水文化经过科学的开发和大众的营销，可以推进库区内文化与外来文化相结合，雅化传统文化的形式和内涵，为三峡库区内文化的传承赋予新的灵气，进而引发人们对三峡库区内传统水文化的兴趣，洞悉三峡库区水文化的魅力所在，使之升华为一种精神享受所呈现出的文化形态。保护传统文化的完整性，保护文化生态，实现多样文化共存是我们对文化发展繁荣的一种责任。

第四章　三峡库区水文化遗产的保护传承

　　水文化遗产的保护利用是推进社会主义文化建设和弘扬中华文化的重要力量，是水利行业文化建设和社会主义精神文明建设的重要内容，是水文化大发展、大繁荣的根本途径，是推进我国水利事业可持续发展的精神动力和智力支持。做好这些事业，必须坚持科学的指导思想，必须坚持人水和谐理念、战略发展理念、科学发展理念和利国利民理念，必须落实新时代中央水利工作方针，必须提升行业软实力，深入推进人水和谐发展。

第一节　三峡库区水文化遗产保护传承的指导思想

一、习近平新时代中国特色社会主义思想

　　习近平新时代中国特色社会主义思想是我们做好三峡库区水文化保护传承工作的根本遵循。要以习近平新时代中国特色社会主义思想为指导，深入贯彻落实党的十九大、二十大及其历次全会精神，坚决贯彻落实习近平总书记关于文化、水文化的重要讲话指示精神，立足新发展阶段，贯彻新发展理念，构建新发展格局，以推动高质量发展为主题，围绕举旗帜、聚民心、育新人、兴文化、展形象的使命任务，坚守中华文化立场，坚持敬畏历史、敬畏文化、敬畏生态，立足治水实践，以水文

化保护、传承、弘扬、利用为主线，加强水文化系统研究，加快推进水文化遗产的系统保护，保护运用好党领导人民治水的红色资源，建立健全水文化工作体制机制，守好老祖宗留给我们的宝贵遗产。深入挖掘水文化蕴含的时代价值，积极开展水文化宣传，努力提供内容丰富、形式多样的水文化产品和服务，不断满足人民群众日益增长的精神文化需求，不断提升水利干部职工的文化素养，为推动新阶段水利高质量发展凝聚精神力量。

二、科学发展观

长期以来，在人类征服自然的过程中，从敬畏自然到以自我为主宰的盲目开发，过分索取带来了一系列生态危机，形成了人与水、人与环境相互"报复"的局面。要改变这种局面，必须树立人与自然和谐相处的科学理念，遵循科学发展观的治水思路。

科学发展观是指坚持以人为本，树立全面、协调、可持续的发展观，促进经济社会和人的全面发展。现代水利科学应该遵循以人为本、人与自然和谐相处的态度，把人与自然看作水文化关照的主题。这种理念的产生本身蕴含着承前启后的重大文化思考，它统领着水利事业的发展，指导着现代水利科技的进步。

水利科学的发展水平制约着整个社会水文化的发展速度与水平，水利科学是水利建设的核心理论，只有以它为指导，才能使我国的水利建设有科学的规划，从而科学建设水利设施。水利科学应以包容的胸襟参与社会，为社会发展提供各式基础设施。水是社会最基本的载体之一，水利科学的发展以启动与循环的方式参与现代社会的各项重大建设，诸如水利对城乡经济发展的作用，水利对生态、交通、电力、环境、旅游等各项事业发展的直接作用或间接作用都是现代水文化应直接关照和急需总结的范畴。科学发展观的核心是可持续发展，可持续发展的实质是保持人与自然和谐共处，相生共存。人与自然和谐共处很重要的一环就是人与水和谐共处。只有以科学发展观为指导思想，才能正确树立可持续发展的治水思路，和谐水文化的建设才能得以实现。

可持续发展的治水思路是中国化的马克思主义科学发展观在水利事业中的具体体现，是有效解决我国水资源问题、保障经济社会可持续发展的必然选择和成功之路，涵盖水利发展和改革的各个方面，具有坚实的实践基础、鲜明的时代特征。

第二节　三峡库区水文化遗产保护传承的总体要求

长江是中华民族的象征之一，凝聚着中华民族管水、治水、用水的深厚智慧。加强三峡库区水文化遗产的研究及其保护既是长江文化带建设的迫切需要，也是三峡区域经济社会发展的内在要求。我们要始终把保护历史文化遗产放在首位，像爱惜生命一样保护好祖先留给我们的宝贵遗产，着力实施历史文化遗址遗迹保护、抢救和修复工程，加快构建水文化遗产保护传承体系，全方位展现历史风貌，最大限度保持长江水文化遗产的原真性、完整性和延续性，更好地发挥其承载灿烂文明、传承优秀文化、振奋民族精神的重要作用。本节在梳理三峡库区水文化遗产保护的现状及存在的问题的基础上，探讨三峡库区水文化遗产保护的原则和要求。

一、基本原则

长江干流流经三峡库区，跨越上中游，横跨重庆、湖北两地的 26 个县区，有大量水文化遗产分布于沿线地区，这些遗产数量多、文化内涵丰富、科技含量高，具有重要的历史、文化价值。在三峡库区水文化遗产保护中，我们需要坚持以下几个重要原则：

（一）真实性与完整性原则

1972 年 10 月 17 日—11 月 21 日，联合国教科文组织在巴黎举行第十七届会议，会上原准备拟定一项国际协议，以推动相互援助保护古迹建筑，后来由于形势有利和舆论推动，大会经过反复讨论，终于在 11 月 16 日通过了《保护世界文化和自然遗产公约》(简称《世界遗产公约》)，强调遗产保护必须围绕保护的核心，即遵循真实性和完整性原则，采用国家保护和国际保护相结合的方式。①

真实性与完整性是遗产保护所必须遵循的基本原则，也是世界遗产的灵魂所在。所谓真实性，是指在设计、材料、施工或环境方面，必须符合真实性标准，重建只有根据原物的完整和详细的资料并毫无臆断成分时，才可以接受。为了保护遗产的真实性，在遗产保护、修缮等具体操作层面，需要严格遵循"最大保护和最小干预"的原则，尽量保存遗产的原物、原貌和历史印迹，并使用原材料和原工艺。遗产的修缮应该具有可逆性，即可以在条件具备的前提下，让它"回到从前"，以便用更为科学先进的方式进行修缮管理；遗产的修缮必须是"可识别"的必不可少的添加物，需要保持适度的差异性，以便于辨别，并需做详细记录。所谓完整性，是指我们不但要保护遗产本体，还要保护它在生存过程中所获得的有意义的历史、文化、科学和情感信息，保护它所产生的历史环境，不要使文化遗产脱离历史形成的环境而孤立存在。

"保持遗产地的真实性和完整性，也就是要保护遗产地的原始面貌和周边环境不受破坏，进而实现遗产地的可持续发展。"②保护三峡库区水文化遗产的历史真实性，延续其历史信息及全部价值，需要严格遵守"保护为主、抢救第一、合理利用、加强管理"的文物工作方针。除了关注河道与遗产本身，还要注重其历史空间的连续性及其与环境之间的关联性，最大限度保护水文化遗产及其背景环境的完整性。遗产的保护、修缮应根据具体情况，分步骤进行。对于已被损毁或被改变原状的水文

---

① 郑小云，赵晓宁. 国家视野下旅游地的开发与保护研究 [M]. 成都：四川大学出版社,2016:103.

② 邹统钎. 遗产旅游发展与管理 [M]. 北京：中国旅游出版社,2010:16.

化遗产，在还缺乏充分研究，对如何恢复缺乏充足依据，或存在资金困难，没条件进行科学修复时，应采取抢救性措施，以保障水文化遗产的安全。只有在对遗产原状有深入了解、掌握充分资料并具备充足资金时，才可以对其进行科学修复，排除安全隐患，添配缺失残坏的部分，去除没有保留价值的附加物，恢复其原真状态。在修缮过程中，要严格遵循"最小干预"的原则，将对遗产建筑的干预减小到最低限度，切忌任意扩大修缮范围。

真实性原则既适用于物质水文化遗产，也适用于非物质水文化遗产。相对于物质水文化遗产而言，非物质水文化遗产的"真实性"保护就是让非物质水文化遗产在原生状态下，按其原有方式进行自主传承。那种为保护和传承非物质水文化遗产而随意改变其周边环境、随意更换其传承空间的做法不值得提倡。"事实证明，非物质文化遗产保护面临的最大问题，不是客观因素造成的损毁，也不是完全缺乏相应的技术保护，而是人们各种片面的观念和错误的做法。这是当今做好非物质文化遗产保护要解决的首要问题。"在非物质水文化遗产保护工作中，我们要"坚决反对那种混淆真伪，在所谓遗产保护背后隐藏的种种非保护动机。尤其是反对把文化遗产的价值简单等同于旅游经济效益而由此造成的急功近利行为和对文化遗产的过度开发"。

（二）协调发展原则

"协调发展原则是指经济建设、社会建设、文化建设和环境保护要统筹兼顾、有机结合，以实现人类与自然的和谐共存，使经济和社会发展可持续地进行。"协调发展原则是法理中利益平衡原则在环境法中的体现，即各种开发建设活动应当综合考虑各种利益。在1983年召开的第二次全国环境保护会议上，制定了"经济建设、城乡建设和环境建设同步规划、同步实施、同步发展，做到经济效益、社会效益和环境效益的统一"的方针，这是协调发展原则在我国的具体实践。

协调发展原则建立在可持续发展思想的基础上，是处理经济建设、社会发展和环境保护三者间关系的基本原则。在保护长江三峡库区水文化遗产中，要特别注意与遗产所在地各项工程建设的协调衔接，正确处理好水文化遗产保护和各项工程建设之间的关系，统筹保护与发展之间的关系，努力构建水文化遗产活态保护与旅游可持续发展协调机制，促进遗产所在地经济、社会、生态环境协调发展。

（三）可持续发展原则

可持续发展观是 20 世纪人类对自身发展历程反思后的新发展观。1987 年，世界环境与发展委员会在《我们共同的未来》报告中第一次阐述了可持续发展的概念："既满足当代人的需要，又不对后代人满足其需要的能力构成危害的发展。"2005 年，联合国教科文组织在发布的《旅游、文化和可持续发展报告》中指出："把文化和旅游结合起来，目的是给各个国家特别是发展中国家提出一条利用本地多样文化资源的可持续发展道路。"可持续发展观横向强调经济持续性、社会持续性、技术持续性，纵向强调世代间持续性，强调经济和社会发展不能超越资源和环境的承载能力而永续利用。在文化产业领域，文化可持续发展观的重要性尤其突出。由于文化的延续性和传承性是文化发展的基本动力之一，因此，文化的可持续发展要求决定了文化资源的产业化开发必须尊重和保护人类的精神遗产，并对人类精神文化的延续做出贡献。

三峡库区水文化遗产作为不可再生的珍贵资源，是人类发展过程中物质文化和精神文化的历史积淀，是三峡库区沿岸地区劳动人民勤劳和智慧的结晶，具有很高的历史、科学和艺术价值。如果脱离了它生长发育的土地和人民，脱离了滋润它生根发芽的生态环境，用功利性的手段对其进行"竭泽而渔"式的商业开发，一味追求经济利益，那么三峡库区水文化遗产的真实性和完整性将会受到破坏，从而失去其存在的价值和意义。所以，要实现三峡库区水文化遗产的可持续发展，就应该重点保护好这种文化赖以生存和发展的土壤。在任何情况下，都要正确处理好保护文化遗产价值与开发利用遗产资源之间的关系，始终将水文化遗产的保护放在第一位，万万不可急功近利，对水文化遗产资源搞掠夺式开发和过度利用。

（四）可操作性原则

对于任何政府部门而言，针对任何社会问题的一个对策方案，不管它有多完美，如果不具有现实的可操作性，那就没有任何实际意义。一般而言，具有可操作性的对策方案具有以下几个特点：第一，对策方案要有明确的执行主体，即制定出来的对策方案由谁去执行。也就是说，"问题"要有明确的"归口"，对策方案要由直接解决问题的政府部门或职能机构去处理与落实。第二，对策方案要有明确的执行步骤，即制定出来的对策方案怎样执行。也就是说，对策方案不能只是大的原则，让人感到无所适从，而要有解决这些问题的具体步骤、办法，要能够付诸实施。第三，对策方案要有明确的执行时效，即制定出来的对策方案何时实施。也就是说，对策方案要认真考虑其时效性，它不是遥遥无期的许诺，而是解决当前问题切实可行的办法。第四，对策方案要有明确的执行条件，即制定出来的对策方案在什么条件下实施。也就是说，对策方案的提出必须充分考虑到解决问题所需要的主客观条件。如果提出的对策方案在现实中不具备实施的主客观条件，就只能是一纸空文。"有些制度难以贯彻落实，一方面是执行力度不够的问题；另一方面，就是可操作性不强的问题。有的笼统空洞，遇到问题找不到相应的规定；有的语言表述模糊，出现问题难以有效处理；有的不切实际，这就给制度的执行带来了难度。"

在三峡库区水文化遗产的保护和开发过程中也要遵循可操作性原则。要根据三峡库区水文化遗产的价值和现状，结合三峡库区社会、经济的发展规划，科学、合理地确定其保护区划及相关保护、管理、展示、考古措施，保证规划实施具有可操作性。要坚持问题导向，做到长短结合、远近衔接，明确具体实施方案，狠抓贯彻落实。要区分轻重缓急，集中力量完成重要遗产点段的保护、展示和利用工作，维护和展现三峡库区水文化遗产的历史风貌，尽量保留遗产本体的历史信息和文化特色。

二、保护要求

三峡库区水文化遗产的保护、传承和利用是一项庞大而复杂的工程，要坚持共抓大保护、不搞大开发，着力加强水文化遗产保护传承，推进河道水系治理管护，加强生态环境保护修复，推动文化旅游发展，推进乡村振兴工作，着力创新保护传承利用机制，建设全国水文化遗产保护利用示范区，为新时期现代化建设提供重要支撑。

（一）资源保护

三峡库区水文化遗产总体保护应严格遵循"保护为主、合理利用、加强管理"的工作方针，贯彻《中华人民共和国文物保护法》《中华人民共和国非物质文化遗产法》《历史文化名城名镇名村保护条例》《重庆市历史文化名城名镇名村保护条例》《湖北省非物质文化遗产条例》等法律法规条例的精神，坚持价值导向，保障三峡库区水文化遗产的完整性、真实性、延续性。要深入挖掘库区文化资源的精神内涵，充分体现中华民族伟大创造精神、伟大奋斗精神、伟大团结精神、伟大梦想精神，突出三峡库区水文化遗产在长江中的特色内涵，使得三峡库区水文化遗产在新时代重新焕发生机和活力。

（二）依法保护

明确三峡库区水文化遗产受法律保护的地位，划定三峡库区水文化遗产的保护范围和建设控制地带，作为确定其法定保护界线的基本依据，受《中华人民共和国文物保护法》《历史文化名城名镇名村保护条例》《重庆市历史文化名城名镇名村保护条例》《湖北省非物质文化遗产条例》、《恩施土家族苗族自治州传统村落和民族村寨保护条例》的保护，以及我国签约的文化遗产国际公约、宪章的约束。要坚持规划先行，突出顶层设计，统筹考虑资源禀赋、人文历史、区位特点、市场需求，注重跨地区、跨部门协调，与法律法规制度规范有效衔接，发挥文物和文化资源的综合效应。

（三）科学保护

三峡库区水文化遗产是不可再生的重要文化资源，我们要严格遵循文化遗产保护的不改变文物原状、真实性和完整性原则，充分尊重活态遗产合理利用的现状，科学规划三峡库区水文化遗产的保护、展示、管理。充分考虑资源差异和楚文化、巴文化等文化的多样性，实行差别化政策措施，最大限度调动各方积极性，实现共建共赢。既着眼长远，又立足当前，既尽力而为，又量力而行，务求符合基层实际、得到群众认可、经得起时间检验，打造水文化名片。

（四）系统保护

水文化遗产保护是一项系统工程，除了要做好文物的保护与修复，还要考虑环境保护、氛围营造、科技保护、教育传承等问题。在保护物质水文化遗产的同时，还要注意加强对非物质水文化遗产的保护。要识别、区分水文化遗产重要区段、重要点段在技术、经济、社会和景观各方面的不同价值特征，系统保护由工程类水文化遗产和非工程类水文化遗产及背景环境构成的价值单元。根据三峡库区水文化遗产的空间肌理和线路脉络，加强系统保护、立体保护，保持三峡库区水文化遗产的真实性和完整性。

第三节　三峡库区水文化遗产保护传承的具体举措

针对新时代三峡库区水文化遗产保护的现状及存在的问题，重庆和湖北两地应全方位做好遗产保护、法规制定、生态保护、文化传承、统筹协调等方面的工作。以保护好、传承好、利用好三峡库区水文化遗产为遵循，以打造中华文明的新名片为目标，着力推动三峡库区水文化遗产挖掘保护和优秀传统文化创造性转化、创新性发展，着力保护和改善生态环境，着力完善政策体系和统筹协调机制，力争将三峡库区水文化遗产打造成为长江国家文化公园核心区、长江经济带生态文明建设引领区和长江文化旅游融合示范区，为弘扬和传播长江文化做出更大贡献。本节主要针对三峡库区水文化遗产保护的现状及存在的问题，提出符合三峡库区实际的保护和传承举措。

一、加大宣传力度，增强保护意识

重庆、湖北两地旅游资源丰富，为全国旅游大省（直辖市）。由于历史和现实等原因，重庆、湖北两地对水文化遗产重视程度不高，开发不足。在大力创建长江国家文化公园的今天，我们一定要努力加大三峡库区水文化的宣传力度，将三峡文化提升到与楚文化、巴文化同等高度。要以政府为主导、以社会力量为辅助，通过三峡普及刊物的出版、三峡题材电影电视和动漫的拍摄、传统媒体与新媒体的积极宣传、三峡水文化主题公园的打造、三峡水文化名村名镇的建设，将三峡库区旅游业推出域外，推向国内与世界，使三峡成为一条重要的旅游线路与遗产廊道。具体来说，可以从以下两个方面进行努力：

一是要坚持以社会主义核心价值观为引领，将三峡文化传承纳入中华优秀传统文化传承发展工程，推进三峡水文化元素进学校、进社区、进村庄、进企业、进家庭，开展三峡库区水文化体验活动，使三峡水文化成为社会主义核心价值观的重要源泉。鼓励三峡库区各级各类学校立足地方特色和中小学生的特点，开发建设三峡文化校本课程，加强三峡文化的传承和发扬。加强教育引导、舆论宣传、文化熏陶、实践养成、活动支撑、制度保障，结合新的时代条件，赋予三峡库区水文化新的含义和诠释，为践行社会主义核心价值观提供丰厚滋养。要集合优势力量，综合采取各种艺术形式，打造多层次、多系列、多品牌、开放式的优秀传统文化普及推广作品。

二是实施三峡库区水文化数字化展示工程,创作《三峡库区水故事》《三峡库区水文化》等系列广播、电视、网络、微电影、动漫节目,推动三峡水文化的传播。高水平举办三峡论坛、三峡水文化学术研讨会等各类论坛活动,策划举办三峡水文化节、三峡水文化主题庙会,加强三峡库区沿岸的文化互动,开展高端对话、主题讲座、专家下乡、文明体验、文化展演等系列活动,推介三峡库区沿线地区发展成果与经验。深化与长江沿线省市的合作,推动三峡文化在交流中繁荣、在互鉴中成长,携手打造中国"千年三峡"文化品牌,努力使三峡库区水文化成为长江水文化的核心与代表。聚焦"一带一路"沿线区域,充分运用重庆市社会科学院、重庆工商大学长江上游经济研究中心、西南大学"一带一路"文化研究院、湖北省社会科学院、三峡大学、三峡智库研究院等载体,结合文物展览、博览会、旅游推介和各类品牌活动,策划组织三峡库区水文化专题活动,积极推动三峡库区水文化"走出去",拓展三峡库区水文化的国际交流空间。

作为一种活态传承的文化遗产,三峡库区水文化遗产的存在方式要求其保护必须依赖多方主体。其重点保护主体可由政府变为政府、市场、社会公众多方主体。三峡库区沿岸的原住民对三峡怀有浓厚的情感,对当地文化有着独特的理解和认知。因此,必须尊重和维护民众与三峡库区水文化遗产之间的关联和情感,更加注重三峡库区水文化遗产的世代传承性和公众参与性。如果对三峡库区水文化遗产的保护没有落实到民众自觉参与的程度,保护三峡库区水文化遗产就难以真正得以实现。

二、健全法律法规,完善保护机制

目前,国家层面已制定《长江文化保护传承弘扬规划》《关于全面推行河长制的意见》等国家级立法或规划,这些对于保障三峡库区水文化遗产现状、促进其科学利用具有重要意义。随着形势的发展,特别是长江国家文化公园上升为国家战略,很多规范、条例与《保护世界文化和自然遗产公约》存在着不一致之处,所以,目前亟须解决如何处理国内法规与国际规范之间关系的问题。从严格意义上说，当前没有一部完整意义上的水文化遗产保护传承的法律。相关部门应进一步增强水文化遗产保护和利用工作的危机感和紧迫感，抓紧制定出台相应的法律法规，使长江水文化得到更好的推广，长江水文化遗产得到更好的保护。三峡库区各级政府要结合当地实际，制定水文化遗产保护规划，明确保护范围、措施和目标，并认真付诸实施。各级管理部门应从行业管理的需求出发，建立满足三峡文化事业健康发展需要的工作体制和机制，加大资金投入和行业管理力度，积极培育和探索建立健康、稳定、繁荣的三峡文化市场机制。要以科学规划为基础，结合当前国家对非物质水文化遗产保护工程的实施，做好保护和开发三峡库区非物质水文化遗产的相关工作。

水文化遗产既包括河道、建筑、水工设施等物质遗产，也包括饮食、舞蹈、音乐、民间工艺品等非物质遗产，各类水文化遗产具有自身特点，应区别对待，采取不同的保护措施。对遗产点，要加强保护性修复，不能过多地修建仿古建筑，应划定遗产保护区，建立遗产展示平台。同时，充分利用技术手段，做好基础性数据获取工作，搭建数字化管理、监测平台，科学地保护、展示水文化遗产。要深入挖掘三峡库区非物质水文化遗产的丰富内涵，加大宣传推广力度，努力提升非物质水文化遗产的保护利用水平。要建立监测预警体系，做好应急预案和机制，提高处置突发事件的能力。要统筹推进水文化遗产整体性、抢救性、预防性保护，实施历史文化遗址遗迹保护、抢救和修复工程，最大限度保持三峡库区水文化遗产的真实性、完整性和延续性。

三、深入挖掘展示，讲好三峡故事

三峡工程是中国人民建造的一项伟大工程，是世界上规模最大的水利枢纽工程。历史上，三峡库区是进出川蜀两地的要道，是沟通东西交通的咽喉，是横贯长江干流的关键，是经济往来、商贾流通、军需调配的交通动脉。今天，三峡工程是提升长江"黄金水道"地位的关键枢纽，三峡库区是中国东、中、西区域协调的战略通道，发挥着日益重要且不可替代的作用。三峡库区水文化遗产蕴含着丰厚的历史文化资源，具有独特的历史文化价值。我们要结合新时代的要求，深入挖掘三峡库区水文化资源，凝练三峡库区水文化的思想理念、人文精神和文化特质，讲好三峡故事，传播三峡精神，激活三峡记忆，展示三峡风采，让三峡库区水文化展现出永久魅力和时代风范。针对三峡库区水文化的阐释和挖掘，我们可以采取以下措施：

（一）加强三峡库区水文化资源普查，建设水文化遗产公共数据平台

通过整合三峡库区民间文献、文化旅游、民俗、水利工程枢纽等资源，继续加强三峡库区水文化的研究阐释，促进三峡库区水文化研究的突破性创新，推出一批具有前瞻性、独特性的研究成果。深化三峡文化与"一带一路"理念、巴渝文化、荆楚文化、儒家文化、长江文化、土家文化、中原文化、红色文化、舟楫文化、河运文化等的研究，阐释三峡库区在推动东西文化、南北文化、中外文化交流融合中的重大作用。深入挖掘三峡库区民俗水文化，定期举办弘扬传承非物质水文化遗产的研讨论坛、技艺交流和群众喜闻乐见的节庆等活动，加强对非物质水文化遗产的研究阐释、活态利用。加强科技对文化的赋能，发挥新技术的应用价值，对三峡库区水文化遗产资源进行数字化保存，建设水文化遗产公共数据平台，让数据"动"起来，为生产、生活和科研服务。

（二）运用三峡库区水文化遗产资源，展示中国水文化智慧和自然生态理念

充分利用三峡库区沿线丰富的水利工程遗址遗产，加强对三峡库区河道及船闸、桥梁、堤坝、码头、渡口、水柜等古代水利工程的基础研究和技术研究，充分挖掘舟楫文化、盐运文化、码头文化和商贾文化，采用人工智能、虚拟现实、全景展示、历史文化纪录片等形式，建设舟楣文化主题公园，重现三峡库区重要历史文化面貌，讲述三峡文明史。加快重点和特色博物馆建设，进一步规范提升中国三峡博物馆、三峡移民博物馆、宜昌博物馆的功能，发挥好三峡库区各县区博物馆的作用，形成特色突出、互为补充的综合博物馆展示体系。加强与三峡库区沿线省市的合作，积极开展国际水文化城市交流，推动三峡水文化大发展、大繁荣。策划组织三峡库区水文化专题活动，通过三峡库区大型图片展、三峡书画精品展、三峡库区沿线城市水文化主题展、水文化遗产工艺美术展及对外宣传报道活动，推动三峡水文化"走出去"，展现中华文明和中国智慧的无穷魅力，打造三峡水文化国际交流平台。结合长江国家文化公园建设，推动三峡水文化高质量发展。

四、推进库区治理，保护生态环境

近年来，随着三峡库区经济社会的快速发展，三峡库区河道及生态环境保护的形势日益严峻。三峡库区的河道淤积日益凸显，库区水质自净能力下降，库区水污染逐步加重，库区生态条件脆弱，生活垃圾污染和养殖污染严重，工农业污染源面广点多，这些状况破坏了三峡库区河道及周边环境的完整性、真实性和可持续性。针对这一情况，我们可以采取以下措施：

（一）做好"治"

一是加强三峡库区及上游流域农田面源污染治理。引进、筛选适用于三峡库区及上游流域特定自然气候与坡耕地条件的农田面源污染控制技术，以减少三峡库区及上游流域面源污染负荷，保障库区水质。二是综合整治库区分散式农村污染物。针对分散农村面源及生活污染源污染负荷的特点，采取人工基质生物生态消减技术、农村生活废弃物资源化利用技术，减少农村生活废弃物污染负荷，保护三峡库区水环境与水生态安全。建立完善的畜禽养殖农牧结合污染防治体系，构建畜禽养殖农牧结合种养平衡畜禽粪污消纳模式，解决畜禽养殖污染控制问题。

（二）做好"控"

针对构建三峡水库消落缓冲带，科学地制定三峡水库消落带保护与规划方案，保护三峡库区环境，维护三峡库区安全。合理培肥三峡库区及上游流域坡地土壤，通过秸秆、畜禽粪便、沼渣沼液等有机农业废弃物还田培肥土壤，挖掘坡耕地生产潜力，改善农业生产和水环境，保障粮食安全和环境安全。合理规划沿岸企业布局，控制企业的数量和规模，发展绿色高科技企业，严控污染型企业，做好土地集约化发展，增加单位面积土地产值，为三峡库区高质量发展贡献力量。

（三）做好"建"

运用多种手段加快推进生态屏障区的建设。大力推进三峡库区生态农业园的建设，兼顾经济、社会和生态效益，突出柑橘、茶叶、榨菜等传统优势产业，因地制宜使各类单位充分利用降水资源的可储性，通过土壤、生物和工程措施，使降水就地拦蓄，减少径流、泥沙损失，提高降水的资源转化率和农业利用效率，使三峡库区生态环境状况得到全面改善，长江两岸水体流失现状得到全面遏制。

（四）做好"管"

根据产业园氮磷投入特征，基于氮磷减量精准施肥、果草间作、果渣还园等氮磷污染负荷消减技术构建生态农业园区模式，建立适合三峡库区丘陵农业区种植特点以及农业发展趋势的农业面源污染立体防控体系。着力构建"以源头防治为主，末端治理为辅"的管控模式，"以经济激励为主，行政管制为辅"的管控方式，"以生态补偿为主，生态税费为辅"的管控手段。

（五）做好"统"

围绕三峡库区不同河段的功能定位，统筹兼顾，合理布局，科学配置和优化调度水资源，加强岸线保护，升级水利水运设施。依托自然水系和人工水系，加强三峡库区周边河湖水利联系和自然河道保护，高水平统筹三峡库区的生态、防洪、供水、文化、景观、航运等多种功能。立足既有航道条件，以供水、水环境改善和水生态保护和修复为重点，提升三峡库区的输水能力和航道建设水平，建成世界一流的高等级航道。统筹严格保护与合理利用，根据河湖功能定位，制定差别化的岸线资源利用方案，优化岸线开发利用和保护格局，提升沿岸文化旅游、港航物流、临港产业、城镇建设、生态保护等综合功能。牢固树立"绿水青山就是金山银山"的理念，实施国土绿化行动，建立环境质量底线、生态保护红线、资源利用上线和全流域协同的"三线一协同"机制。

五、做好政策支持，发挥政府职能

文化建设是一项长期性、基础性、系统性工程，不仅离不开国家政策的支持，更需要充分发挥政府的文化职能。"政府的文化职能是指政府指导和管理文化事业，领导和组织精神文明建设的职能。它是国家行政管理最古老、最重要的职能之一，并且在不同时代、不同国家有着不同的内容和方式。"[①] 建设好三峡库区文化带、做好三峡库区水文化遗产保护、传承和利用工作是深入贯彻落实习近平总书记重要指示批示精神、全面展示中华文明的历程和现代成就的重大战略举措。要充分发挥政府总揽全局、协调各方的作用，调动各方力量，健全体制机制，出台支持政策，激发内生动力，坚定信心，敢于担当，集中力量、集成资源、集聚智慧，确保各项政策和规划落地落实。

（一）提高组织水平

长江国家文化公园是中华文明的标志性工程，长江三峡是全球知名的旅游胜地，三峡工程是世界上规模最大的水利工程。在长期的历史进程中，三峡库区产生了大量水文化遗产，对提升中华民族的文化自信具

---

① 郑志龙．行政管理学 [M]．北京：中央广播电视大学出版社，2000:46.

有重要的现实意义。各级党委和政府要高度重视，切实增强保护意识，把三峡库区水文化保护开发提上重要日程，严格履行职责，切实把三峡库区水文化保护好、传承好、利用好。具体来说，主要采取以下措施：

1. 建立三峡库区省级水文化遗产保护传承利用工作协调机制

统筹重庆、湖北两地的各类机构和资源，负责统一指导和统筹协调相关规划的实施，研究确定三峡文化带建设的重大政策、体制机制创新、重大事项、重大工程建设等问题。省直有关部门要根据职能分工，密切协调配合，形成推进合力。沿三峡库区各县区为规划落实主体，负责本地区三峡库区水文化保护传承利用工作。

2. 建立三峡库区水文化遗产管理、保护、利用联席会议制度

加强三峡库区水文化建设的统一领导，健全协调机制。三峡库区水文化带建设是一项庞大的工程，绝非一朝一夕或某一部门能顺利完成，必须建立国家、省、市、县四级协调机制，形成中央领导，省市布局，水利、航运、文物、环保、国土、农业、渔政、建设、规划、城管、文旅多部门联合参与的统一组织。省级政府要根据三峡库区内不同城市的特点，科学指导、分步引导，统筹布局、相互协作，将三峡库区内水文化遗产作为一个系统的整体进行推广与宣传，定期召开联席会议，总结经验、教训，实现局部与整体的协调发展。

水利部要采取积极有效的形式加大对水利行业水文化工作的指导。各级水行政主管部门要高度重视水文化建设工作，加强与宣传、文旅、文物等部门的沟通衔接。各级党委（党组）加强对水文化建设统一领导，统筹谋划水文化工作，主要负责同志是水文化建设第一责任人。将水文化建设纳入各级党组织落实意识形态工作责任制，列入各级水利单位重要议事日程和水利系统文明单位测评体系，强化水文化建设工作落实情况的监督评价，统筹推进水文化建设工作。

（二）做好政策支持

三峡库区水文化遗产的保护、传承与利用是一项系统工程，离不开

相关部门的政策支持。要建立健全政府、企事业单位、社会组织和公众共同参与保护和管理的长效机制。制定完善相关法律法规，为三峡库区水文化遗产保护提供法律保障。积极争取中央宣传部、国家发展和改革委员会、文化和旅游部、水利部、国家文物局在资源普查、编制规划、重点项目建设等方面的指导支持。省级有关部门多渠道筹措资金，加大对三峡流域内重点水源地的财力支持。各级财政部门综合运用相关渠道，积极完善支持政策。研究制定具体措施，拓展多样化的融资渠道，鼓励引导社会基金和资金加大投入，进一步激发市场主体活力，建立完善的多元投资机制。三峡库区沿线各市要加强资金保障，统筹安排好自有财力和上级补助资金，确保各项重大任务和规划项目落地落实。

（三）加强宣传引导

"酒香也怕巷子深。"三峡库区水文化遗产的保护和利用离不开政府相关部门的宣传和引导。相关部门和机构要持续努力搭建宣传展示平台，拓展三峡库区水文化的推广渠道，积极开展对三峡库区水文化遗产保护传承利用的宣传推广。充分利用人工智能、云计算、大数据等新一代信息技术，积极采用微博、微信、微电影、抖音、快手、小红书等新媒体手段，构建公众参与平台，提升三峡库区水文化的亲和力和影响力。鼓励先行先试、开拓创新，及时总结宣传推广好经验、好做法，注重培育新亮点，强化典型示范引领。加大规划宣传和解读力度，用规划目标凝聚民心、汇集各方力量，创新社会参与机制，营造政府、市场、社会协同推进的良好氛围，形成三峡库区水文化的强大合力。统筹利用多种渠道，发挥各类行业协会、公益组织和社会团体的作用，鼓励沿线景区、旅行社等结成联盟或建立合作机制，联合开展宣传推广，形成全球知名的中国水文化品牌。

（四）推动规划落实

针对三峡库区内各省市、各县区普遍存在的各自为政、统筹协调能力不强、规划"落实难"等问题，相关部门应采取以下措施：

1. 认真贯彻国家规划，加强对下级规划的指导和约束

三峡库区湖北段、重庆段要积极贯彻落实国家规划总体要求、空间布局和重点任务，加强对三峡库区水文化带建设的各类专项规划和市县规划的指导和约束。加强与国民经济和社会发展规划、国土空间规划、生态环境保护规划、文物保护规划、自然保护地规划等的相互衔接，建立"多规合一"的体制机制，形成规划实施的整体合力。

2. 严格落实奖惩机制，督促规划落地落实

省级相关行业主管部门要按照国家要求加快制定水文化遗产保护传承、河道水系治理管护、生态环境保护修复、文化和旅游融合发展等专项规划，建立三峡库区水文化建设的奖惩机制，适时对规划实施情况进行中期评估，规划实施期满时组织开展终期评估。三峡库区内各县区要抓紧制定出台本地区的实施方案，强化多层次、多形式沟通，共建基础设施、共抓服务配套、共塑三峡品牌，增强三峡库区水文化保护传承利用的协同性。三峡库区内各县区要健全监督检查工作机制，定期开展自查，及时反映重大进展、重大问题和意见建议。

（五）发挥智库力量

三峡库区水文化遗产的保护、传承和利用需要全社会共同努力，健全人才体系、完善智力支撑、发挥智库力量，这些无疑是其中的关键因素。相比于江苏、浙江等省份，三峡库区水文化遗产的研究相对薄弱，理论服务现实的功能不明显。切实发挥湖北省三峡文化研究会、重庆市三峡文化研究会、重庆三峡文化与社会发展研究院、三峡文化与经济社会发展研究中心、重庆市社会科学院、湖北省社会科学院、宜昌市社会科学界联合会、恩施土家族苗族自治州社会科学界联合会等重要学术智库的作用，整合高等院校、科研院所、学术社团等资源，打造三峡水文化研究平台，择机成立三峡库区水文化研究院，形成具有全国乃至世界影响力的水文化研究高地。完善人才服务体系，整合公共就业和人才服

务信息平台，开展区域人才资源交流合作。完善公共就业服务体系，实现跨区域资质互认，促进人才资源合理流动和有效配置。推进多种形式的教育合作，开展联合办学，打造一批开放共享的职业技能人才培养培训基地。合作成立权威性专业机构，会集水文化遗产保护、非物质水文化遗产传承、文旅开发方面的专门人才。

（六）创新管理体系

三峡库区各流域管理机构要明确水文化管理机构，明确各人员所负责的具体水文化工作，将水文化工作纳入各级单位年度工作计划。积极构建中央与三峡地方联动的水文化管理网络体系，建立水文化联络员机制。各级水行政主管部门要结合本地实际，健全水文化工作机制，明确负责水文化工作的机构和具体职责任务，细化工作方案。积极创新协作途径，鼓励和动员更多的单位和个人参与水文化建设，形成政府主导、水利部门统筹实施、宣传部门组织协调、有关部门分工协作和公众共同参与的水文化工作格局。建立重大水文化建设咨询机制，建立不同层次的多学科、跨领域的水文化专家咨询委员会，为水文化建设提供智力支持。

第五章　三峡库区水文化遗产的开发利用

　　有着"黄金水道"美誉的长江是我国东、中、西部的航运"大动脉"，是我国经济价值最高的河流。千百年来，它不仅滋养了华夏儿女，也孕育了璀璨的长江文化。长江流域水资源总量达 9958 亿立方米，占全国水资源总量的 35%。通过南水北调工程，流域内 4.59 亿人口和北方近 1 亿人口都饮用长江水，保证了华北地区的供水，长江也成了中国最重要的水源地。三峡库区作为长江流域的重要组成部分，三峡库区各民族人民在感悟和适应水状态、利用水资源、改造水环境、依水构筑自己的生计模式和生存家园过程中产生了大量水文化，遗留下来丰富的水文化遗产，具有重要的多维价值。新时代，对三峡库区水文化遗产，我们需要加以开发利用，在保护中开发，在开发中保护，在开发利用中发挥三峡库区水文化遗产的价值。

第一节　三峡库区水文化遗产开发利用的重要意义

　　水是生命之源、生产之要、生态之基。兴水利、除水害事关人类生存、经济发展、社会进步，历来是兴国安邦的大事。水也是人类文明的源泉，从一定意义上讲，中华民族悠久的文明史就是一部兴水利、除水害的历史。在长期的治水实践中，中华民族不仅创造了巨大的物质财富，也创造了宝贵的精神财富，形成了独特而丰富的水文化。水文化是中华文化和民族精神的重要组成部分。在当代中国进入全面建成小康社会、实现第一个百年奋斗目标，开启全面建设社会主义现代化国家新征程的关键时期和深化改革开放、加快转变经济发展方式，实现中华民族伟大复兴的攻坚时期，在中共中央、国务院做出加快水利改革发展决定的重要时刻，在我国全面推动社会主义文化大发展、大繁荣的热潮中，水文化建设不仅迎来了难得的发展机遇，而且对推动水利又好又快发展显示越来越重要的支撑作用。

一、保护利用好水文化遗产有利于推动三峡库区水利事业又好又快发展

产业的发展离不开资源支撑，如果没有资源，就好比巧妇难为无米之炊，一切皆无从谈起。文化经济的发展，需要文化资源提供保障。水文化遗产是我国一项十分重要的文化资源，很久之前，水文化遗产就被用作旅游资源进行开发，体现了水文化遗产具有转化为巨大经济价值和社会价值的属性。水文化遗产的保护利用可以创造经济效益。同时，在当今社会，文化资源自身的发展不可能离开经济，没有经济来源，水文化遗产得不到保护与传承，水文化得不到继承和发扬，水文化便会衰落。因此，水文化遗产的保护利用是有利于文化经济发展和文化资源自身可持续发展的举措，实属必要。

水利是国民经济和社会发展的重要基础和命脉，建设可持续发展的水利事业，迫切需要由先进的文化来引领，大力提高行业的文化与科技水平。先进的水文化是促进水利事业可持续发展，早日实现水利现代化的灵魂和强大动力。有助于转变三峡库区治水理念，促进水利事业高质量发展；有助于提高三峡库区水利队伍的综合素质，培养高素质的水利人；有助于推动三峡库区科技、管理创新，实现水利事业高质量发展。

二、保护利用好水文化遗产有利于促进三峡库区国民经济又好又快发展

建设好水文化，发掘好水文化遗产，能有力推动三峡库区经济由高速增长阶段转向高质量发展阶段，不断满足人民群众日益增长的美好生活需要，增进民生福祉。以"科学、和谐、民本、责任"为核心价值的现代水文化遗产建设能积极促进水利事业的可持续发展，可持续的水资源和蓬勃发展的水电事业，为抗御干旱、改善人民生活奠定了坚实基础，有力促进了三峡库区工农业的发展，推动了水利经济发展和旅游经济发展，对社会经济发展战略有着举足轻重的作用。

三、保护利用好水文化遗产有利于展示三峡库区生态文明良好形象

三峡库区具有得天独厚的生态优势，水资源丰富，雨量充沛，江河、湖泊众多。大力开发水文化遗产必将提升三峡库区的整体形象，展现三峡气质，增强其竞争力。有助于三峡库区生态战略的发展，有助于构建三峡库区人水和谐的"宜居工程"，有助于三峡库区精神文明建设。

四、保护利用好水文化遗产有利于推动三峡库区水文化大发展、大繁荣

习近平总书记在党的十九大报告中指出，要坚定文化自信，推动社会主义文化繁荣兴盛。没有高度的文化自信，没有文化的繁荣兴盛，就没有中华民族伟大复兴。要坚持中国特色社会主义文化发展道路，激发全民族文化创造活力，建设社会主义文化强国。

水文化建设是社会主义文化建设的重要组成部分，水文化的繁荣发展是社会主义文化大发展、大繁荣的内在要求。三峡库区各部门应认真贯彻中央关于文化建设的战略部署，坚持社会主义先进文化的方向，把握文化发展规律，顺应时代发展和水利实践要求，正确处理三峡库区水文化建设与水利事业之间的关系，更加自觉主动推进水文化建设，把水

文化建设作为可持续发展水利事业的重要组成部分，以水文化遗产的开发利用促进三峡库区水文化大发展、大繁荣，树立高度的文化自觉和文化自信，扎实推进三峡库区水文化建设。

第二节　三峡库区水文化遗产开发利用的基本原则

一、坚持社会主义先进文化发展方向

把水文化遗产建设纳入社会主义文化建设体系中，坚持"为人民服务、为社会主义服务"的根本方向，坚持"百花齐放、百家争鸣"的基本方针，结合水利实践，既要弘扬主旋律，又要提倡多样化，营造百花齐放、姹紫嫣红、健康向上的水文化遗产繁荣发展的新局面。

二、坚持以人为本、人水和谐

坚持以人民为中心的发展思想和工作导向，发挥人民群众在水文化遗产建设中的主体作用。坚持以文化民、以文育民、以文惠民，用大众喜闻乐见的方式获得最广泛的群众基础，动员各方力量参与水文化遗产建设。从治水实践中及时总结、培育和提炼水文化，注重运用水文化成果促进水利事业发展，更好地满足广大人民对美好生活的新期待。

三、坚持统筹规划，多元发展

突出顶层设计，坚持规划先行，注重跨地区、跨部门密切协作，加强与区域和流域发展战略、各类法律法规、制度规范的有效衔接，形成上下联动、整体推进的工作合力。统筹考虑三峡库区的地域广泛性、文化多样性、资源差异性，推进分类施策、分步实施。倡导百家争鸣、百花齐放，不断丰富水文化遗产的内涵和外延，促进水文化事业的繁荣与多元发展。

四、坚持继承创新，强化保护

既要积极从中国传统水文化中汲取精华，从世界各民族优秀水文化中借鉴经验，又要及时吸收新鲜养分，充实时代元素，与时代进步同行，与水利发展同步。在水利建设中，要保护历史文化遗产及其所依存的地形地貌、河湖水系等自然景观环境，禁止对水文化遗产大拆大建、拆真建假。在对具有历史文化属性、革命文化属性的水利工程进行修缮养护、改建扩建时，要保护原有外观风貌、典型构件，传承传统水利智慧，切实保护好反映重要历史事件、凝聚社会公众情感记忆的既有工程。

五、坚持稳妥推进，重点建设

水文化遗产建设是一项全新的宏伟的系统工程，必须本着长远规划与阶段性发展相结合的思路，始终把提高人的文化素质和道德修养放在首位，最大限度发挥水文化引领水利事业、教育广大水利职工、推进现代水利发展的社会功能，立足现实、循序渐进，突出重点、整体推进。

第三节　三峡库区水文化遗产开发利用的路径选择

如何选择三峡库区水文化遗产保护利用的路径？选择好一个切入点来加强现代水文化遗产建设至关重要。水利文化遗产是水文化遗产的主体，要将水文化遗产建设的重点放在行业水文化遗产建设上，提高以行业文化软实力为重点的核心竞争力，推动水利事业又好又快发展。

以人水和谐理念为核心，坚持"献身、负责、求实"的水利精神，在马克思主义文化观的指导下，弘扬传统水文化，吸取新时代积极的文化观念和文化要素，总结治水思路，优化水文化遗产结构，探索有效的建设路径，使其更能体现民族性与时代性的统一、稳定性与适应性的统一、科学性与价值性的统一、理论创新与实践创新的统一。注重系统性建设，既要注重三峡库区水工程文化、水设施文化等物质水文化建设，也要统筹三峡库区水制度体系建设和水精神文明建设。

一、搞好"精神树人"工程，加强三峡库区精神形态水文化遗产建设

精神是灵魂的，是思想的，是意识形态的，是价值观念的，也是人文情怀的。精神形态水文化是深层文化，也称精神层或心理观念层文化。它是水文化的核心和灵魂，是形成水文化的物质层与制度层的基础和原因，是人们在驯服水、治理水、认识水、观赏水的实践中所形成的价值观念、情感意志和思维方式等意识形态的总和。它时时处处主导着水文化遗产的发展，制约着人类在生存实践中关于水的一切选择、一切愿望以及行为的方法和目标，从而调节和指导着人们具体的水事行为。其内容十分丰富，主要包含与水有关的哲学思想、民族传统、行业精神、行业理念、价值取向和道德规范等观念形态。

（一）遵循科学发展观，树立先进治水理念

视野改变世界，思路决定出路，价值指引方向。水危机的产生正是人类社会水文化发展滞后和缺失的产物。要做到趋利避害，就要掌握以下治水理念：

（1）识水理念——由"水利文化"走向"利水文化"，突出水伦理，实现生态水利。在水利工程建设和河道治理工程中，转变观念，突出多样性和生态性；在水利工程的各个环节注入生态环境保护意识；节约用水是生态水利的长久之策，也是缓解三峡库区部分区域缺水状况的当务之急。

（2）治洪理念——由"控制洪水"走向"管理洪水"，突出风险管理，实现安全水利。

（3）治水理念——从"工程水利"走向"资源水利"，突出可持续，实现和谐水利。

（4）管水理念——从"供水管理"走向"需水管理"，突出以人为本，实现民生水利。

（5）护水理念——从"不自觉被动"走向"自觉主动"，突出高效用水，实现全民水利。

（6）工程理念——从"单一功能"走向"复合功能"，突出工程价值，实现综合水利。

（二）弘扬优良传统，共筑水利人的精神

面对"洪水横流，泛滥于天下"的水患灾害，从古代明君清官、仁人志士"劳身焦思、闻乐不听、过门不入、冠挂不顾、履遗不蹑"到今天水利人"献身、负责、求实"的行业精神，已经成为推动水利事业与时俱进、创新发展的不竭动力，成为水文化遗产保护利用的思想引领。

（1）"献身、负责、求实"精神是艰巨的水利事业决定水利人应有的精神。

（2）"献身、负责、求实"精神的建设必须融入三峡库区水利实践过程中。

（3）大力倡导和弘扬"献身、负责、求实"精神，努力营造良好的水文化环境。

（三）强化终身学习，塑造追求真理的精神

面对水文化遗产发展的新阶段、新任务，丰富的水文化遗产理论功底和厚实的水文化遗产底蕴是做好水文化遗产保护利用工作的基础。在学习教育中应坚持政治与业务相结合原则、学用一致原则、讲求实效原则，把教育目标系统化、教育工作经常化、教育内容丰富化、教育过程阶段化、教育形式多样化。

（1）发掘和研究水文化遗产，培养爱国情感，增强民族凝聚力。

（2）研究水利先进人物，培养良好的职业道德和敬业精神，增强水利人的历史使命感。

（3）研究人水和谐相处，培养亲水、爱水意识。

（4）学习和研究治水思想，培养科技素养。

（5）学习水文化遗产中高尚的思想和精神，形成积极的人生态度。

二、搞好"机制创新"工程，加强三峡库区制度形态水文化遗产建设

纵观人类历史，审视社会现实，制度文化的变迁和发展主导和制约着精神文化和物质文化的变迁和发展。制度水文化遗产是以法律形态、组织形态和管理形态构成的水文化遗产，是整个水文化遗产体系的关键性环节。因此，在三峡库区水文化遗产建设过程中，必须紧紧抓住影响和制约实现水文化遗产科学发展的关键问题和深层次问题，努力从体制、机制和制度上寻找解决之道，消除制约水文化遗产发展的体制、机制障碍，加快构建充满活力、富有效率、更加开发、更有利于科学发展的体制、机制和制度，推动制度形态水文化遗产高质量发展。

（一）建立适应市场经济体制的水务管理体制，确保统一管水

水管理体制与当地的水资源自然条件、水资源开发利用程度以及社会经济体制紧密地结合在一起。要以生态平衡为基点，打破城市与农村，地表水与地下水，水量与水质，取水、供水、排水与污水处理等水管理的界限，建立起统一规划、统一调度，统筹生活、生产、生态用水，实现水利管理的制度化、规范化、法制化、科学化、公开化，大力提高管理效率和管理水平，以保证水资源的可持续利用。

（二）建立适应水生态建设的社会管理体制，确保全民惜水

水是一种流动的珍贵资源，对它的使用往往难以实现天然的公平，因此需要社会性的管理和调配。建立组织协调机制，建立水生态建设的约束和激励机制、监督机制，建立突发水生态破坏和重大环境污染事件的应急机制，建立有效的节水型社会管理机制；科学编制节水规划，实行用水定额管理，完善水价机制，加大节水力度，加强节水宣传，推动

三峡库区制度形态水文化遗产建设。

（三）建立健全水法律法规体系，确保依法治水

随着人类社会法制化进程的加快，法律成为社会管理的重要手段。人们将水工程管理的实践经验加以制度化，以法律的形式表现出来，就形成了水法律法规制度。要继续完善水法律法规体系，加强水法律法规实施，健全预防和化解矛盾的工作机制，深化水行政审批制度改革，深入开展水利法治宣传教育。

（四）建立创新型人才培育体制，确保科技兴水

在各级党的坚强领导下，三峡库区要增加创新型人才经费投入，引入竞争机制，建立以能力、业绩为导向的人才评价机制，建立创新型人才培育工作"一把手"负责制，推行职业生涯设计，引导创新型人才全面发展，推动制度形态水文化遗产建设在创新型人才培育体制上生根发芽。

（五）建立水环境保障体系，确保生态、经济和饮用水安全

以水资源的可持续利用保障社会、经济、生态的可持续发展，促进和谐社会建设。加强三峡库区饮用水水源地保护，为供水安全提供保障，统筹考虑供水与污水处理，加快实施一批水污染治理重大项目，建立多元化投入机制，营造良好的产业政策氛围，加快实施水专项，切实提高科技支撑水平。

（六）建立防汛抗旱、减灾救灾保障体系，确保社会安全

随着气候变化，水患增多，三峡库区要始终把确保人民生命安全和维护社会稳定放在首位，加大江河湖库治理力度，加强重点蓄滞洪区建设，加快紧急避险安置区建设及抗旱应急水源工程建设，加强防汛抗旱指挥系统、预警系统及水文监测站网建设，制定科学的防洪方案、调度方案和抗旱预案，健全防汛抗旱物资储备保障体系，完善应急联动机制，

建立有效的水旱灾害保险制度，减少灾害损失，形成"防御体系健全、水利设施配套、保障措施到位、减灾效益明显"的保障体系，保障社会安全。

三、搞好"人水和谐"工程，加强三峡库区行为和物态水文化遗产建设

苏联学者弗·让·凯勒在《文化的本质与历程》一书中指出："文化不是物，但它却是一种为物所客观固有的东西，是可感觉而又超感觉的物，是物的特殊的——不是自然的，而是社会赋予的——存在方式。"水文化也同样如此。加强水文化遗产建设必然涉及其物质层面的文化，即水文化的外显形态。通过搞好"人水和谐"工程，加强三峡库区行为和物态水文化遗产建设。

（一）行为层面：抓好"形象塑造"工程，加强行为水文化遗产建设

行为水文化遗产是人们在水事活动中表现出来的一种文化修养和行为品质。要坚持科学治水，树立可信的形象；坚持服务群众，树立可亲的形象；坚持实干创新，树立可敬的形象；坚持依法治水，树立执法的形象；坚持团结治水，树立团结的形象；坚持反腐倡廉，树立廉洁的形象。

（二）物质层面：抓好"水利物质"工程，加强物态水文化遗产建设

物态水文化遗产是水形态、水环境、水工程和水工具等水物质形态所蕴含的人文气质与内涵，是水文化遗产的物质载体。在物态水文化遗产建设过程中，要遵循"富有文化底蕴、再现人文精神"的原则，便于科学管理、统筹规划、经济实用，建设好物质水文化遗产。抓好治水工程建设，突出文化品位；注重河流健康建设，突出生态文化；重视水

环境的自然和谐状态，突显人水共生格局；搞好水景观建设，突出人水和谐。

第四节　三峡库区水文化遗产开发利用的主要举措

一、基于经济发展环境的水文化遗产开发利用

良好的经济发展环境是水文化遗产得以保护和开发的基础，经济功能的有序发挥也是吸引人才、资本的良好因素。

（一）水文化遗产开发利用与城镇化建设相结合

水文化遗产保护开发是城镇化建设中的资源保护开发，应遵循城乡功能差异与发展规划相适应的原则。遵循城乡功能差异的文化分区，积极发挥城镇在文化引领、技术支持、管理制度上的优势，最大限度保存与维护重要的水文化遗产。

（二）水文化遗产开发利用与社会发展规划相结合

社会发展应坚持全局观念，统筹规划水文化遗产保护工作。既立足长远，将水文化遗产保护事业纳入国民经济和社会发展规划，又切实可行、循序渐进。水文化遗产开发利用与历史文化名村名镇建设、传统村落保护、民间文化艺术之乡建设相结合。

（三）水文化遗产开发利用与文化旅游、文化产业开发相结合

水文化遗产开发利用应与文化产业适度结合，获取一定的经济效益与社会效益，从而反哺水文化遗产的发展。要促进文化与旅游的融合，更应高度重视自然与人文的融合，水文化为旅游行业增加灵魂，旅游行业为保护水文化而广开途径。

二、基于体制机制的水文化遗产开发利用

（一）建立设计科学的开发利用机制

建立历史保护与发展需求相适应，横向联合和纵向联动的水文化遗产开发利用机制。保护为主，抢救第一，建立预保护制度。水文化遗产开发利用的一个主要困境就是在城市发展背景下，有时文化的保护与发展之间直接存在着矛盾，缺乏保护的原动力。通过提升历史文化意识，准确定位以历史文化为基点的区域功能。尤其在三峡库区某些水文化遗产资源相对丰富、工业发展相对缓慢的地区，应积极进行水文化型城市的内涵发展，寻求水文化产业与传统工业的融合，促进资源保护与价值实现的统一。

（二）建立完善有效的保护管理制度

首先，做好水文化遗产资源调查，重视田野调查的基础性工作，提倡开展体验式研究。普查摸底是做好水文化遗产资源保护的基础性工作，不仅需要对资源本体的种类数量、分布状况等进行调查，还需要对其存续现状、历史渊源等进行掌握，对普查线索进一步分析，适时转化为项目。以深入情景体验式的研究态度，深入特定文化氛围进行调查，充分利用现代化的电子设备、媒体手段、GIS等新工具。尽量做到真实全面、系统客观，建立档案数据库，为重点的保护工作奠定良好的基础。其次，完善各层级相关法规，加大执法检查力度。水文化遗产的保护，尤其非物质水文化遗产保护工程是近年来兴起的全新事业，保护工作中的许多问题主要依靠国际和国家层面的相关法律法规得以解决。一来这些法律条款存在不完善的地方，二来对县市级水文化遗产保护存在对接、细化的问题。此外，还需要加强水文化遗产保护的法律监督，有法必依，加强对相关法规实施情况的执法检查。加强水文化遗产保护司法工作，及时受理水文化遗产保护方面的民事、行政、刑事案件，依法严厉查处违法犯罪行为。

三、基于文化自觉的水文化遗产开发利用

从目前水文化遗产开发利用的现状来看，我国还处于保护开发的初始阶段，在很大程度上还依赖政府力量。尤其在县域一级中，水文化遗产的保护与开发似乎成了政府的职责，民众的力量并未被真正调动起来。水文化遗产的保护与开发是一项浩大烦琐的系统工程，其传承与发展需要整个社会的参与和支持，与民众生活息息相关。人民只有加强自身对民族文化的认同、肯定和坚守，在深刻文化自觉的基础上，才能有坚定的文化自信。

（一）加大基础投入，营造氛围

以国家公共文化服务体系建设为依托，文化惠民。自觉加大对水文化基础设施的投入，促进博物馆等文化场馆的建设与升级。结合专题展览、实地体验，使博物馆、民俗街都成为地域特色水文化的展示地。加强县级场馆和分馆建设，推进精准服务，实现服务重心下移，让基层群众充分享受水文化发展的成果。

（二）借助科学技术，共享资源

现代科学技术为信息保存记录提供了技术支撑，实现水文化遗产数字化，这既是数据的记录，也是过程的记录。重视水文化事业的公共服务性，让水文化遗产重新鲜活起来，走进我们的生活。在信息化浪潮中"文"享生活，实现水文化遗产网络化。

（三）重视教育培养，专业引导

一方面，充分发挥高校、专业机构的智库支持和人才培养作用。充分发挥各相关单位和机构的优势和资源，建立有效的联动机制，通过成立水文化协会、创建水文化馆校共建合作和水文化科普教育基地等形式，搭建开放型的学术整合与协作平台。水利部门要加强与文化旅游部门的联系，借助行业外力量，乃至国外水文化遗产保护相关机构和组织的资

源、经验、科研力量，积极吸收相关优秀文化成果，服务水文化遗产保护和传承工作。积极参与水文化遗产保护国际对话与交流合作，宣传水文化遗产保护成果。另一方面，重视基础教育培养，主动建立水文化主体与区域文化资源之间的情感联系，重视体验教学，强化乡土特色，让水文化教育走进中小学校。

除了教育机构、专业机构的专业教育，志愿者的引导宣传也是有效的辅助。一方面，应多方招募、特色培养，组建一支责任心强、业务素质高、服务水平高的水文化遗产保护利用兼职队伍；另一方面，应有意识地建立水文化志愿者的管理和激励制度，完善配套措施，吸引更多人加入水文化遗产保护利用队伍，鼓励更多人做好水文化遗产保护利用工作。通过志愿者的管理工作、展示演出、讲解宣传，以点带面，丰富基层民众的文化生活，增强水文化的发展活力，不断提高民众的文化自觉意识。

四、水文化遗产开发利用的保障措施

（一）做好水文化遗产利用规划

水文化遗产是不可再生、不可替代的珍贵资源，是水文化生态系统的重要组成部分。要在制度和政策等层面上保护水文化环境，关注水文化生成、发展和保护之间的历史传承关系，改善自然、经济、社会制度和传承人之间的水文化生态[1]。水文化遗产保护和利用是一件专业性很强、涉及面很广的工作。各市、区、县应根据各地历史情况、文化条件、自然环境等因素，制定本地区水文化遗产开发利用的整体规划。在国家文化保护工程、总体规划的框架下，积极制定区域水文化保护规划，使具体保护工作有法可依、有章可循。

---

①涂师平,王磊,金柯洁,等.重庆水文化遗产保护[M].北京:中国水利水电出版社,2019.

（二）建立有效的组织管理体系

目前，文物由国家文物局主管，非物质文化遗产、风景名胜区、A级景区由文旅部门主管，自然遗产由建设部门主管，水利风景区由水利部门主管，世界记忆遗产由国家档案局主管，很容易出现管理机构的职能重叠以及多头管理的现象。有效的组织体系是实施水文化遗产保护的重要前提。有专门的组织分层分级地进行系统管理，这几乎是很多发达国家文化遗产保护的共性。意大利有国家文化遗产部，日本有文物保护行政管理部门和城市规划行政管理部门，韩国则有文化遗产委员会。因而，设立专门的保护机构，建立垂直管理体系，建立相应的监督制度，如成立专门的水文化遗产委员会，更能对水文化遗产行使统一、高效的管理。明确各个部门的分工和权责，建立更为科学的评价体系和名录制度。多元的文化需要多元的评价机制，更需要搭建一种平等的多元对话平台，建立健全的评审制度和合理的工作流程。

（三）采取科学的分级保护措施

在我国，水文化遗产主要采取属地管理的原则，水文化遗产的管理水平与所在地的行政级别有很大关系。管理工作中专业性的相对匮乏，使得一些世界级水文化遗产可能面临低水平的管理，将严重影响其保护与开发水平。水文化遗产保护与开发工作由各级政府主导，在取得丰硕成果的同时，也存在政府行为过度渗透、评判标准难以量化、专家评定有失客观等问题。意大利的文物保护、日本的文化资源保护都划分有若干个等级，相应采取不同的具体措施。借鉴国外的先进经验，可以将水文化遗产按照其价值分为不同等级，实行不同的保护管理标准。同时，从制度层面，明确各级政府、各相关主体在文化资源管理上的权、责、利，明确职责、分工协作。

（四）做好专项资金的统筹运用

在保护利用资金的来源方面，努力形成以政府为主导的多元主体参与的保护利用机制。继续加大投入，统筹运用政府专项资金。积极争取上级政策、项目和经费支持。目前中国的现状是非发达地区的县域文化保护经费有限，外地嵌入的可能性也十分有限，更需要做好经费预算、拓宽渠道、多方争取。例如资源发展环境相对较差的三峡宜昌库区和恩施库区应抢抓鄂西文化生态旅游圈、对口支援、长江经济带开放开发战略调整等历史机遇，积极嫁接项目，努力拓宽渠道。加大本级财政保护专项经费投入，逐步探索建立本地区水文化遗产保护基金。拓展资金来源，完善社会化运作机制。调动非政府组织、社会团体、企业和个人参与水文化遗产保护利用的积极性，争取社会出资支持保护工作。适时采取建立公益性项目财政补助等政策措施，使社会资本对水文化遗产投入能得到合理回报。鼓励各方赞助，吸纳民间资本，推动社会化运作。经费保障是水文化发展、传承的重要因素。根据各地实际，应适当安排保护专项资金，并制定审核制度。加强监督与管理，保证专款专用，提高效益。鉴于非物质水文化遗产传承人的重要作用，坚持对各级传承人给予适当的传承经费补助，提供经济生活保障和社会福利保障，以体现人文关怀，促进活态传承。组织表彰奖励注重过程化管理，不断提升传承人的社会地位与名誉声望。同时要加大对乡镇一级文化站开展水文化保护工作的扶持力度，为基层单位开展水文化保护工作提供有力保障。

（五）积极参与国际交流与合作

重视深化三峡库区水文化遗产的国际交流与合作，努力推广三峡库区水文化，提高其国际认可度，以巩固和提升三峡库区水文化的影响力。同时，以国际视野为起点，为相关交叉学术研究和国际合作建立一个新的平台，推动三峡库区水文化遗产的保护和可持续发展。

（六）加快水文化遗产的数字化

目前，三峡库区水文化遗产调查的有关信息数据一般以纸质为主，电子数据相对分散不成系统，在办公电脑更换和遗产调查人员换岗离职等多种因素的影响下，本就分散的水文化遗产数据随时面临着缺失的风险。随着经济社会的快速发展，以及信息技术的不断更新换代，三峡库区水文化遗产的有关信息档案亟待进行统一有效的整合和提升，要充分引入高科技设施装备和智能化、信息化的管理手段，建立三峡库区水文化遗产数字化管理平台，通过建立遗产信息电子数据库，逐步实现遗产数据的云存储，便于信息的检索查询，以进一步提高水文化遗产信息资料的管理、利用效率。

（七）构建水文化遗产廊道

三峡库区水文化遗产廊道是串联三峡库区各个区县水文化遗产，并将其相关联要素、周边环境和社会基础设施整合的文化遗产整体性保护利用方式①。三峡库区水文化遗产数量众多、品类丰富，其空间分布看似零散无序，实质上并非单纯的集聚分布，而是经过一系列的历史、社会变革遗留下来的有机整体，它们见证了三峡库区在历史长河中的发展与变迁，承载着数千年的历史文化内涵。构建三峡库区水文化遗产廊道应采取整体而非局部的观点，构建遗产廊道这种多目标综合开发利用体系对三峡库区的水文化遗产保护、旅游发展、经济振兴等有重要意义。构建三峡库区水文化遗产廊道的主要目标是对三峡地区内的水文化遗产进行整体性保护与利用，使其在顺应社会时代发展的潮流中，充分展现其所蕴含的历史文化魅力。

（八）提升水文化遗产开发利用的可持续性

保护是为了实现可持续的利用，利用是在综合性保护基础上的开发。关注各类文化遗产中的水利元素，突出水利特色，把水文化遗产开发利用融入地区社会发展，与地域文化、民族风情、传统习俗等相结合，实行原地保护、动态保护、整体开发、综合利用。按照"水文化遗产保护

---

① 刘璐.三峡库区文化遗产空间分布及遗产廊道构建研究 [D]. 重庆 : 重庆理工大学 ,2019.

人人参与，保护成果人人共享"的理念，水文化遗产开发利用应尽量做到惠及民生，美化当地人民的生活空间，丰富当地人民的精神文化生活。水利工程、水利风景区也要挖掘、展示人文传统、文化故事，提升文化品位。

第六章　三峡库区水文化遗产保护与利用的个案研究

第一节　三峡库区水文化遗产保护利用与乡村振兴

乡村是具有自然、社会、经济特征的地域综合体，兼具生活、生产、文化、生态等多重功能。2013年"中央一号文件"提出建设"美丽乡村"的奋斗目标。习近平同志在党的十九大报告中提出"乡村振兴战略"。乡村振兴具有十分丰富的内涵，包括产业兴旺、生态宜居、乡风文明、治理有效、生活富裕等。2018年"中央一号文件"公布《中共中央 国务院关于实施乡村振兴战略的意见》，提出必须传承发展提升农耕文明，走乡村文化兴盛之路是实现乡村振兴的路径之一。习近平总书记在党的二十大报告中再次对推进乡村振兴作出了深刻论述和全面部署。他深刻论述了乡村振兴在国家现代化建设全局中的地位和在工农、城乡总体布局中的位置，明确提出了乡村振兴的总要求和总目标，这就是"加快建设农业强国，扎实推进乡村产业、人才、文化、生态、组织振兴"。把文化振兴摆在乡村振兴的突出重要位置。因此，在实施乡村振兴战略中，需要注重发挥文化的作用，以文化建设助力乡村振兴。

为了更好地贯彻落实党的"乡村振兴战略"和水利部《水文化建设规划纲要》，作为乡村重要文化之一的水文化，如何将其融入乡村振兴的建设中，体现乡村历史文化积淀，展现乡村特色，丰富美丽乡村内涵，传承优秀乡土文化，助力乡村振兴显得十分重要。水文化作为乡村文化的重要组成部分，为贯彻落实"乡村振兴战略"，将水文化和"美丽乡村"的景观建设、旅游建设结合起来探讨必不可少。

一、三峡库区水文化遗产开发利用与乡村振兴的关系

三峡库区治水的历史源远流长，水文化遗产资源底蕴浓厚，数量和类型丰富，水文化遗产是反映和见证人水关系的重要载体。水文化遗产包括物质水文化遗产和非物质水文化遗产。其中，物质水文化遗产是具有历史、艺术和科学价值的文物，包括古渡口、古桥、古井、古建筑、古庙宇、石刻、碑文、近现代重要史迹及代表性建筑等不可移动文物，历史上各时代的重要水利工具、艺术品、文献、图书资料等可移动文物。非物质水文化遗产是指各种以非物质形态存在的与群众生活密切相关、世代相承的文化表现形式，包括口头流传、传统表演艺术、民俗活动和礼仪与节庆、有关自然界和宇宙的民间传统知识和实践、传统手工艺技能等以及与上述传统文化表现形式相关的文化空间[①]。这些水文化遗产涉及乡村百姓的日常生活，与生活饮水、农田灌溉、水利交通等方面息息相关，它们汇集了乡村百姓的智慧与劳动，是朴实的乡村文化基础和典型特色代表，是乡村从古到今的文化积淀。因此，水文化是临水乡村建设、乡村振兴的重要文化支撑，是乡村文化的核心之一，水文化的建设是三峡库区乡村建设和振兴的重要一环。

二、水文化遗产开发利用在三峡库区乡村振兴中的意义

党中央、国务院高度重视文化遗产保护与公共文化服务工作。习近平总书记在各种场合反复强调文化遗产保护利用和传承优秀传统文化的重要意义，并做出一系列重要指示。他指出，要让收藏在博物馆里的文物、陈列在广阔大地上的遗产、书写在古籍里的文字都"活"起来，努力走出一

---

① 周丹丹 . 基于乡村振兴的水文化建设——以安吉县西苕溪流域为例 [J]. 浙江水利科技 ,2020,48(02):1-4.

条符合国情的文物保护利用之路。

水文化遗产是人类水事活动的遗存物，具有重要的历史文化价值、科技和经济价值。把水文化建设融入乡村建设中，水文化以乡村文化景观建设为载体进行保护开发利用，让水文化"活"起来，展示出来，传承下来，这是强化乡村记忆、留住共有精神家园的基础，是满足乡村人民群众日益增长的精神文化需求，助推乡村振兴战略的关键要素。同时，乡村建设中注入水文化能够彰显水文化遗产的价值和功能，使乡村的建设更富有文化内涵和特色，对乡村旅游和乡村经济发展具有推动作用，对树立特色乡村形象具有重要意义。

（一）水文化遗产是三峡库区乡村振兴凝心聚力的黏合剂和发动机

虽然乡村振兴被写进了国家战略，政府作为国家的代表要在方方面面给予大力扶持，投入人力、财力、物力，但是，乡村振兴的内生动力必须来自广大农民，只有广大农民的积极性和主动性被充分激发，乡村振兴才有可能实现[①]。没有来自乡村的内生动力，仅靠外力的推动，乡村无法获得自我生长的力量。这种力量来自哪里？来自年轻人对乡村未来的信心。只有当年轻人看到希望，乡村的未来才有希望。年轻人只有对乡土文化的当代价值和未来价值有足够的认知与共识，才可能在乡土文化的智慧积累中看到未来明亮的生长点，才可能激发他们传承和发展乡土文化，参与到乡村振兴的历史潮流中来。千百年来，三峡库区发展出了众多水文化，不管人们走到哪里，只有水文化是从小就种在人们心中的种子，不论年龄，只要曾经生活在同一片土地，人们的感受就是共同的。

（二）水文化是三峡库区特色乡村文明的重要构成要素

在党的十九大关于乡村振兴的总要求中，无论是产业兴旺、生态宜居，还是乡风文明、治理有效、生活富裕，都离不开当地乡土文化的支

---

①索晓霞.乡村振兴战略下的乡土文化价值再认识[J].贵州社会科学,2018(01):4-10.

撑①。产业兴旺、生活富裕离不开对乡土文化若干代人经验积累的地方性知识的利用；生态宜居离不开乡土文化中处理人与自然之间的关系时敬畏自然、顺应自然、保护自然、利用自然的文化传统，离不开艰苦奋斗、自强不息的乡土风骨；乡风文明更离不开对乡土文化中孝悌忠信、礼义廉耻的荣辱观念的代代相传，离不开尊老爱幼、邻里相帮、积极向善等传统美德的弘扬。另外，乡土文化所呈现的文化多样性和生物多样性也为中国特色的乡村文明建设提供了和而不同、美美与共的特色文化景观。新农村建设和美丽乡村建设的实践表明，认识到位还需政策到位、管理跟上、制度配套，这样才能有效避免乡村建设中建筑景观千村一面的单调和不伦不类的模仿。三峡库区只有以其最具特色的乡土文化——水文化为支撑，才能避免只重视物质文化的建设，忽视精神文化活动的开展，才能在水文化的丰厚土壤中开出各具特色的乡村文明之花。

（三）水文化是三峡库区生态文明建设离不开的传统文化基因

党的十九大报告中指出："建设生态文明是中华民族永续发展的千年大计。必须树立和践行绿水青山就是金山银山的理念，像对待生命一样对待生态环境。"生态文明建设作为国家战略被提出后，绿色发展理念、绿色生活方式、绿色文化成为一种新的主张。水文化是三峡库区绿色文化构建的传统文化基因，传统临水村落是三峡库区生态文化构建的特色基础平台，水文化在三峡库区农村中具有广泛的群众基础，容易被动员、组织和利用，是绿色文化发展走多样化发展道路的文化依据。把生态文明建设建立在深厚的水文化基础上，会取得事半功倍的效果，而忽视水文化价值另起炉灶的生态文明建设会成为无源之水、无本之木，最终事倍功半。

---

①廖彩荣,陈美球.乡村振兴战略的理论逻辑、科学内涵与实现路径[J].农林经济管理学报,2017,16(06):795-802.

三、基于三峡库区乡村振兴的水文化遗产开发利用

（一）梳理三峡库区乡村水文化遗产

搜集整理三峡库区的乡村水文化遗产，把握历史和文化内容。针对全区域的水文化遗产进行普查，包括各种物质水文化遗产以及非物质水文化遗产，明确乡村水文化遗产的概念，总结三峡库区乡村水文化遗产的结构特征、空间分布特征以及内涵特征。

（二）加大三峡库区乡村地区水文化遗产传承人的扶持力度

在对三峡库区现有水文化遗产的调查中，我们发现部分山区和一些少数民族聚居的地区经济相对落后，非物质水文化遗产的传承人生活水平偏低，传承人在教授传习的过程中面临缺少传习场所、传习道具、经费不足等多种困难，三峡库区各地政府应作为主导力量，在政策、资金和人力资源等方面向这些地区倾斜，加大对当地水文化遗产传承人和水文化遗产研究团队的扶持力度。对贫困地区有丰富非物质水文化遗产传承经验的年老传承人，在精神上要多给予鼓励和嘉奖，在经济上要多给予补贴，在社会上要多给予应有的职位，彻底解决他们的后顾之忧，使他们可以安心地做好非物质水文化遗产的承接过渡。除此以外，还要充分利用广播、电视、网络等官方媒体，对重要的水文化遗产传承人进行专访和跟踪调查，对水文化遗产的传承和保护做出重大贡献的事迹进行公开报道，或者采用拍纪录片和小视频的方式进行宣传，充分利用新媒体渠道，在社会上营造出全民重视水文化遗产保护与传承的氛围。

（三）发展三峡库区乡村水文化特色旅游

随着乡村地区群众生活条件的逐步改善，群众对美好生活的追求已经不仅仅是物质生活层面的，精神文化生活方面也成为群众生活追求的一个重要方面。乡村旅游业的发展应当与当地的非物质水文化文学、水舞蹈、水民俗和水文化传统竞技体育活动等相结合，充分利用乡村水文

化遗产传承人熟知、擅长的水文化传说故事、民族舞蹈或其他传统表演艺术，适当添加现代旅游元素，并促成二者的有机融合，这样不仅能增添乡村景区的神秘色彩，提高乡村景区的品位和经济收益，反过来还能推动和巩固乡村景区内水文化遗产的生产性保护工作。

（四）创立三峡库区乡村水文化遗产品牌

利用各种新闻媒体对三峡库区乡村具有代表性的水文化遗产项目进行广泛宣传和深度推广，创立乡村非物质水文化遗产地方品牌，充分利用社会资源和有利条件，积极地"走出去"，通过跨地区开展旅游节、博览会和艺术节等方式，让其他地区以及全社会更多的人认识和了解三峡库区乡村水文化遗产品牌。另外也可以充分利用年度"文化遗产日"活动的契机，选择特征突出、影响力较大的乡村水文化遗产项目，针对水文化遗产项目主题组织召开相关的学术论坛，与国内有关领域的专家学者开展学术交流，并在官方媒体同步宣传报道。以文化交流活动为载体，同时进行及时有效的包装宣传，增强乡村水文化遗产品牌的社会感染力和"公众黏性"。

（五）利用现代传媒和科技加大对三峡库区乡村水文化遗产的宣传力度

在保护和传承水文化的同时，也需要创新这种传统文化，使之能适应现代化的生活，容易被现代人接受。基于多元化视角，可以与文化创意、现代传媒或科技相融合，从而使得传统文化能够焕发生机和活力，以新的形势发挥其效益。积极倡导乡村水文化遗产项目传承人利用个人社交平台分享传承水文化遗产的日常场景，让更多人能够了解到三峡库区乡村水文化。

中国水文化博大精深、源远流长，从人民群众的水务实践活动中产生，并在水利事业繁荣发展过程中逐步丰富与深化，衍生出具有更多现实意义和哲学内涵的文化形态，为中华传统文化的传承与弘扬提供了绵延不断的精神成果。但水文化遗产要真正转化为现实的物质成果，必须通过良好的传播机制与传播路径来实现。因此，肩负水文化传承使命、探寻有效的水文化传播策略成为当前提升水利行业文化软实力的重要举措，具体来看，可以从以下几点做起：第一，丰富传播内容，开展水利文学艺术创作；第二，打造文化品牌，创新传播载体；第三，建立传播机制，营造良好的传播环境。

水文化传播是一项长期性、系统性的工程，必须借助长效化机制来提高传播效率、规范传播路径。因此，各地政府应当充分认识水文化传播的重要性，将水文化遗产建设作为生态文明城市建设、旅游经济繁荣的基点，出台相关的优惠政策并制定专项发展战略，为水文化传播创造良好的外部环境。其中，在竞争机制上，为激发水文学创作活力、保持水利工程创新热情，相关部门可以围绕水文化主题设立行业权威性奖项，如水利文学优秀作品奖、水利工程创新开发奖等，促进行业的良性竞争，培养一批优秀的水文化建设队伍；在高端人才队伍建设上，可以结合相关行业的大师评价标准，构建起完善的评估体系和整体规划，授予水利行业的卓越贡献者、文学大师以及著名专家学者等顶尖人才以权威性称号，充分肯定他们做出的贡献，从而吸引更多专业人才参与其中，推动水文化的传播与发展。

第二节　三峡库区水文化遗产保护利用与文旅融合

经过改革开放四十多年的高速发展，中国居民的生活水平大幅提高，居民需求层次不断攀升，旅游需求已经成为国民的基本需求之一。国内旅游市场蓬勃发展的同时，国民旅游需求的个性化、异质性特征凸显，传统的观光旅游需求逐渐向休闲型、体验型、沉浸型旅游需求转型[①]。这

---

① 龙井然，杜姗姗，张景秋 . 文旅融合导向下的乡村振兴发展机制与模式 [J]. 经济地理 ,2021,41(07):222-230.

对旅游供给品质提出了更高要求。文化是旅游的灵魂，文旅融合是提升旅游品质的核心路径，也是实现旅游产品差异化供给的本质保障。三峡库区依托长江拥有得天独厚的自然环境，又拥有类型多样且丰富的水文化遗产，这种独特的水文化遗产能够为三峡库区旅游发展提供最具特色的资源支撑，并赋予旅游更为诗意的水文化内涵。

一、文旅融合的理论概述

（一）文化与旅游融合的基本模式

在浩如烟海的中华文化中，只有部分文化可以被有效开发，成为经济资源并形成产业，与旅游融合在一起，构成文旅产业链。这些文化资源与旅游产业之间或是产业与产业的关系，或是内容与平台的关系，或是灵魂与载体的关系。文化内涵决定了旅游的持续生命力，没有文化的旅游如行尸走肉。当前，文化与旅游的融合主要有以下三种模式 ①：

1. 文化产业交叉式融合模式

文化以"系统"的方式构成文化产业，与旅游产业在空间上聚焦，在内容上交叉，类似产业融合。典型代表如横店影视城，它本身属于文化产业基地，但也是集影视、旅游、休闲度假、观光游览于一体的大型综合性旅游区。

2. 文化产品嵌入式融合模式

文化以"器官"的方式形成独特的文化景观或产品，与其他旅游产品形成互补，共同支撑旅游景区，典型代表是实景演出、"印象系列"。这些产品以地域文化元素为基础，以实景演出为主要方式，形成独立的文化旅游单元，与其他旅游产品相互补充。

3. 文化符号渗入式融合模式

文化以"细胞"的形式融入旅游全产业链中，形成"文化无处不在"

---

① 熊正贤.文旅融合的特征分析与实践路径研究——以重庆涪陵为例 [J]. 长江师范学院学报 ,2017,33(06):38-45,141.

的融通模式，如文化类主题公园、特色文化街等以特定文化为主线，所有的吃、住、游、乐环节都体现主题文化。

（二）文化与旅游融合的阶段

1. 初级阶段——文化搭台，经济唱戏

一些地方通过举办各种文化节庆活动、经济论坛、祭拜大典及各种特色活动，打造区域形象，并借助媒体宣传，推介地方特色产品，形成特色项目，吸引外资，促进地方经济发展。一些地方在举办商洽会、博览会的过程中，策划传统歌舞、乐器表演等节目，以此吸引四方来客，其主要目的是发展实体经济产业。这种方式属于文化与旅游融合发展的初级阶段，不论在发达地区还是欠发达地区，该模式都较为广泛地存在。

2. 中级阶段——文旅联动，文化产业化

该阶段强调文旅产业与旅游景区互动，文旅产品借景区的平台，景区依文旅产品的开发，从而延长产业链。有些地方将显性文化资源部分地开发成旅游产品和旅游项目。例如，将民族民间工艺转化为旅游商品，苗族蜡染、土家织锦、壮族绣球等都形成了不同程度的产业，并通过批发或在旅游景点销售等方式卖出，实现文化产业与旅游产业的联动发展。有些地方将半隐性文化资源挖掘出来，并通过影视、图片、景观剧等方式转化为文化产品或项目。例如，"印象系列"和各类实景剧将民族民间歌舞、杂技等文化资源融为一体，呈现在游客面前，以出售门票的方式实现经济价值。这种文旅融合方式将水文化资源转化为文化资本，使文化实现了产业的价值，产生了经济效益，对文化资源富集地区具有很好的实践意义①。

3. 高级阶段——文旅一体，产业文化化

该阶段强调文化无处不在，水文化元素融入旅游发展的每个角落。

---

① 熊正贤. 文化势能与西部地区文化产业发展研究 [M]. 北京 : 经济科学出版社，2015: 141-146.

例如，在传统旅游的六要素吃、住、行、游、购、娱中每一个环节都融入文化符号：在吃的方面，融入地方餐饮文化，在吃法上、食品特色上、色香味的搭配上都能见到地域文化的元素；在住的方面，在建筑设计、室内装修、环境理念等方面融入水文化元素；在行的方面，在交通工具、路线设计等方面运用地域文化或传统文化智慧；在游的方面，体现自然景观与文化景观的融合，尤其凸显地域文化特色；在购的方面，既有土特产，也有民族民间工艺和文化旅游创意产品；在娱的方面，融入地方传统杂技、歌舞等元素。

二、三峡库区水文化遗产与旅游产业融合的现状

三峡库区水文化遗产丰富，更是巴楚文化交汇发展的地方，且依长江而生，旅游资源丰富。若是能将水文化遗产和旅游业完美地融合起来，必定能让三峡库区焕发出新的活力和生机。

三峡库区要用水文化的理念发展旅游，用旅游的方式传播水文化，加快水文化和旅游产业融合，把水文化遗产优势转变为经济发展胜势，让文化看得见、摸得着、品得出。目前，三峡库区文旅融合取得初步成效。三峡库区各级机构改革顺利完成，市、区县两级文化和旅游部门按时改革到位，开启文旅融合发展的新局面。巴蜀文化旅游走廊建设全面启动，文化、旅游、广电、文物、市场监管等协作机制初步建立，达成合作事项40余项[①]。旅游演艺助推融合发展，《印象武隆》《天上黄水》《梦幻桃园》《烽烟三国》等文旅演艺陆续改版提质，市级文艺院团驻场旅游演出数量实现突破。文旅交流推广活动创新开展，成功举办两季"双晒"大型文旅推介活动和重庆全球旅行商大会、重庆文化旅游惠民消费季等系列文旅交流推广活动。共同开发大华蓥山生态旅游区、共同打造嘉陵

---

① 重庆市人民政府. 重庆市人民政府关于印发重庆市文化和旅游发展"十四五"规划 (2021—2025 年) 的通知 (渝府发 [2022]23 号)[J]. 重庆市人民政府公报，2022(6):33.

江生态文化旅游区，大力培育"巴蜀文脉"人文旅游、"巴蜀风韵"民俗旅游、"巴蜀脊梁"红色旅游等十大优势产业集群。加强线路推广和品牌培育，协同打造魅力都市、壮美三峡、石窟艺术、生态康养等标志性旅游形象品牌，培育一体化的文化旅游市场，不断推动三峡库区水文化遗产和旅游产业融合发展。比如，重庆市江津区加快四面山水文旅融合步伐，让人民感受"大江要津、长寿之乡"的独特魅力；江小白在重庆市江津区白沙镇生根发芽，并在小镇悠久的酿酒文化和风土人情中不断地发展与壮大，将酒文化与工业旅游深度融合；宜昌市夷陵区聚焦文旅消费新需求，持续丰富水文化旅游产品供给，加快建设三峡大坝、三峡人家、三峡大瀑布等世界级水文化旅游景区；恩施州巴东县面对优质水文化旅游资源，整合神农溪、巫峡口、无源洞、巴人河等景区，组合推出"拳头"产品，精心培育长江三峡纤夫文化旅游节、高山森林国际半程马拉松赛、"畅游神农溪·横渡大三峡"冬泳赛、高山滑雪锦标赛等重点水文化文旅项目，彰显了巴东"山水"之城的独特魅力。

三峡库区水文化与旅游融合发展还存在一些短板和不足。国内经济面临下行的风险，广大人民群众的文旅消费信心不足。同时，水文化新产品新业态新模式发展不太充分，高水平的水文化旅游景区、度假区数量还不多，尚不能充分满足广大居民和旅游者对美好生活的新期盼。

三峡库区因壮丽雄伟的山水和源远流长的人文荟萃而闻名全国，在新发展格局下，促进三峡库区旅游业持续稳定发展是全社会积极讨论的热点话题。产业融合方面，旅游与农业的融合如三峡茶旅小镇的建设虽初见成效，但三峡库区仍因旅游形象物的文化性、参与性和创新性不高，面临着营销渠道不够顺畅、品牌知名度和影响力较低[①]等问题。三峡库区众多水文化遗产亟待与旅游业相结合，打造三峡库区特有的水文化品牌。

---

① 冯林雪.三峡库区农旅融合发展路径探析——以云阳县为例[J].农家参谋，2019(22)：22，44.

三、三峡库区水文化遗产与旅游产业融合路径

（一）资源融合是文旅融合的基础条件

文旅融合是精神文化和物质文化元素与旅游产业的有机融合，这个过程是文化资源选择性的优化配置过程，也是一个复杂的动态过程。三峡库区拥有悠久的巴楚文化，拥有长江大河的优越水资源，拥有众多文物古遗址以及众多物质和非物质水文化遗产，这些资源都可以直接或间接地融入旅游开发中，成为文化资源融合的重要内容。比如三峡大坝区域具有优质的森林气候，可以依托峡谷、长江、茶叶种植等资源，围绕"避暑度假"主题，以地域文化元素充实相应的休闲娱乐活动，在吃、住、行、游、购、娱等方面设计"三峡文化标识性"的旅游产品，打造集森林康养、生态避暑、科学考察、文娱休闲、婚庆摄影、茶园观光、茶叶品鉴等功能于一体的生态旅游度假区。又如涪陵榨菜文化，它不仅可以文字介绍、图片展示、视频播放的方式在博物馆展示，更可以将榨菜文化元素融入玩具、背包、书签、挂件等旅游小商品中，以及旅游产业中。

（二）技术融合是文旅融合的推进要素

现代新技术、新传播平台的出现加大了文化与旅游融合发展的力度和强度。近年来，各种创意与文旅产业融为一体，借助科技，开发出新的旅游产品进入旅游市场，不断满足游客求奇求异的体验需求。

技术融合是文旅产业融合发展的重要推进剂，主张用最合适的技术方式促进文化和旅游的有机结合。比如三峡库区区域内重庆涪陵"文馨湖旅游度假区"、湖北宜昌"三峡人家风景区"、湖北恩施大峡谷等项目，如果这些项目能很好地运用互联网技术、大数据、微信传播途径，将乡土气息、乡土文化融入项目之中，并传播出去，效果必然不同凡响。通过拍摄一系列乡村旅游视频和水文化遗产文化传承纪录片，或者通过当

地的居民带动直播，或者制作三峡库区乡村集锦画卷，然后通过互联网传播出去，这比传统的开发模式要好得多。

（三）功能融合是文旅融合的重要保障

旅游景区是一种特殊的地理空间，它不仅是旅游经济和产业的区域空间，也是当地居民的居住生活空间，因此，旅游景区的打造以及旅游项目的设计一定要顾及当地社区居民的生产生活需求问题。

村落、古寨、历史街区、宗庙祠堂、桥梁街道等设施本身具有服务社区居民生活的功能，在附加文旅产业发展功能的同时，必须强调宜居与宜游共存空间的融合，保证当地居民在拥有一个安居乐业的环境基础上，增强对当地水文化的认同感，以此逐步建立文化自信，从而乐于向外界传播当地的水文化。

（四）界域融合是文旅融合的深化发展

界域融合是产业融合的提升和发展，有产业界域融合和空间界域融合两种表现形式。产业界域融合表现为旅游业和三大产业的融合。例如，旅游业与第一产业的融合有农业采摘和农业观光，与第二产业的融合有工业参观体验旅游，与第三产业的融合有影视旅游、表演和演出旅游、会展旅游、商业旅游等。空间界域融合强调景区、社区与城镇空间地域融合共建，避免重复建设，浪费资源，实现经济社会效益最大化。在三峡库区，要产业融合，其一是大力发展农业与旅游业的融合，如宜昌茶叶产业、水产养殖、涪陵榨菜产业等与旅游观光的交叉；其二是对工业如三峡工程以及各种废旧工厂建设与旅游观光的融合体验；其三是在农业以及工业的基础上，依托当地自然资源，将当地传统水文化遗产融入旅游业，将水文化带入游客的心中，可以通过申办国际国内水上体育赛事、建设青少年户外体验基地、举办大型水文化博览会、修建水文化博物馆、设计带有当地文化特色的旅游产品等方式积极推进。同时要着力完善旅游医疗保险政策，建立功能多元的旅游服务配套体系，健全健康养生养老体系，营造能够山地养生、避暑养生、中医保健特色养生的环境氛围。空间融合方面要加强旅游业和城镇的融合，尤其加强与特色文化小镇建设的融合与发展，以旅游者的需求为导向统筹公共服务资源，加强旅游综合体、休闲集镇、美丽乡村建设，大力发展有当地水文化特色的旅游风情小镇。

长江历经沧桑而奔腾不息，承载了五千年来的华夏文明。长江造就了从巴山蜀水到江南水乡的千年文脉，是中华民族的代表性符号和中华文明的标志性象征，是涵养社会主义核心价值观的重要源泉。2020 年 11 月，习近平总书记在南京主持召开全面推动长江经济带发展座谈会上强调："要把长江文化保护好、传承好、弘扬好，延续历史文脉，坚定文化自信。要保护好长江文物和文化遗产，深入研究长江文化内涵，推动优秀传统文化创造性转化、创新性发展。"

三峡库区是长江流域重要的生态涵养区，三峡文化是地域鲜明的特色文化，是中华文化的重要组成部分。三峡库区水文化遗产类型丰富、特点突出，三峡库区水文化遗产保护利用涉及面广、时间跨度大、任务重、要求高，必须周密部署、精心组织、认真实施。本节着重从物质水文化遗产和非物质水文化遗产等维度分析当代三峡库区水文化遗产的现状与存在的问题，并从乡村振兴和文旅融合的视角提出开发利用策略，以期能够为推进三峡库区水文化遗产系统保护、统筹规划与协同管理，推动三峡库区生态保护和水文化遗产融入乡村振兴提供理论依据，为深入挖掘三峡水文化蕴含的时代价值，以及早日实现"长江流域生态优先、绿色发展，共抓大保护、不搞大开发"的愿景做出积极贡献。

第三节 三峡库区物质水文化遗产保护与利用的个案研究

一、宜昌百里荒水利风景区的保护与利用

（一）资源概况

宜昌百里荒水利风景区（图6-1）位于湖北省宜昌市夷陵区分乡镇，面积42平方公里，距宜昌城区45公里，平均海拔1200米，是依托宜昌市夷陵区国家水土保持生态文明综合治理工程，"长治"八期黄柏项目柏家坪、普溪河小流域水土保持综合防治工程建设而成的水土保持型水利风景，曾因方圆百里荒无人烟而得名。喀斯特地貌的百里荒多溶洞、地下暗河，地表留水难，贫瘠的石地几乎寸草不生。宋文宗时期，时任夷陵县令的欧阳修在《夷陵九咏》之《劳亭驿》中留下了"荒烟几家聚，瘦野一刀田"的名句。为了最大限度弥补缺水之憾，百里荒从建设景区的第一天起，便开始了一场艰难的"保水"运动。水利治水焕发新生，成就了如今作为水土保持型国家级水利风景区的百里荒草原。百里荒不仅是常规的旅游风景区，更是水利风景区，因为百里荒景区在建设过程中注重对原始生态的保护，在开发中保护，在保护中开发，成为发展双赢的典范。百里荒景区通过高起点编制旅游发展规划、水土保持实施方案，创造性地把水土保持工程措施、植物措施、生态保护与景点景观融为一体，建成了林海松涛、林间彩带、绿色生态护坡、碧水蓝天等特色水土保持示范工程，为湖北省水土保持、水资源保护探索了良好的思路，积累了丰富的经验。因此，2015年12月，宜昌百里荒高山草原旅游区正式通过考评，成为湖北省第一个水土保持型省级水利风景区。2016年8月，宜昌百里荒成功跻身国家级水利风景区。

图 6-1 百里荒水利风景区

　　宜昌百里荒水利风景区夏季平均气温 21℃，是"湖北最佳避暑胜地"、影视剧《山楂树之恋》的外景地、"中国最美爱情圣地"。这里集高山草原、奇松怪石、云海天象、森林峡谷等景观于一体，拥有"万亩高山草原、千亩华山松林、百里荒生态乡村"三大特点，具有"春花、秋叶、夏凉、冬雪"四大亮点，以"高山草原风光、纯美爱情圣地、避暑养生天堂"享誉国内外①，集避暑滑雪、房车露营、农业观光、生态康养等功能于一体，年接待游客超 200 万人次，获批国家 4A 级旅游景区、国家体育产业示范单位、省级旅游度假区、省级研学旅行基地、省级科普教育基地。

　　百里荒水利风景区由宜昌百里荒生态农业旅游开发有限公司建设运营，坚持"农旅融合"发展思路，在保护和恢复生态中开发建设，着力建设"一心一线六区"，即以山楂树文化休闲区为轴心，连接南北游览主线，建成乡村花卉养生区、林海雪原度假区、高山农牧体验区、户外运动探险区、金三角大草原区、自然生态保育区。围绕景区着力打造

---

　　① 赵建新. 宜昌百里荒国家级水利风景区顺利通过省级初评 [J]. 中国水土保持，2016 (07):31.

山上万亩畜牧养殖基地、山腰万亩果蔬种植基地、山脚万亩粮油生产基地。

百里荒是多个行政区域的边界地区,景区运行管理打破了行政区划的藩篱,消除了行政协作的壁垒,在不同行政区域之间建立了"政府推动、项目带动、市场驱动和企业能动"的体制机制,推动了"规划同筹、交通同网、市场同体、产业同步、旅游同线、环境同治",实现了从按行政区域向按经济区域配置资源的转变。

(二)保护与利用现状

宜昌百里荒是典型的岩溶地区,长期干旱、缺水,石漠化严重,生态脆弱。然而,面对夏季高温、干旱天气,百里荒不仅不缺水,山顶上的堰塘碧波荡漾,半山水源处活泉喷涌。这得益于近几年当地政府、企业、村集体、村民共同缔造"水环境",实现"与水共舞",生态宜居、产业兴旺。

1. 多方努力,全体人民以水为先

百里荒既经历过"地上开荒、地下挖煤"时期,也经历过当地居民世代过度放牧时期。由于缺水和资源匮乏,加上人们对自然的榨取,原本脆弱的生态变得千疮百孔。自20世纪60年代起,人们在此植树造林、种草放羊,秃山包慢慢变成绿山丘,呈现出"风吹草低见牛羊"的场景,吸引人们来此观光旅游。但由于缺水,畜牧业、旅游业发展异常艰难。

百里荒人用水靠"天赐"。当地人发现山顶三处洼地雨后能积水,于是挖成"天河水塘",家家户户修建"天河水窖"收集雨水,沉淀后烧开作为生活用水。如果遇到持续干旱,全靠村里送水救急。

后来,在当地政府、水利部门、村委会、村民的共同努力下,百里荒开展"找水行动""治水攻坚",先是在半山腰寻找饮用水水源,开山凿石,挖沟修渠,修建小型蓄水池、过滤池,架设抽水泵站和供水管网;对煤矿洞口进行封堵;修建农田灌溉堰塘和沟渠。通过实施农村安全饮水计划,在"十三五"期间,百里荒村民基本实现安全饮水,但依然面临极端干旱天气时缺水的考验。

"要发展，先治水。"水利专家在百里荒翻山越岭，绞尽脑汁，制定了一系列治水措施。其中见效最快的办法是"提水"，即在最近的水源地蓄水，通过多级泵站提水上山。水源地必须同时满足"能饮用、距离近、流量大、宜建坝"四个条件，最终专家们在百里荒村布袋淌山沟里找到了一处水源。

水利部门通过科学设计，选择通过修建三级蓄水池、三级泵站、供水管网的方式提水上山。政府推动、企业主导、部门支持、村民参与，共同缔造百里荒"水环境"，在山顶建成3个20000立方米、1个5000立方米的蓄水堰塘和多个高位蓄水池，在半山腰建成多处水质净化点、1个20000立方米的蓄水堰塘、多个蓄水池、净水池和3个大功率抽水泵站、10多公里的供水管网，总投资近亿元。

2. 三地联动，一张蓝图统揽全域

宜昌市委提出了"一轴两区五带"战略，环百里荒农旅融合示范带是"五带"之一；编制了《宜昌环百里荒乡村振兴试验区总体发展规划（2020—2035年）》，环百里荒核心区域涉及3县4镇15村，规划面积150平方公里，划定辐射区域涉及3县6镇43村，规划面积769平方公里。宜昌市委农村工作领导小组办公室印发《宜昌市环百里荒农旅融合示范带建设行动方案（2022—2026年）》，制定"规划引领、产业依托、项目支撑、融合发展、龙头带动、机制创新"六大重点任务，提出"两区一带"（国家级乡村振兴示范区、国家级旅游度假区、省级农旅融合示范带）目标。夷陵、远安、当阳三地联合编制百里荒区域国土空间规划和村庄规划，形成"总体规划＋国土空间规划＋村庄规划＋重点项目规划"的规划体系。

3. 多产融合，龙头引领多点发力

围绕旅游主导产业，强化要素保障，拓宽农户增收渠道，实现稳定持久致富。做强高山旅游，支持百里荒旅游集团做大做强，为企业供地350亩，整合各类资金6亿元支持旅游配套建设，完善春季赏花、夏季避暑、秋季采摘、冬季滑雪"四季游"业态，补足季节性短板。目前，高山民宿、农家乐等态势喜人，每年游客数递增 30% 以上，带动 2 万农民年均增收 5000 元以上。做精高端农业，围绕百里荒"中国南方草场"品牌，实施"一村一品"发展战略，累计投入资金 3 亿元，发展精品橘园 5000 亩、新建生态粮油基地 2 万亩，草食畜牧（牛羊）存栏量达到 5 万头以上，"休闲 + 观光 + 研学"式的"农业公园"正逐步形成气候，带动 3 万多农民年均增收近千元。做优康养产业，支持百里荒新上康养项目，发挥高山避暑优势，一期项目投资 3.5 亿元，可提供 3000 个康养度假床位，二期 2000 个床位正抓紧建设，后期总共可提供 1.2 万个康养度假床位，带动千余农户年均增收 1 万多元。

近年来，夷陵区、远安县、当阳市三地政府围绕环百里荒区域系统谋划重点建设项目，对接亚行贷款、全域国土综合整治、生态治理、美丽乡村、草食畜牧业产业链等专项申报渠道，整合项目资金近 10 亿元，在 2022 年至 2023 年落地百里荒区域实施。

案例 1：试验区深入践行"两山"理念，在三峡库区普溪河百里荒区域实施生态环境系统治理项目，总投资 1.65 亿元，撬动市场主体投资 1.2 亿元，对试验区废弃煤矿、生态脆弱、人居环境实施系统治理，实现"两山"转化。

案例 2：2021 年实施分乡镇全域国土综合整治项目，总投资 4.9 亿元，推动试验区百里荒村、天坑村、普溪河村、高场村走村镇融合之路，探索"政银企 + 景村民"的乡村共享发展模式，人居环境更加优美、空间结构更加合理、产业布局更加科学，新增耕地面积 59.9512 公顷，新增耕地率约 5.52%。

案例 3：湖北省财政厅将分乡镇百里荒村、天坑村、普溪河村和龙泉镇柏家坪村、雷家畈村 5 个村规划纳入 2022 年度湖北省美丽乡村示范片建设试点，总投资 3.5 亿元，撬动市场主体投资 3 亿元，打造创业、度假、康乐、养生养老目的地和美丽乡村示范片。

4.政策驱动，开拓创新优化环境

敢行敢试，打破体制机制壁垒。在土地利用上，夷陵区出台《集体经营性建设用地入市交易暂行办法》，优先保障用地指标，确保及时供地。在人才引进上，制定《户口迁入暂行规定》，吸引 30 多名乡贤能人迁家落户、就地创业，吸纳社会资本 4000 万元。在项目审批上，制定《农村小型基础设施项目"先建后补"管理办法》，简化 30 万元以内项目的审批流程，由村级审核开工。在金融下乡上，协调农业银行授予核心村"信用合作村"称号，种养大户 30 万以内贷款 1 天手续办结，共发放贷款 280 户 6500 万元。在平台建设上，成立投资公司，由国有融资平台控股，民营企业参股，已投资建设 5000 万元公益性项目。

5.专班推动，合力攻坚，共同推进

为了更好地推动环百里荒农旅融合示范带乡村振兴战略实施，市级层面按照"1+1+3+N"模式强化组织领导，夷陵、远安、当阳三地成立了领导小组，驱动"三驾马车"，城乡发展动能换挡提速。强化组织引领，组建成立功能型党委，采取"党委书记＋镇党委副书记＋村级专职委员＋党员"组织模式，公开遴选派驻党建指导员负责党务工作，实现大事共议、发展共谋、项目共建、成果共享。强化基础配套，按照"建一处项目，成一道景观"的理念，争取上级无偿资金 1.2 亿元，统筹推进水、电、路、气、网等设施配套，形成了"一核四线"的路网格局，5 个核心村被评为省级"美丽乡村"，宋百路被称为"最美爱情路"。强化文明新风，制定村规民约、文明公约、家规家训，在"云上夷陵"App 增设"百里新村"栏目，定期推送正面典型、赛事活动等信息，充分发挥村民在乡村振兴中的主体作用，倡导新的高质量生活方式，切实提高乡村治理水平。

（三）保护与利用建议

宜昌百里荒水利风景区紧紧围绕"水保示范、生态观光、科普教育"的主题精心打造，现已建成"万亩高山草原、千亩华山松林、百里荒生态乡村"三大独特风光。景区集高山草原、奇松怪石、云海天象、森林峡谷等景观于一体，人文积淀悠远深厚，拥有悠远的嫘祖文化、农桑文化，先后吸引了《山楂树之恋》《最后的国门》《东方战场》等剧组在景区内取景拍摄。

1.以水为基，积极打造水土保持科技示范园

水是宜昌百里荒水利风景区的基础，水文化是宜昌百里荒水利风景区的核心。要不断完善水利设施，做好水源保护和储存，加强水土保持科技示范园建设，将水文化要素充分融入百里荒水利风景区的方方面面。深入发掘其水文化灵魂，提炼核心元素，百里荒水利风景区发展是区别于其他乡村旅游产业的创新产业，这是乡村旅游推动乡村振兴的基础性工程。

2.人才为本，充分发挥组织的融合带动作用

人才是做好三峡库区水文化遗产工作的关键。要搭建平台，保证待遇，通过内培外引，将优秀人才迅速聚集起来，同时要畅通人才成长通道，将人才用好用足。完善组织架构，成立指挥部和工作专班，建立联席会议机制，实行目标同向、多规合一。成立环百里荒乡村振兴试验区功能型党委，采取"党委书记＋镇党委副书记＋村级专职委员＋党员"组织模式，由龙头企业百里荒旅游集团董事长担任党委书记。通过党建引领，将城乡市场主体和地方乡镇、村以及村民的力量、资源进行整合，建立"景区＋村委会＋农民"利益紧密联结机制，一盘棋布局、一体化发展，实现多方共建共赢。

3.设施互通，努力提高百里荒基础设施水平

百里荒水利风景区积极推动基础设施互联互通，投资5亿元，采用"民建公助"方式，打通了试验区与宜昌中心城区、三地县城、6个乡镇集城相连接的宋百路、普百路、花百路、玉百路，实现三县（区）城区半小时直达核心景区。出台农村小型公共基础设施项目"先建后补"管理办法，改造电力、通信、饮水等设施，实现通信信号和智慧网络全覆盖。利用村庄集并、建设用地增减挂钩、迁村腾地等方式，鼓励农民集

中居住或进城购房，建成了百里新村等一批新型农村社区，让大部分居民拥有"一户两居"。

虽然国家大力支持农村道路建设在一定程度上改善了百里荒的交通情况，但是路面仍不平，道路整体偏窄，弯道偏多，这给居民和游客通行造成了极大不便。上山下山只有一趟公共汽车，在旅游旺季无法满足大部分游客的需要，受地形影响，共享单车也无法在此地推行，这在不同程度上阻碍了百里荒的开发。部分地区通信信号覆盖率不高，网络速度慢，信号不稳定。住宿条件差，配套设施不完善，接待能力欠缺，无法全方位保障游客的衣食住行。缺乏大型综合性商业实体，难以满足居民和游客的日常需求。

4.旅游带动，全力带动百里荒乡村振兴工作

树立全域景区化理念，以旅游为龙头，通过产业链招商，招引城市资金上山下乡，投向农旅、农康融合产业，每年吸引城镇市民200万人次到试验区休闲体验，实现旅游综合收入10亿元，带动5000余村民在家门口就业。建成分乡镇千头牛养殖基地、鸦鹊岭镇万吨畜产品加工园区、罗家院万亩果蔬基地，实现农业基地景观化。实行"公司＋合作社＋中心户＋监测户"发展模式，带动4000多户村民养殖宜昌白山羊、夷陵牛，种植生态果蔬，实现农产品就地商品化。

大胆推动中央"一号文件"中的各项改革举措在试验区先行先试，出台集体经营性建设用地入市交易暂行办法、户口迁入暂行规定、宅基地"三权分置"改革等政策，推动土地、房屋、资本等要素资源城乡双向流通。探索承包地、宅基地、林地等有偿流转、有偿退还或参营入股机制，健全失地农民养老保险制度，让农民带着保障进城。健全人才流向乡村机制，采用乡村振兴专技岗设置、市民志愿服务、能人或退休干部兼职村"两委"班子成员等多种方式，引导各类人才向试验区流动。

采取相应措施让旅游市场的份额持续稳定增长成为现实，通过百里荒风景区的经济效益带动夷陵区经济发展，向乡村振兴示范区靠拢，实现知名度、客流量、经济收入全方位与国家4A级旅游景区标准适配，

同时积极争创国家 5A 级旅游景区。依靠国家政府对乡村旅游重点村的有利政策，并且通过实地考察的方式，深入调查研究百里荒当地旅游参与者参与乡村旅游的过程以及他们扮演的角色，建立更加完善的百里荒旅游效应评价机制，使研究更具有科学性和客观性。通过旅游全要素、全流程的打造，努力推动百里荒乡村振兴工作。

百里荒天蓝、地绿、水清、人兴、业旺，不仅保住了宜昌百万人的水源地、百万亩良田灌溉用水的安全，更探索出了生态文明的创新实践经验。百里荒战天斗地"打水仗"，实现了从"无水"到"活水"的转变，是全体人民共同缔造的结果，是流域系统治理的体现，更是"两山"理念的具体践行。

二、巴东红旗渠（绝壁天河）水利遗产的保护与利用

（一）资源概况

巴东红旗渠（图 6-2），也称为巴东"绝壁天河"，又名巴东县水流坪灌区工程，位于湖北省恩施土家族苗族自治州巴东县清太坪镇至宜昌市长阳县之间，地处海拔千米的悬崖峭壁之上。这条犹如挂在绝壁上的"天河"被人们称为鄂西深山中的"红旗渠"，是中国近现代山地灌渠工程遗产的杰出代表之一。该遗产总干渠全长 28 千米，横跨恩施州巴东县和宜昌市长阳县。它曾作为中国近现代重要史迹及代表性建筑入选湖北省第七批文保单位。该灌溉水利工程诞生于中华人民共和国成立之初，由于巴东县地处三峡中段，境内山脉纵横盘踞、长江清江横贯东西，千百年来，该地区囿于复杂崎岖的地理环境，因此，交通闭塞、农业生产落后，百姓的生活条件也极为艰苦。为实现粮食增产、解决群众的吃饭问题，1967 年，该水利工程动工，历时 11 年建成，至今已有半个多世纪的历史。如今，宽约 2 米的灌渠依旧紧贴峭壁，依山就势、蜿蜒不绝。"有条件上，没有条件创造条件也要上。"在这条"绝壁天河"的修筑过程中，铁人王进喜为实现把中国"贫油落后"的帽子甩到太平洋而

喊出的口号表现得淋漓尽致。"绝壁天河"的修建完成不仅促进了当地经济发展，该地区人民在汲取"龙江精神""泉口精神"的同时也孕育产生了伟大的巴东"红旗渠精神"。

图6-2　巴东红旗渠

2021年公布的全国首批革命文物名录中包含86处红色水利遗产。以红旗渠为代表的红色水利遗产向世人深刻诠释了中国共产党为中国人民谋幸福、为中华民族谋复兴的初心使命，彰显了我国社会主义制度集中力量办大事的巨大优越性，其中蕴含着"中国共产党为什么能"的真实答案。

1966 年，当地政府组织勘测后，决定在崇山峻岭中开凿一条人工灌渠。渠道设计成 2 米宽、2 米深，每千米下降 1 尺，绕山自流。时任清太坪区太平乡党委书记的饶大喜被任命为工程总指挥。该渠于 1967 年开始修建，自水流坪，流经水布垭、清太坪的 10 多个村庄，止于长阳县的龙王冲，全长约 28 公里，耗时 11 年，于 1978 年建成。其间，全区 17 个公社 67 个大队近万名壮劳力投入了这场引水大会战。工程共用工 1077154 个，开挖土石方 1020000 立方米，勾缝水底 540000 平方米，筑坝 2 个，隧道 828 米，半隧道 120 米，通风洞 10 个 948 米，人工架拱 1580 米，解决巴东、长阳 4 个公社 13 个大队 102 个生产队的人畜饮水及农田灌溉问题。

2019 年 1 月，巴东红旗渠被湖北省人民政府公布为省级文物保护单位。

（二）保护与利用现状

根据湖北省人民政府印发的《关于公布文物保护单位保护范围和建设控制地带的通知》，按照"保护为主、抢救第一、合理利用、加强管理"的文物工作方针，认真落实保护措施，切实承担文物保护职责，确保文物安全。划定巴东红旗渠保护范围为干渠、隧洞、建筑物本体及附属设施。建设控制地带为渠道两侧 10 米范围内，隧洞、建筑物外墙至四周 10 米范围内。

巴东红旗渠宽约 2 米，紧贴峭壁，依山就势，蜿蜒数十公里。目前，这条"绝壁天河"仍清流涓涓，水流不息，滋养着沿线的村落人家。巴东红旗渠遗产的物质要素主要可以分为四部分，分别是建筑（物）、交通道路、场地、器具设备设施。对于建筑（物），其类型可以划分为水利型、办公型、居住型和遗址型；交通道路部分则主要分为生产型和生活型，其中生活型中的登山阶道与灌渠步道是进入"绝壁天河"的主要通道；场地部分可分为生产型、生活型、纪念型；器具设备设施中，工程型的器具较为特殊，它主要指的是在巴东"绝壁天河"修建过程中百姓由于生产工具条件落后而亲手自发造出的工程器具。巴东红旗渠遗产的非物质要素主要有生产型和生活型的制度文化、行为文化和精神文化。

1. 巴东红旗渠水利遗产的保护现状

巴东"绝壁天河"遗产自 2012 年被湖北省旅游局在巴东调研中无意察觉到后，在近 10 年的时间里，它先后收到了来自恩施州党代会和《人民日报》的点名与赞扬，并于 2019 年成功入选湖北省第七批文物保护单位。正是政府的关注和媒体的推广，使得巴东县这条原本默默无闻的山地灌渠走出大山，让恩施人乃至全中国人民认识到了在鄂西武陵山区的深山峭壁之上曾有过这样一项伟大的农业灌溉工程。它是巴东儿女用汗水与生命开凿出的人间"天河"，真实地记录下了中国现代农业发展的艰辛历程。

（1）工程维护期（1979—2005 年）

在该时期内，由于巴东红旗渠工程本体刚竣工不久，正处于备受百姓需要的时候，因而并未出现将其视为遗产的意识。但由于工程所处的地理环境特殊，地貌类型为喀斯特地貌，岩石易风化，且灌渠段落绝大部分处在岩壁之下，因而工程存在一定的自然灾害风险。国家和地方不断对其进行维护，使其继续发挥作用。

（2）工程衰退期（2006—2011 年）

该时期的特点正如其名称一样，在这段时间里，巴东红旗渠逐渐由当地百姓口中的"工程奇迹"开始走向没落与黯淡。其中很大一部分原因是新时代下现代化农业与水利技术发展迅猛，使得这条本身负有"旧伤"的"天河"在经历过 20 余年的多次修修补补后逐渐显现出"老态"。除此以外，该地区频发的自然灾害屡次导致渠水供应被切断，外加人民的用水需求日益增长，在这样的双重打击下，部分老百姓开始心生动摇，开始转向打井取用地下水。也正是随着时间的推移，乡村发展仍处于进城务工的热潮，青年劳动力的流失导致村内多为留守老人，在该地区多处萌生了越来越多与上述相似的民生问题后，巴东"绝壁天河"的功能价值与形象开始在当地百姓心中无形地日渐受损。

（3）遗产意识萌芽期（2012—2016年）

该时期的起点在2012年。当时湖北省旅游局在巴东县就地进行"三万"活动时，无意发现了这项几乎快淡出人们视野的浩大工程，同时联想到了河南林州市的红旗渠。而在向当地政府人员进一步询问"巴东红旗渠"时，湖北省旅游局却诧异地发现巴东县档案局等相关政府机关均没有其历史的相关存档记载。鉴于河南林州市红旗渠于2007年已开始筹划申遗工作，湖北省旅游局在事后再次督促巴东县人民政府尽快安排该工程的史料整理工作，正视该工程的遗产价值。2015年7月，在巴东县委和县人民政府的安排下，巴东县史志办联合巴东县档案局启动了水流坪灌区工程的史料专题调查计划。最终，在历时1年零1个月后的2016年8月完成了其工程的史料整理，但由于工程建造时代久远，可参考的文字资料较少，因而大部分资料编写依靠工作人员的实地走访和工程参与者所提供的口述材料，并无太多图片记载。同年12月，在恩施州第七次党代会报告中，州领导更是再次强调需重视巴东红旗渠作为遗产的历史价值。也正是在这一时期，得益于史料专题工作的整理和挖掘，许多关于巴东红旗渠的历史事件与民间故事通过地方媒体，让巴东人民逐渐意识到了这条宝贵的"天河"的存在与意义。

（4）遗产意识成长期（2017年至今）

在该时期内，巴东红旗渠已成为湖北省内乃至全国广为关注的水文化遗产。自2017年《人民日报》发文对河南林州市红旗渠、湖北巴东"绝壁天河"以及贵州遵义"大发渠"三条"人工天河"进行了长篇礼赞，并高歌了中国近现代的这些山地灌渠工程具有不凡的文化价值与民族意义，至此，巴东红旗渠遗产认知也从地方认同提升至了民族乃至国家认同的层面。2019年，巴东红旗渠遗产更是以"巴东红旗渠"之名成功入选湖北省第七批文物保护单位，并被归纳至近现代重要史迹及代表性建筑一类，这也标志着巴东红旗渠第一次以文物遗产的身份得到了官方性的认可。从2017年至今，随着对该遗产价值认识的加深，巴东县越来越重视这项诞生于20世纪60年代的山地灌渠工程遗产，并筹划于国家水利遗产与农业文化遗产的申报工作之中，齐心竭力地保护好这份难得的遗产资源。

2. 巴东红旗渠水利遗产的利用现状

自 2012 年巴东红旗渠重回人们的视野之后，2014 年，巴东红旗渠遗产便率先以"毛泽东思想渠"之名，在巴东县清太坪镇总规中被列入地方旅游资源。2016 年 4 月，巴东红旗渠三里城段步道率先竣工。同年 12 月，清太坪镇人大代表在巴东县人民代表大会上提出了《全力打造"绝壁天河"（红旗渠）红色旅游景区，开发巴东江南旅游带》的议案，议案中指出了巴东"绝壁天河"地理区位突出，可辐射灌渠上下游多地，形成地区旅游资源组团，高度切合巴东县域旅游发展战略。至 2017 年 2 月，巴东红旗渠遗产地当地已由湖北当地旅游公司投资修建了清太坪镇白果树坪通往"绝壁天河"的登山阶道，以便后期游客旅游观光，同时还为余氏婆婆墓修建了纪念广场。

在 2016 年巴东县第十八届人大第一次会议上，县委、县政府将人大代表提出的"举全县之力打造绝壁天河（红旗渠）"的议案作为本次会议的唯一议案后，县人民政府及各部门纷纷行动，5 年时间内，已累计投资过亿元，基础设施已基本完善，投资 4000 多万元的旅游公路建成通车，投资 2000 多万元的危岩治理工程已基本完工，投资近千万元的安保工程已全部竣工。

现在，虽然"绝壁天河"景区还没完全对外开放，但它已基本完成了清太坪镇白果树坪至水布垭镇南潭河电站段的步道拓宽及护栏安装工作，并对两镇内灌渠的峭壁危岩易发段落进行了危岩清除、防护网加固等整治工作，以保障游客的人身安全。另外，灌渠工程的重要节点如硝洞岩处也已完成了登洞木栈道和木质平台的搭建，如今的硝洞更是成了红色教育基地，可供游客入洞参观民工住宿旧址，并一览磨刀河峡谷壮阔的自然风光。此外，据当地专家介绍，由于渠下灌区内兴修其他水利工程，进而造成对南潭河电站的水力发电需要削减，南潭河电站也难掩日渐没落的颓势。另外，对于废弃的段落，如南潭河电站东段以及长阳段，政府则希望对其进行尝试恢复，但截至目前，县政府还并未公示详细的工程规划方案。

（三）保护与利用建议

巴东县是长江干流进入湖北省的第一县，也是湖北省千年古县和生态强县，自古以来就是文人墨客笔下的诗和远方。巴东不仅风景秀丽，还是土家文化的摇篮、巴文化的发祥地。为更好地利用"绝壁天河"红旗渠红色旅游文化资源，充分发挥其应有的作用，要积极拓展红色文化资源，推进"旅游＋"融合发展。一要加强沟通，积极向省、州、县各级各部门争取资金政策，进一步推进红色教育基地建设。二要深入挖掘"绝壁天河"的文物价值内涵，吃透标准，对申报文本进行打磨提炼，精益求精。与上级主管部门做好沟通衔接，争取将"绝壁天河"红旗渠申报成为国家级文物保护单位，为红色旅游基地的建设打下基础。地方政府要继续指导和支持"绝壁天河"红旗渠红色旅游基地建设及相关产业发展，协调相关部门共同推动全域旅游建设，助力乡村振兴。

1.巴东红旗渠水利遗产的保护建议

（1）红旗渠工程的保护

红旗渠工程所处地区为典型的喀斯特地貌，极易发生泥石流和山体滑坡，这些频发的自然灾害无不潜在地威胁着巴东红旗渠水利遗产，甚至当一处山体碎石滚落将干渠堵塞时，整个系统的正常运作便会受阻停止。因此，要通过对山体坡度、地质地貌、岩土类型、区域气候条件等多因素的整合，分析构建整个灌渠工程的综合防灾规划，进而保证巴东"绝壁天河"遗产最为基本的水利灌溉功能。另外，对于综合防灾规划中自然灾害较高风险的区域，除对其进行防护加固、危岩清除等措施外，还需结合整个灌渠工程，对沿线进行相应的应急服务设施、应急保障基础设施和防灾工程设施的布置规划，以便于灌渠维护人员和游客可以得到及时的援助，同时，提升整个灌渠工程的稳定性。巴东红旗渠民工食宿遗址的硝洞岩，当时民工留下来的灶台、床铺、房屋等，这些需要结合专家的建议，采取恰当措施进行保护。

（2）文化聚落空间的保护

巴东红旗渠的保护要尊重乡村环境和遗产的自然本底，保护其周边自然和人文环境。巴东红旗渠遗产呈现"V"字形的文化聚落单元，主要是由磨刀河东侧的带状聚落空间与清江北侧的带状聚落空间组成。由于两部分带状聚落空间在地域民族文化和自然地理环境特征上保持着高度的一致性，通过将其串联为一个整体，可以加强"绝壁天河"遗产的灌区风貌保护，实现"十字江"流域村落的联动发展，减少传统村落消亡或"畸变"悲剧的发生，保证遗产的真实性与完整性。山地立体农业是巴东红旗渠遗产灌区农业生产最为显著的特征，也是土家族人民对水土资源合理使用的适地实践。山地立体农业格局的整体性保护一方面是为了延续巴东红旗渠工程对灌区的灌溉效益；另一方面则是为了传承土家族的山地农耕智慧。要将农业生产单元的"一线九村"作为保护范围，通过厘清山地立体农业不同海拔的种植空间、农业景观、生产空间、聚落分布等要素特征，总结出山地立体农业各要素在竖向上的适宜性布局，改善现有的农业种植模式，优化渠下"一线九村"的产业结构，提高灌区百姓经济收益。此外，还需对部分严重破坏地区农业风貌的点状空间，以及迁移地质灾害易发区的生产空间和村落组团进行整改治理。

2. 巴东红旗渠水利遗产的利用建议

（1）红旗渠工程的利用

对红旗渠灌渠工程，要加强规划，修复部分灌渠工程，使其继续发挥作用，发挥其灌溉价值就是对其最好的保护。巴东红旗渠险峻的自然景观和伟大的人力工程所铸就的壮观景象，特别是其中郑家园村白果树坪段的绝壁景观最为壮观，其中有人工隧洞、工人生产生活遗址、碑刻标语和天然硝洞等。只有通过高水平修复巴东红旗渠，同时打造以巴人文化为主题的旅游景区，才能将"绝壁天河"艰苦奋斗、不畏艰难、吃苦耐劳、敢于拼搏、战天斗地的"绝壁天河"精神更加具体化，力求呈现其厚重的历史文化和光辉的红色文化，才能更好地传承"绝壁天河"精神。

红旗渠水利遗产所携带的历史信息可以通过一定的景观"展现"于民众面前，让民众在获取信息的同时，收获对遗产价值的尊重，进而提高民众的遗产保护认同，从而更好地将工程历史与灌渠工程的形态特性整合交融于一体。利用灌渠的线形结构，结合"绝壁天河"精神文化遗址的空间序列，向到访者介绍灌区工程修建的整个历史过程。通过将遗址与数字化影像相结合，并以文字、影像、音乐等辅助媒介进行场所氛围渲染，增强精神文化遗址场所的历史场域感，让民众在内心建立起与遗产互动的联系，进而达到提升民众遗产文化认同的目的。

（2）文化聚落空间的利用

加强对文化聚落空间的整体利用，保护文化聚落的空间氛围。要严格保护红旗渠附近村落的传统建筑及其群体格局、空间风貌、形体色彩和建筑材料等历史性物质要素，在保护范围内不应修建与红旗渠水文化遗产相冲突的建筑物；对景观村落内的建筑和设施应当进行科学的研究分析并建立档案，对传统建筑物采取保护修缮措施，对传统建筑的维修修复、重建必须按原有风貌进行，做到保护原有结构、原构件、原工艺和原材料；保护好重点区域、传统建筑群、地貌、植被、水系以及具有文物价值的文化遗址、地貌遗迹、水系以及石刻、古桥、古井、古树、名木园林、奇石等历史遗存，并做好登记入档工作；加强民间文化艺术和谱系文化的收集、整理、研究与利用，保护好具有地方特色的传统戏曲、传统工艺、传统产业、民风民俗等其他非物质文化遗产，鼓励居民进行民间工艺品的生产、交易和收藏、展示活动，发展具有地方特色的传统文化艺术和有益的民俗活动，避免片面追求商业利润，避免引入与景观村落文化背景相冲突的商业娱乐活动。

通过对地方民族文化进行符号化的提炼与转译，将其点状地穿插、应用于文化聚落的生活空间、纪念性空间等处，并借助设计语言象征性地表达民族文化理念，塑造地域特色。建立可参与性的农业生产体验项目，如茶叶采制、柑橘采摘、药材采摘等，带动灌区优势农产消费。让游客接触土家族传统农产品生产工艺，如苞谷酒酿造、大麦酱制作等，让游客通过了解土家族的饮食文化,意识到"绝壁天河"与地区农业生产系统的紧密联系。借助农业景观发展民宿产业,提高红旗渠当地居民的参与度。

巴东红旗渠水利遗产承载着多层次、多角度的意义与价值,建立起内涵丰富的价值体系。一是历史价值。红色水利遗产是在特定历史时期,在特殊的自然和社会条件,特有的组织形式、生产力水平和精神状态下,党领导人民建设水利设施的历史见证。二是社会价值。在很长一段历史时期内,红色水利遗产推动了工农业生产,在很大程度上满足了人民群众的需求,提高了人民群众的生活质量;同时,建设者们在一定时期共同奋斗,形成较为稳固的地域文化传统,经过教育感化代代相传,成为红色基因的重要源泉,为社会的发展提供了物质和精神支撑。红色水利遗产的修建历史滋养着民族精神,它们的故事永远催人奋进,激励中华儿女蓬勃向上、砥砺前行。三是科学价值。部分红色水利遗产具有较高的科技含量,展现出非凡的工艺水平。四是艺术价值。红色水利遗产与高山峡谷、江河湖泊等自然元素,以及农田村落、道路工厂等工农业设施相依存,形成了优美和谐的人文自然景观,具有很高的艺术价值。巴东红旗渠水利遗产处于鄂西深山悬崖绝壁,与山体浑然一体,水利工程与环境有机结合,渠道宏伟壮观、工艺精巧,体现了独特的工业美学特质。五是经济价值。巴东红旗渠水利遗产在建造过程中深受当地文化传统和风俗习惯影响,特有的建筑工艺、号子、音乐等非物质文化遗产在这一过程中充分发挥作用,努力使其成为红色旅游景点,发展红色教育培训,带动了人流、物流,助力村民致富、乡村振兴。

三、重庆市沙坪坝区磁器口历史文化街区的保护与利用

(一)资源概况

磁器口古镇,原名龙隐镇,位于重庆市沙坪坝区东北部嘉陵江畔,属于磁器口街道,前面临江、后面靠山,拥有"一江两溪三山"的地貌。其中,"一江"即嘉陵江;"两溪"是凤凰溪和清水溪;"三山"由北向南

分别是金碧山、马鞍山、凤凰山。磁器口古镇总面积 32.5 万平方米，其中保存完好的古镇核心区 14.3 万平方米，分布于马鞍山东侧和东南侧。古镇依山而建，由山起城。以磁器口正街和横街为骨架，42 条巷道垂直于正街和横街向马鞍山脊和溪沟边缘呈枝状发展，形成特征明显的树枝状平面格局。图 6-3 展示了磁器口历史文化街区。

图 6-3　磁器口历史文化街区

（资料来源：重庆市沙坪坝区人民政府官网）

磁器口古镇是重庆主城区内规模最大，最具巴渝传统民居、民俗、民风特色的古镇，2006 年 11 月，磁器口古镇被评定为国家 4A 级旅游景区。2020 年 11 月 18 日，磁器口古镇当选"成渝十大文旅产业地标"。2022 年 8 月 23 日，磁器口古镇景区入选重庆市智慧旅游景区典型案例。2022 年 9 月，磁器口古镇入选全国"非遗旅游景区"。瓷器口古镇是国务院批准重点保护的首批"中国历史文化街区"，并荣获"首批国民休闲旅游胜地"称号。磁器口古镇古老而又年轻，既有着千年的历史，更是时下的"网红"。

2021 年 6 月底，沙坪坝区全面启动磁器口大景区"七开"活动：一是磁器口步行街开街；二是磁器口后街开业；三是磁器口外街项目开工；四是沙滨路二期及劳动路等配套道路开通；五是磁器口码头开放；六是磁器口夜间灯饰开灯；七是金碧剧院《重庆·1949》开演。

磁器口后街贯穿"爬山城""逛老街""品创意"三大文化主题，以丰富全业态开启多元消费体验，24小时全开放不间断，满足各类人群全时段不同的消费需求。引进精品酒店、国际品牌、人气餐饮、新兴生活方式品牌、IP文创等品类，补全区域空白业态；同时围绕三大旅游路线，打造"精致潮风""悦享生活""尊享美食""游逛尽情"和"艺术盛汇"五大业态主题，满足消费者全业态、全时段、全维度的消费需求。磁器口后街在规划布局理念上兼顾平面与立面规划，传承山城文脉，实现区域一体化、组团升级化。在立面规划上颠覆传统商业模式，塑造出融汇山城人文精粹，同时满足现代旅游购物、消费需求的超级IP。在古镇传统立面风貌的基础上打造更符合现代商业功能，通过露台、檐廊、挑厢与开阔的广场，提供足够的活动场所与舒适的外摆空间。

《重庆·1949》大型红色演艺项目占地11.53万平方米，总投资28亿元。演出的大剧院位于磁器口金碧正街，剧院总建筑面积2.5万平方米，建筑高度28.6米，预设观众席1500个，观演主体空间89米长，73米宽，31.6米高，是目前世界上最大的单一室内动态沉浸式表演剧场。屋面设计造型来源于时钟，标志着中国共产党从1921年到2021年的百年历史进程。该剧采用国内国际首创的定制舞台演绎手法，结合国际最先进的舞美技术，是一个具有震撼力的大型沉浸式演艺项目。该项目演出引入了陕西旅游集团《长恨歌》《12·12》《延安保育院》等实景舞台剧的原创精英艺术团队，采用国际领先的声、光、电舞美技术，通过高潮迭起、打动人心的剧情，形象地集中展现出红岩英烈对共产主义理想信念的执着追求，向中外观众奉献出一台世界一流水平的大型室内舞台剧。

（二）保护与利用现状

磁器口历史文化街区所在的沙坪坝区作为重庆母城的重要组成部分，嘉陵江穿越其西部，通江达海，水域丰富，是巴渝文化核心发源地、抗战文化重要发源地和"红岩精神"重要发祥地，拥有重庆谈判旧址"林

园"、郭沫若故居、"七七抗战"大礼堂等抗战遗址 86 处。白公馆、渣
滓洞等遗址是全国十大红色旅游景区和全国爱国主义教育基地，江竹筠、
王朴、陈然等革命烈士在此用血的教训提出了"狱中八条"，持续警醒
世人。1938 年成立的沙磁文化区是抗战时期全国最具活力的文化区，全
国八分之一的高校师生会聚于此，形成文化盛景"沙坪学灯"。徐悲鸿、
张伯苓、冰心、巴金等名人曾云集于此，留下了《巴人汲水图》《小桔灯》
等众多传世精品。千年古镇磁器口是中唯一一个位于大城市城区中心内
的古镇，历来有"小重庆"的美誉。传承红岩精神、赓续红色血脉，打
造了世界最大的单一室内剧场——重庆 1949 大剧院。沙坪坝区获评首批
全国文化旅游胜地，年接待游客超 3000 万人次。

1. 依山就势，具有独特的自然地理条件

细观磁器口古镇所在地，西依中梁山，东临嘉陵江，处在蔡家与渝
中南北两大半岛之间，又正当重庆最大的江北半岛的顶部。再看磁器口
古镇的山水布局：中梁山脉在今沙坪坝段往东衍出二支。南支为古渝城
之脉，其分于山洞二郎关一带，过平顶山、鹅岭而至大梁子一线左右，
临嘉陵、长江二水，造就渝中母城两千年的历史格局；北支则为磁器口
之脉，其分于歌乐山顶峰，后起伏为马鞍山，左右临凤凰、清水二溪，
才有磁器口千年繁华。因此，磁器口与古渝城乃同根同源，可追溯至秦
巴、昆仑，又近发于歌乐、中梁山脉，最后又由两曲水合围成一半岛。
只不过一个是大形势，一个是小造化，从这个意义上讲，磁器口在地理
上天生是一座"小重庆"。

与重庆老城一样，磁器口依山建镇，也是一座典型的山城，发于歌
乐山的金碧、马鞍、凤凰三脉，自北往南呈"品"字形沿江依次摆开并
各呈一线东流入江。居中的马鞍山由歌乐山而下至此入江，形如蛟龙藏
首，故又称龙隐山。磁器口也称龙隐（磁器口在历史上有龙隐场、龙隐
镇、龙隐乡等称。近世广传龙隐之名系因明建文帝曾流落于磁器口宝轮
寺中避难），磁器口古镇便建在这山环水绕之中。漫步其中，无论是从
江岸码头上到古镇的梯坎，还是随山势起伏转折的老街，抑或依山沿江

而建的吊脚楼，时刻外露着它的山城气质。出古镇从嘉陵彼岸的顺水寺远眺，江山之间两溪三山中一片青瓦白墙，山水形胜尽在眼中。

2. 因水而成，具有丰富的历史文化价值

磁器口因水成"市"，以水为基，是一座地道的江城。磁器口是水运时代嘉陵江繁华的见证者和受益者，近在咫尺的嘉陵江对磁器口古镇的影响历久弥远，两千里的嘉陵江九曲蜿蜒奔流至此，在凤凰山下受到九石缸河滩的阻隔，以及清水溪入江溪水对其的持续顶托，在马鞍山下形成了一湾巨大的回水湾，使磁器口成为一处天然的深水良港。当年的磁器口上可溯至陕西白水江口，沟通秦陇陕甘，下三十里即连长江，东出三峡通江达海，南北土产杂货在此集散转运，实为长江上游第一大商贸中心。

磁器口曾名白崖、龙隐，其有明确记载可追溯到北宋，此后历代其名称数次变化。一部磁器口名称的演变史就是一部磁器口的千年发展史。白崖是目前已知磁器口最古老的名字，其最早出现在北宋蜀人吕陶所作的《朝散郎费君墓志铭》中。南宋时的《舆地纪胜》则记载更详。"白崖"在（重庆）府北三十里有白崖山及白崖市、白崖寺又有白崖神墓，能载入这种全国性地理总志，足见其时白崖的重要性。到了明代万历年间，《重庆府志》中同时出现了"白崖乡""白崖镇"，如"白崖乡有沙平、宝轮二里""镇凡十……西三十里白崖镇"。明清两代，白崖一直是巴县境内为数不多的几个"镇"之一，并牢牢占据西城中心，其地位堪称"西里首会"。清代中期，"白崖"一名仍广泛使用，同时，龙隐、磁器、磁器口三名近乎同时出现。乾隆四十二年，重庆府衙在一条告示中，第一次以官方公文的形式明确提出"磁器镇"；而在两份俱是嘉庆五年的《巴县档案》卷宗中，则分别提到了"龙隐镇"和"磁器镇"，并与"白崖""白岩"一起成为官、民共用之名，其中龙隐镇因龙隐山而得名，磁器镇、磁器口则因瓷器贸易而得名。在重庆众多的地名中，"口"多指口岸、码头，也是对河、溪入江处这类"口状"地貌的表达，如磁器口即运销瓷器的口岸（古代"瓷"通"磁"，古渝城中也有磁器街），同时也是清水溪、凤凰溪入江之口。与"龙隐""磁器"相比，"磁器口"因为更符合重庆方言的习惯、易记易诵、便于传播而使用得越来越广。到民国初年已成为主流，在中华人民共和国成立后，更是正式成为一级行政单元的专名并一直沿用至今。

"一条石板路，千年磁器口"道出了磁器口历史文化街区悠久的历史传承价值，显示出其具有深厚的历史文脉。同时，磁器口街区汇集了巴渝文化、码头文化、宗教文化、民俗文化、红岩文化和沙磁文化等多元文化，并以有形的物质及空间载体以及无形的非物质文化遗存多元传承、展示和体验，成为磁器口历史文化街区的核心价值要素之一。

3.百年沙磁，具有多样的文化遗产价值

20世纪的磁器口在交通、产业、商贸及政治、文化等领域保持着"西里首会"的地位，并逐渐成为重庆城西近代工业的发源地。以1909年合川人张明金在磁器口创办恒源丝厂为肇始，到1925年，磁器口已有华康、天福、谦吉祥、同孚4家丝厂，缫丝机有1700余台，工人近3000人，生丝产量占四川地区的一半，磁器口因此成为川渝地区的丝绸重镇。丝绸业继制瓷业之后成为磁器口又一重要产业。1934年，四川省主席刘湘在磁器口上游筹建电力炼钢厂，并于1937年初实现发电、炼钢。到抗战前夕，磁器口初步建立起缫丝、冶炼、酿造、瓷器等门类多样的工业体系，产生多样的文化遗产。抗战开始后，随着东部大批工厂、机构和人员内迁到磁器口、沙坪坝一带，这里成为抗战大后方的主要文化教育中心。社会各界以抗日救亡为目标，在这一地区蓬勃发展社会运动、文化教育、科技传授、民生体育、城乡开发等各项事业，奠定了今天沙坪坝乃至重庆的工业、文教基础。

磁器口历史文化街区面朝嘉陵江，清水溪、凤凰溪两溪环抱，金碧山、马鞍山、凤凰山三山遥望，两谷深切。街区依托山形水势，围绕马鞍山、金碧山和凤凰山依山就势布局街巷、建筑及公共开放空间，其中街区核心保护区范围以磁器口正街和横街为主轴，串联42条支巷，加上范围内宝轮寺、钟家院等9处市区级文物保护单位，宝善宫等市级第一批优秀历史建筑，以及沿正街和横街成片的富有巴渝传统民居特色的约

200 处建筑院落及富有山地特色的公共开放空间，共同构成了具有人本尺度和典型山地特色的山地型千年古镇格局，街区内拥有多样的文化遗产，特别是以水文化遗产为代表的遗产类型，是三峡库区水文化历史街区的典型代表。

4. 旅游带动，具有突出的文旅休闲特色

2000 年，以重庆市人民政府审批通过《磁器口历史文化街区保护规划与设计》为标志，磁器口开始启动实施保护性开发，迈入发展的新时代。依托悠久的历史传承、丰富的文化内涵、独特的山水格局、完整的传统风貌，磁器口历史文化街区通过实施建筑风貌及环境的综合整治，挖掘物质与非物质文化的旅游资源，结合街区建筑、街巷空间特征及旅游消费市场的转型升级，在保留街区原居民、原功能、原风貌的基础上，通过功能保留、植入、转换，大力发展历史文化游、市井民俗游、休闲度假游等多元主题旅游拳头产品，并与白公馆、渣滓洞、歌乐山烈士陵园、歌乐山国家森林公园、歌乐山国际慢城互联互动，发展成为重庆最具影响力的旅游目的地。

磁器口历史文化街区熙熙攘攘，烟火气息浓厚，除了可以游览古镇风光，古镇里还有琳琅满目的重庆特产可以让游客从街头买到巷尾，以及各种美味诱人的传统特色小吃可以让游客从白日吃到黑夜。在古镇里，游客可以尽情享受重庆的风情与美味。今天的磁器口不仅是中国历史文化名街、国家 4A 级旅游景区，更是重庆古镇游、都市游、山水游的集大成者，更作为城市文化名片、旅游地标享誉全国和世界。在很多外地游客眼中，"小重庆"磁器口几乎是来渝旅游的必游景点。

磁器口历史文化街区文旅融合较好，休闲特色明显，与众多的人气网红景点不同，磁器口在重塑繁华的同时，依旧固守着传统与初心。在这里，吊脚楼、石板路、黄桷树、老茶馆以及大量当地居民的房屋得以保留，浓郁的乡愁和民风民俗得到延续。游客在此徜徉休闲，是了解老重庆的一扇窗户，是感受新古镇的一把钥匙，是闹市中守护乡愁的一方净土。

5.区位明显，具有优越的地理通达条件

磁器口古镇是有千年建镇史的民俗文化古镇，是古重庆的北大门，在明朝时就形成水陆交汇的商业码头，被誉为"小重庆"。磁器口古镇是老重庆的绝版缩影，街上存有民国时期国民政府主席林森所题的"小重庆"石碑。

磁器口历史文化街区位于都市功能核心区与都市功能拓展区的结合部，距离沙坪坝城市副中心仅约3千米，是重庆主城区范围内位置最核心的历史文化街区。街区周边内环快速路、沙滨路、渝碚路、磁童路及轨道交通1号线等重大交通基础设施已建成投入使用，同时，通过改建磁器口大桥、新建国盛大桥和新建磁器口社会停车场等重大交通基础设施，在一定程度上改善了磁器口历史文化街区的旅游交通环境与条件。

磁器口公交车站是重庆交通网络的重要站点之一，附近有磁器口站、磁器口西门、磁器口东门等。重庆公交202路、220路、224路、237路、261路、467路、503路、808路、843路途经磁器口。另有观光巴士T002线、T003线、G05线、T033线以及特需公交T049加班车、特需公交T236假日线、T073加班车线、T843假日线到达古镇。在重庆北站或重庆西站可乘坐重庆轨道交通环线至沙坪坝站内换乘1号线到磁器口。在江北机场T2航站楼可乘坐重庆轨道交通3号线至两路口站内换乘1号线到磁器口，在T3航站楼可乘坐重庆轨道交通10号线至红土地站内换乘6号线至小什字站内换乘1号线到磁器口。还可以乘坐水路交通，通过"磁器口—洪崖洞"水上航线，全程仅18公里，却能游览磁器口、李子坝轻轨穿楼、千厮门嘉陵江大沙帽石、重庆大剧院、洪崖洞5个重庆著名景点，是一条网红景点最多的航线，也是唯一一条能欣赏13座桥梁奇观的旅游路线。优越的区位条件使得磁器口历史文化街区具有公交、地铁、水路便捷多样的交通，展现了其优越的地理通达条件。

（三）保护与利用建议

保护传承、创新发展磁器口历史文化街区是历史赋予的重大责任。

面临经济新常态以及经济社会与文化消费结构的转型升级，在梳理磁器口历史文化街区核心资源本底价值的基础上，为进一步保护和传承磁器口历史文化街区这一千年文化遗产，适应大众文化旅游发展需求，探索提出以下策略：

1. 科学研究，制定磁器口历史文化街区发展规划

深入研究、借鉴国际国内历史文化街区保护与旅游发展的理论和案例，总结、把握街区保护与旅游发展的阶段特征、产业特征及模式特征，立足磁器口历史文化街区本体，开展资源摸底和房屋权属细化调查，梳理归纳磁器口历史文化街区保护与旅游发展的核心要素资源，结合经济社会发展与文化消费结构特征，秉持"大战略、大格局、大规划"的理念，科学制定磁器口历史文化街区总体发展目标，统筹街区保护与旅游发展，适时开展保护规划的实施评估、专题研究和优化完善，以科学规划统领街区保护建设和旅游发展。

2. 文旅融合，统筹街区保护与旅游发展

磁器口历史文化街区因水而成，因水而兴，历经千年历史洗礼，市井生活气息十足，是发展重庆都市文化旅游、创新创意产业的重要载体。要在厘清磁器口历史文化街区发展定位、资源特征的基础上，进一步统筹协调街区保护与旅游产业发展，在加强街区建筑风貌和山水环境格局整体保护、整治及提质的基础上，结合现代旅游市场消费结构需求，通过功能调整，大力发展文化旅游、创新创意、茶艺展演和酒店民宿等旅游休闲度假产品，打造适合全年龄段、全时段的休闲度假文化景区，提炼和创建磁器口旅游产业品牌，设计和推出磁器口定制旅游产品，适时创建 5A 级景区，推动街区保护和文化旅游的融合发展[①]。

3. 一体谋划，做好品质提升与空间扩容

磁器口历史文化街区总面积约 32.5 万平方米，其中核心保护区面积约 5.5 万平方米，仅占街区总面积的 17%，是整个街区遗存最丰富、风

---

① 邱强. 磁器口历史文化街区保护与利用路径选择 [J]. 规划师 ,2017,33(S2):70-73.

貌最完整、最集中成片、最彰显文脉的精华所在，也是游客最喜爱、最集中的旅游消费场所，旅游接待规模已接近饱和，局促的空间既降低了游客的旅游舒适度，影响了文化遗产的保护水平和质量，也严重制约了街区旅游的可持续发展。应在开展建筑风貌整治、环境综合整治和夜景灯饰改造以不断提升核心保护区品质的同时，进一步加大力度统筹街区功能布局，按照整体规划加快推进巴渝老街、沙磁文化广场和金碧正街等项目建设，推进品质提升与空间扩容协调发展，建设"大磁器口"。

4. 整体推进，协调建筑风貌与山水环境

磁器口历史文化街区遗存丰厚，集中成片的传统建筑风貌与"一江围合、两溪环抱、三山列屏"的山水环境格局共同构成了磁器口历史文化街区的独特风貌特征，也共同塑造了"印象·磁器口"。应在进一步加强建筑空间本体保护和推进重大文化旅游项目建设的同时，着力统筹各部门形成合力，既兼顾部门职能职责、规范标准，又互相协调、部门联动，论证"一江两溪三山"生态化、景观化岸线工程整治技术方案的合理性，加强"一江两溪三山"周边建筑空间形态论证和管控，探索街区"四季不同色"园林绿化树种优选方案，构建建筑空间与山水环境融合共生的新格局。

5. 严格标准，制定准入门槛和负面清单

准确把握磁器口历史文化街区保护和旅游发展的规律，研究磁器口旅游产业发展方向、产业结构类型和产业规模容量，根据国家文旅相关标准，细化并制定《磁器口历史文化街区市场准入细则》，建立适应历史文化街区资源本底的街区旅游产业准入门槛及负面清单，倒逼街区旅游产业主动创新、积极转型及提档升级，加强政府监管和市场引导，避免单一市场驱动下的"劣币驱除良币"现象，在保留市井民俗的同时，提升磁器口历史文化街区的文风雅韵，使磁器口历史文化街区的经营企业符合发展规划，符合千年古镇定位，符合历史文化传承，符合时代发展要求。

6. 加强宣传，提高品牌的知名度、美誉度

利用是保护的有效方式，要加强磁器口历史文化街区历史文化保护

与旅游市场开发，大力突破地域空间限制，解放思想、开拓创新、拓宽视野，结合地域自然、人文资源特色，研发和策划一批既具有广度和深度，又具有一定国内国际影响力的重大文化艺术类节庆庆典活动并使其永久落户，研究适时筹办中国历史文化街区及历史文化名镇保护与旅游发展高峰论坛，研究筹划磁器口历史文化街区旅游形象宣传片，树立磁器口历史文化街区保护与文化旅游的"大口碑、大品牌、大效应"，大力提高磁器口历史文化街区的品牌知名度。充分利用各种宣传渠道，加大宣传力度，走进校园、走进社区、走进城市，扩大宣传面，吸引年轻人，全力打造磁器口历史文化街区品牌，在提高品牌知名度的同时，更要关注品牌的美誉度，塑造百年优秀品牌。

四、重庆中国三峡博物馆的保护与利用

（一）资源概况

重庆中国三峡博物馆（图6-4），又名重庆博物馆，是一座以巴渝文化、三峡文化、抗战文化、移民文化和城市文化等为特色的历史艺术类综合性博物馆，是中央地方共建国家级博物馆、国家文化和科技融合示范基地、首批国家一级博物馆、全国最具创新力博物馆、国家文物局重点科研基地、全国爱国主义教育示范基地、全国科普教育基地、全国青少年教育基地、海峡两岸文化交流基地、全国古籍重点保护单位等。其前身为1951年成立的西南博物院，1955年因西南大区撤销而更名为重庆市博物馆，2000年，为承担三峡文物保护工程的大量珍贵文物抢救、展示和研究工作，经国务院办公厅批准成立重庆中国三峡博物馆。重庆中国三峡博物馆是资料留取及整理展示保护方式的成功案例，此保护方式主要应用于那些由于自然腐蚀而存在残缺，或者由于地貌改动较大而难以辨识原貌的地面文化遗产。资料留取是指充分利用各种现代化的测绘技术，如虚拟现实技术、3D建模技术等，来收集与遗产相关的史料并进行整理建档。同时收集有价值的资料，进行异地存档，为以后三峡库区水文化遗产

的研究、管理和展示提供原始依据，集中展示三峡库区水文化遗产的丰硕成果。

图 6-4 重庆中国三峡博物馆

重庆中国三峡博物馆馆舍由主馆、重庆白鹤梁水下博物馆、重庆宋庆龄纪念馆、涂山窑遗址、重庆三峡文物科技保护基地五个场馆组成，占地面积 5 万平方米，建筑面积 7.17 万平方米，展厅面积 2.7 万平方米，年均服务观众超 300 万人次。主馆于 2005 年 6 月 18 日正式对外开放，位于重庆市渝中区人民路 236 号，与相邻的重庆市人民广场、人民大礼堂共同形成"三位一体"的城市标志性建筑群。

全馆现有馆藏文物 11.5 万余件套（单件超 28 万件），珍贵古籍善本 1.8 万余册，涵盖 23 个文物门类，形成了以"古人类标本、三峡文物、巴渝青铜器、汉代文物、西南民族文物、大后方抗战文物、瓷器、书画、古琴"等为主的特色藏品系列。常设《壮丽三峡》《远古巴渝》《重庆·城市之路》《抗战岁月》《宋庆龄与保卫中国同盟文物资料陈列》《白鹤梁水下博物馆基本陈列》等展览 13 个，年均推出临时展览 20～30 个，加以《重庆大轰炸》半景画演示、《大三峡》环幕电影、三峡大坝数字沙盘、互动展示魔墙四大展示亮点[①]。

（二）保护与利用现状

1. 文创产品研发

在文创产品开发方面，该馆通过学习大型博物馆的先进经验和文创理念，对馆藏文物资源进行了详细梳理，制定了以后"文物＋创意＋生活"为主题的产品方向，采用独立开发、委托定制、版权授权、贴牌选购等多种方式研制文创产品。当前，馆内文创产品主要分为品牌文创、展览系列、巴渝珍藏、水文化遗产传承、文创到家等几大类，其中品牌文创是重点模块，可细分为三峡文创、山城文创、巴渝文创、瓷艺文创等类别[②]。该馆重点围绕"联合文创"理念，如该馆与"走进长江文明大溪文化主题展"进行品牌合作，制作了以"遇见溪奇"为主题的涵盖多个领域的文创产品，如盒子包、手机挂饰、刺绣等。另外，该馆还与重庆城市通卡支付有限责任公司联合制作了"车马出行""龙凤袍"等多种风格的交通卡，这也是该馆线上销售量最高的产品，深受消费者喜爱。另外，该馆积极响应乡村振兴战略号召，与乡村经济建设协同研发特色食品，发挥文旅融合在地区经济建设中的作用。

2. 产品推广及营销

在产品推广方面，该馆积极参加文化展览会，宣传、推广文创资源、产品、理念等，深化博物馆行业之间的文化交流，将其新知、建议、反馈用于产品开发及推广，同时向主管单位提出制定行业规划、行业政策及相关法规等方面的建议。在产品营销方面，该馆坚持线上线下融合、

---

①重庆中国三峡博物馆.重庆中国三峡博物馆简介[EB/OL].(2022-4-29)[2022-4-29]. http://www.3gmuseum.cn/web/article/toArticleNo.do?articleno=1&base=&fullPath=http%3A%2F%2Fwww.3gmuseum.cn&type=&itemsonno=12121212&topitemno=402880b25a3bb962 015a3bc512212223&itemno=402880b25a3bb962015a3bc512212223.

②卓玲.博物馆文创产品开发及发展策略——对重庆中国三峡博物馆的思考[J].收藏与投资,2021,12(12):78-80.

馆内馆外结合，不断拓宽销售推广渠道。在馆内大厅的左侧显眼位置设置"新博文创"商店，进行文创产品的实体店直营销售，方便游客随时购买；与事业单位、国企、民营企业合作，在文化节、热门景点、公共服务站点等进行代销，打造一体化的博物馆文创产业平台；探索"互联网+"模式，在微信公众号平台开了线上微店，进行线上试点运营，并与官方微博、微信公众号、小程序等多个平台联动，进行文创产品的网络销售。

3. 文物展览

（1）开展精品展览，突出文物价值

要想让文物"活"起来，就应当更加注重文物本身，重点突出文物的内涵价值[①]。例如审美型的文物藏品，其展览重点是展示文物藏品本身具备的独特美感，展示过程中重点强调文物藏品的艺术美学与文化价值，给予参观者美的感受与沉浸体验。这种类型的文物藏品讲求的是其本身的艺术价值，因此博物馆只需要收藏有足够多且珍贵的真品文物即可，对展览的结构性、逻辑性要求反倒是其次的。

重庆中国三峡博物馆收藏了大量历代瓷器，上自商周，下迄民国，窑口较为齐全，品种较为丰富，几乎贯穿了整部中国陶瓷史。馆藏的历代瓷器向参观者指出了文物藏品具备的美学价值，破解了文物深藏的历史文明密码，展示出一个动态而具有生命力的古典文化，从而让参观者可以领悟古今人民对于美的追求，转变美学思维，对中国古典艺术产生自己的独特理解，对历史文化的内涵与传播意义有更深的体会，并将传统文化发扬光大。

（2）开展信息化展览，提高参观体验

得益于网络数字化技术发展，虚拟现实设备成为博物馆开办展览的新型方法。为给参观者带来更为生动、直观的参观体验，该馆应用了人

---

① 卓玲.博物馆展览方式的创新思考——以重庆中国三峡博物馆为例 [J].东方收藏,2021(23):47-48.

工智能技术、三维数字化技术、VR全景技术等新型技术，利用互联网平台为大众展览呈现馆内精品，提高参观便捷性，提供多样化的观赏体验。如此，在线上即可观看展览满足了参观者的多种观赏需求，实现了足不出户也能参观、吸收更多的历史文化，提高了展览的丰富性。笔者所在博物馆的工作人员曾对参观者做过随机访谈调查，90%以上的参观者表示线上展览的功能强大且丰富，能实现随时随地参观文物或历史典故。这说明线上展览将成为博物馆展览模式创新的新途径，各博物馆尤其中小型博物馆应予以重视，以此发挥博物馆的社会文化育人作用。

（三）保护与利用建议

重庆中国三峡博物馆作为三峡库区规模最大、级别最高的博物馆，尽管在展览、收藏、教育、文创等方面做得不错，但仍有提升的空间，现针对其在文创产品开发以及展览方面的问题，提出以下开发建议：

1.融入创意，突出博物馆特色，让文创产品"活"起来

创新博物馆文创产品是整合博物馆文化底蕴的有效手段，开发文创产品一般基于博物馆的文化历史资源优势，因此，设计者要对馆藏文物及其文化特点进行深入挖掘、充分利用，丰富产品表现。第一，提取文物若干的主题元素，将历史文化特点和现代艺术设计结合起来，在创新展现浓厚文化底蕴的同时，体现文创产品传统与现代相结合的特点。文创产品所呈现的文化理念要与博物馆主旨一致，应根据博物馆馆藏资源的文化特色，为文化创意提供更多灵感。不论是图像显现还是文字表达，都应相辅相成，既能用于收藏，彰显艺术美，又能作为礼物，寓教于乐。第二，要为博物馆打造一个具有特色的、能代表博物馆的IP形象，创造博物馆专属品牌，并积极开展以新媒体为主的宣传推广，助力品牌可持续发展。不论打造IP形象，还是开发文创产品，都应基于博物馆不同年龄层参观者的审美需求，充分抓住社会公众的审美取向，突出实用价值。例如哈尔滨森林博物馆的IP形象——森博小松鼠，这一形象活泼可爱、生动有趣，深受年轻群体喜爱，品牌效应显著。重庆以"景点、火锅、

地貌、轻轨"等元素而闻名，结合长江三峡的形象，该馆可围绕这些特色元素进行产品设计。

2. 融合互联网优势，开展多元化营销

中国国家博物馆、故宫博物院、苏州博物馆等单位的优秀电商运营经验为该馆文创产品的线上营销提供了发展思路，该馆应审视当前市场营销环境，更新产品运营理念。

在短视频时代，博物馆应基于资金、能力现状，尝试借助短视频平台提高群众对博物馆的关注度。例如，"北京故宫文创"，利用抖音平台投放宣传广告，不仅提高了博物馆的热度，还增加了博物馆线下、线上店铺的访问量，使销售量大幅增长。但后期随着广告投放的减少，热度走低，博物馆访问量回落到正常水平。没有持续有效的推广宣传，广告内容未能围绕专题 IP，宣传内容多为产品推广，这些都可能导致广告排斥效应。因此，重庆中国三峡博物馆文创部可尝试设立新媒体运营小组，通过制作如"探索巴蜀文创起源""我们如何让文物'活'起来"等以人文艺术为主题的宣传视频，以博物馆的文艺活动宣传为主、店铺及产品的营销推广为辅，在视频评论区与观众积极互动，认真听取网民的意见，打造"传统文化艺术活化＋现代艺术推广"平易近人的形象，以增加视频号的关注量，为线下、线上营销活动起到有效的辅助和推广作用。需要注意的是，应保持稳定的视频更新频率，避免发布低质量内容；要结合博物馆文创分类，采纳网民意见来制作相关视频，以保持热度。

3. 积极调查并响应观众的需求

就博物馆陈列展览来说，其最根本的意义在于对参观者起到教育作用，对历史文化起到传承作用。因此，积极推动博物馆陈列展览符合参观者的实际需求，是十分必要的。要响应参观者的需求，主要可以从两个方面采取措施：其一是了解参观者的参观喜好，将展品按照能够吸引参观者的眼光及兴趣的方式进行展览；其二是应当对不同文化程度的参观者的理解能力予以全面考虑，展览既要能够吸引高级知识分子的眼光，又要能兼顾小学生等文化水平尚低的群体的文化吸收能力，做到既通俗易懂，又饱含深度。

五、重庆白鹤梁水下题刻的保护与利用

（一）资源概况

白鹤梁题刻是世界大河流域现存水文遗产中的一颗璀璨明珠，从763年至1963年，古人通过长期观察，连续记载了自唐朝迄今1200年间72个年份的枯水水文信息，梁上现存165段题刻，集历代名家文学、书法之大成，不仅是当地民众在千百年历史进程中所创造的灿烂文化，更是在长期的历史淬炼中传承至今的水文化遗产，具有极其重要的科学、历史、艺术价值。1988年，白鹤梁被国务院公布为全国第三批重点文物保护单位；2006年，国家文物局将其列入《中国世界文化遗产预备名单》；2008年，联合国教科文组织将其列入世界文化遗产预备名单。

在举世瞩目的三峡文物保护中，白鹤梁题刻原址水下保护工程系难度最大、科技含量最高、投资最多的文物保护项目。为保护白鹤梁题刻，先后论证了10年，提出了7个保护方案，最终采用了"无压容器"方案，以修建水下博物馆的形式对题刻进行原址水下保护。工程总投资2.1亿元，2003年动工，历时7年，共有14名院士参与其中。2009年5月18日，白鹤梁题刻原址水下保护工程及水下博物馆正式落成，实现了白鹤梁题刻的原址原貌保护和观赏，成为世界上同类文化遗产成功保护的首例。

重庆白鹤梁水下博物馆（图6-5）位于重庆市涪陵区滨江大道二段185号，于2009年5月18日正式落成并对外开放，是世界首座水下博物馆，属地方性历史博物馆，是集文物保护、研究、宣传、教育于一体的文化活动中心，联合国教科文组织将其誉为"世界首座非潜水可到达的水下遗址博物馆"。

重庆白鹤梁水下博物馆占地面积11300平方米，建筑面积8433平方米，有岸边陈列馆和水下参观区两部分；现存题刻有165段，共1万余

字、石鱼18尾、观音2尊、白鹤1只，其中涉及水文价值的题刻有108段，馆藏精品文物有刻石鱼水标。

2013年，重庆白鹤梁水下博物馆被全国旅游景区质量等级评定委员会正式批准为国家4A级旅游景区。2016年5月18日，重庆白鹤梁水下博物馆被水利部正式批准为国家水情教育基地。2018年7月20日，重庆白鹤梁水下博物馆被重庆市旅游发展委员会正式批准为重庆市研学旅行示范基地，同年11月9日，重庆白鹤梁水下博物馆被教育部正式命名为"全国中小学生研学实践教育基地"。2021年8月，重庆白鹤梁水下博物馆被中国侨联确认为第九批中国华侨国际文化交流基地。

图6-6展示了重庆白鹤梁水下题刻。

图6-5　重庆白鹤梁水下博物馆

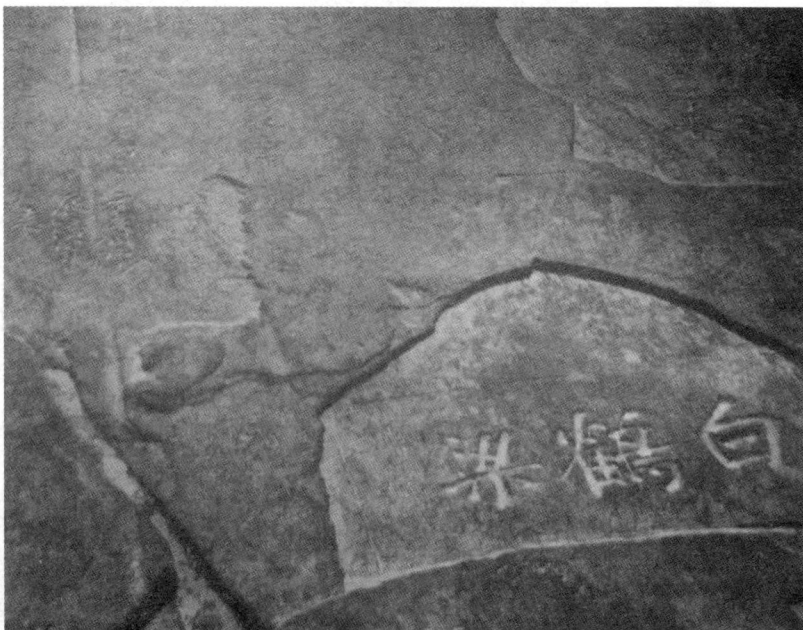

图 6-6　重庆白鹤梁水下题刻

（二）保护与利用现状

白鹤梁题刻保护管理措施及取得的成效对类似水文化遗产保护和利用起到借鉴作用。

1. 成立专门的管理机构

2010 年 4 月，重庆市人民政府召集市级相关职能部门、涪陵区委、区政府研究决定，由重庆中国三峡博物馆、涪陵博物馆、重庆峡江文物工程有限责任公司联合成立白鹤梁水下博物馆试运行管理机构，负责试运行期间的管理工作。白鹤梁水下博物馆自成立以来，人员分工明确，岗位职责到位，规章制度完善，先后制定了行政、人事、财务、接待等 30 多项管理制度，规范运行管理标准。围绕防火、防盗、防雷击、防水下突发事件、防水下建筑隐患、反恐防暴"六防"工作重点，制定了消防、反恐防暴等 10 余个安全预案，建立了应急救援队伍。

2. 以"申遗创 A"为目标，让保护管理更加严格

白鹤梁水下博物馆成立伊始就确立了以古水文题刻的保护与展示利用为主线，以申报世界文化遗产、创建 5A 级景区和打造国际一流的有特色的水下博物馆为目标。

3. 加强科学研究，助力题刻保护

白鹤梁题刻水下原址保护工程集多专业、多学科技术，是世界水下文化遗产原址保护展示的首例，在世界范围内尚无保护管理经验可借鉴。2010 年以来，白鹤梁水下博物馆先后与重庆大学、中国海洋大学等合作，开展科研课题和设施设备提档升级，寻求科学的保护措施，在揭示保护体内水质变化的影响因素以及相关规律，探索提高水下题刻保护体安全性、提升展示观看效果和降低运行成本等方面取得良好成效。

4. 做好水下照明与观赏项目提升

水下保护体灯光改造——白鹤梁题刻保护体内水下照明系统是目前国内唯一应用在水文化遗产展示的深水照明系统；观察窗更换工程，白鹤梁题刻水下参观有 23 个观察窗，观众可通过观察窗近距离观赏水下题刻，这样的呈现方式是不同于国内外其他文物保护工程的核心价值所在。

5. 提高遗产监测能力和水平

2013 年，白鹤梁水下博物馆与相关机构合作，完成了《白鹤梁题刻本体及保护环境监测体系建设立项报告》文本。该项目共设立 12 个大项、41 个小项监测指标，通过建立对文物本体、水环境、空气质量和游客流量等动态信息的监测，获得了影响文物本体及游客参观安全的基础性数据，提高了预防性保护和监测管理能力。另外，该项目也是首个针对水下文化遗产本体和保护环境的预警监测项目。2015 年，白鹤梁水下博物馆自主研发空气质量监测系统，通过对重点部位设立的温湿度和二氧化碳监测点位的实时监控，远程调节馆内各处空气质量，为合理设定游客承载量提供了数据支撑，为科学控制空气质量提供了依据。

6. 提升科普教育效果

为加深游客对文物知识的了解，解决白鹤梁展陈无实物、较枯燥的

问题，白鹤梁水下博物馆从运行初期就积极探索服务方式，推行免费讲解，将博物馆变成生动的课堂，让每一个游客都能深入了解白鹤梁题刻的文化内涵。通过开展白鹤梁"人日修禊"、中国农民丰收节等系列活动，将博物馆科普知识与游客互动相结合，加强社会教育和科普宣传，扩大文化资源共享公众面。注重宣传手段和教育方式的多元化，以白鹤梁历史文化资源和科技保护工程为基础，引导学生和市民走进历史，体味悠久灿烂的中华文明，激发对家乡文化遗产的关注和热爱，让普通市民和学生树立文化遗产保护理念，让文化遗产的历史记忆得以传承。

通过不断探索和工作运行实践，白鹤梁题刻实现了有效保护、合理利用和可持续发展。近年来，通过立法和保护规划明确了白鹤梁题刻保护必须遵循的基本原则和工作方针，杜绝因政府人事更替带来的长官意志和不遵循文物发展客观规律的个人随意性；通过对水下保护体内石质文物现状及水环境进行定期监测和深入分析，得出题刻石质几无泥化，保存状态良好的科学结论；建立了水下保护体内文物定期清洗和检测制度，以确保水质清澈，题刻完好，水电能耗较同期明显降低；水下部分系统实现了程序化、智能化控制，合理调节光照强度，延缓了水中藻类的生长速率，突出了重点题刻的展示效果，保护体内水质清晰度和可见度达到95%以上，有效提升了参观效果，使水下题刻实现从看得见到看得清的突破；以世界大河文明为背景的白鹤梁古水文题刻展陈内容更加丰富，手法更加多样，视觉冲击力更强烈，千年文化底蕴更加凸显；合理设定了博物馆日最大承载量、日最长开放时间，电梯、循环水设备系统日最长运行时间，建立了白鹤梁可持续发展的良好运行管理机制；建立了长效、完善的监测系统，对水下题刻现状、藻类生长、水下保护工程安全情况等进行全面监测，确保安全；在文化遗产保护、交流互访、输出展览、可持续发展等方面开展国际互鉴与合作，通过加入联合国教科文组织全球水博物馆网络和召开国际学术研讨会，持续扩大白鹤梁的国际影响力，助推白鹤梁申报世界文化遗产；通过"走出去、请进来"开展科普研学活动，完善了白鹤梁水下博物馆的教育功能。

白鹤梁题刻原址水下保护工程是中国迄今为止参与单位最多、学者关注最广、技术含量最高的水下文化遗产保护利用工程，是中国文物事业从文物保护走向文化遗产保护的一个代表性案例。该工程在有限经费投入的前提下，实现了全世界首例水下文化遗产原址保护、展示和可持续发展目标，其运行管理经验将为同类文化遗产的保护利用提供借鉴[①]。

（三）保护与利用建议

1. 实施白鹤梁题刻本体和保存环境的监测项目

白鹤梁题刻水下原址保护的特殊方式在世界文化遗产监测工作中无先例可循，再加上对水下文化遗产监测数据、预警数据的采集和使用理解不够深刻，许多监测对象有待进一步梳理。相关部门应加快实施白鹤梁题刻监测预警系统建设，通过收集基础数据，分析文物本体、保存环境的日常管理的变化信息，研究各项预防性保护的限制性指标，为下一步保护管理制定较为合理的基础预警参数。

2. 发挥白鹤梁水文遗产的价值，打造中国水文博物馆（国家水文遗址公园）

通过规划工程，开展陈列展览的优化设计，改善白鹤梁陈列展示不充分和外环境局促的现状，满足游客对水下原址原貌参观和文化遗产内涵认知的双重需求，努力打造中国水文博物馆（国家水文遗址公园）。

3. 深度挖掘白鹤梁历史文化价值、水文科学价值、书法艺术价值

结合科普宣传教育工作，遵循《保护水下遗产公约》中的共享和可参与性原则，提高公众在遗产研究保护工作中的参与度，加强对青少年的科普教育，实现可持续发展。

[①] 蒋锐.浅析水下文化遗产保护管理措施及成效——以白鹤梁题刻为例 [J].自然与文化遗产研究,2020,5(01):114-119.

第四节 三峡库区非物质水文化遗产保护与利用的个案研究

一、江河号子（长江峡江号子）的保护与利用

（一）资源概况

号子是劳动人民在生产劳动过程中创作演唱并直接与生产劳动相结合的民歌。劳动号子在不同的工作种类中有具体的分类，例如搬运号子、工程号子、农事号子、船渔号子等。

长江峡江号子，又名船工号子、楚帮号子，是劳动号子的一种，属船歌船谣范畴，为三峡船工驾船闯滩常用的号子。因它产生在长江三峡，故名峡江号子，主要分布在湖北省巴东县、秭归县和夷陵区等三峡库区。作为长江水系音乐的重要组成部分，长江峡江号子由多种风格的号子组成，形成排号，古老的"三音歌"在其中得以传承。作为民歌的一个主要载体，长江峡江号子大量运用赋、比、兴等表现手法，不仅是地道的文化原生态，更是一组荡气回肠的生命赞歌。同时，长江峡江号子也是三峡库区人民的劳动与自然相结合又相碰撞而产生的较早的精神和艺术之花，折射出纤夫豁达与开朗、勇敢与顽强、乐观与洒脱的精神，具有永恒的文化价值和艺术价值。图6-7展示了纤夫唱长江峡江号子的情景。

图6-7　长江峡江号子

　　长江峡江号子的历史源远流长，记录着纤夫们的生活，所唱号子的名称和腔调根据行船需要和水流缓急而有所不同，具有很强的音乐性。其节奏强而有力、顿挫分明，演唱时有领有合，领唱曲调较复杂，"倚音"较多。在调式调性上，以五声徵、羽调式用得最多。在乐句终结音的使用上，除遵循一般的调式五度音、四度音对主音的支持与肯定这一规律外，纤夫们还有许多独特的创造，例如：有的号子每一乐句都终止在调式主音上，有的所有乐句都围绕五级音或四级音进行，旋律或句读处主音极少出现。在演唱上，既有当地的民歌演唱技巧，又有自己的独特风格，在平静的江面上演唱的号子舒缓而悠长，在闯滩时演唱的号子则急促高昂，且总在曲首或曲中加用某些带有特定寓意的衬词衬句，给整个号子增添了饱满的激情和独特的地方色彩。长江峡江号子以高亢、浑厚、雄壮、有力为特征。音乐旋律与内容融为一体，音调多与语言声调相结合，它行腔自由舒展，节奏、速度视具体活路即演唱时所从事的劳动而定。长江峡江号子行腔中以"腔旋律"居多，也有"韵调旋律"，带有古老的徵羽乐风。其表现形式多为一领众和，领唱者有一整套适合各种行船活路的曲目，有时还会根据具体状况和需要，即兴编唱几句行船"行话"以指挥劳动，例如起航前喊"活锚号子"、平水时哼"摇橹号子"、顺风时叫"撑篷号子"，等等。

江河号子的存在从本质上体现了自古以来三峡库区各流域劳动人民面对险恶的自然环境不屈不挠的抗争精神和粗犷豪迈中不失幽默的性格特征。同时，在音乐形式和内容上，其发展也较为完善，具有很高的文化历史价值。江河号子是劳动人民面对险滩恶水时诞生的一种集力量美与野性美于一体的特殊的艺术形式，是劳动人民集体创作的恢宏的生命乐章，是我国重要的非物质水文化遗产。长江峡江号子在现存史料里记载很少，相关的文献和文物铭文也没有太多记录。

（二）保护与利用现状

随着社会的发展，纤夫这一职业逐渐退出了历史舞台，伴随拉纤而产生的长江峡江号子赖以生存的土壤和环境已不复存在，当前，能喊长江峡江号子的只剩下为数不多的老人。因此，这一古老且融技术和艺术于一体的长江峡江号子已濒临失传。这一情况引起了各级政府的重视，各级政府将其列入非物质文化遗产名录进行保护和传承。2006年，长江峡江号子被巴东县人民政府收录进第一批县级非物质文化遗产项目名录，被恩施州人民政府收录进第一批州级非物质文化遗产项目名录；2007年，被湖北省人民政府列入第一批省级非物质文化遗产项目名录；2008年，被国务院列入第二批国家级非物质文化遗产项目名录。

1. 面临生存基础的危机，后继乏人

1987年，尽管川江号子在法国阿维尼翁艺术节"世界大河歌会"上的惊天一吼震惊了所有听众，2006年又成功申报为国家级非物质文化遗产，但是随着三峡工程的兴建以及现代化航运技术的普及，以人工为动力的传统运输模式渐趋消亡。三峡蓄水不仅淹没了城市村庄和文化古迹，也使长江峡江号子赖以生存的急流险滩永远沉入江底，流传千百年的长江峡江号子走到了生命的尽头。那些川江船工们曾经吟唱过的苦难与忧愁、快乐与幸福也将随着三峡工程的蓄水而成为绝唱。

今天还能够吟唱几句江河号子的老人已经越来越少了，大部分进入耄耋之年的老船工已然记不起当年的故事和歌词了。而沿江两岸年青一代的态度更令人担忧，他们对江河号子要么不以为然，要么连听都没有听说过，年轻人更在意现代音乐和艺术带给他们的精神享受。物质基础的改变、社会风俗的变化实际上导致长江峡江号子面临着传承断代的危险。

2. 面临保护行动的危机，方法较少

近年来，由于一些号子继承人和文化保护者的大力宣传和"非物质文化遗产"地位的确立，在长江峡江号子是否应该继续传承下去的问题上，绝大多数人认为长江峡江号子是中国传统文化中的精髓，当然应该予以保留。但是对于怎样保留、怎样传承、具体做怎样的工作、投入多少经费等问题，更多的人却语焉不详，而这也正是经济发展背景下众多民间文化遗产留给政府和世人的一道带有共性的难题。

3. 巴东县积极行动，加大投入和宣传力度

自2006年开始，巴东县实施了一系列措施，加大了对长江峡江号子的保护力度。一是出台了保护非物质文化遗产的政策。2006年以来，巴东县先后制定了《巴东县非物质文化遗产保护办法》《巴东县非物质文化遗产重点项目保护方案》《长江峡江号子"十二五"时期保护规划》和《巴东县关于民族民间文化抢救保护计划》，并建立了巴东县长江峡江号子保护制度和分级保护标准，就非物质文化遗产的保护内容和计划做出了详细规划，这些政策的制定对推进巴东长江峡江号子的保护和传承具有重要作用。二是建立了传承保护基地。2009年，巴东县在官渡口镇文化站设立"巴东长江峡江号子传承保护基地"，由文化站和省级传承人张厚彪负责传承活动。该文化站有新建的办公楼一栋，可供"基地"常年使用的250平方米的培训大厅一个，18平方米的保存室一间。近年来，该传承基地累计举办传承培训班8期，开展"长江峡江号子进校园"活

动 10 余次，累计培训"号子爱好者"400 人左右。三是推进巴东长江峡江号子的资料搜集和整理。巴东县组织大量人力深入普查摸底，搜集整理了大量与长江峡江号子相关的文献资料，建立了湖北巴东长江峡江号子文献档案室。同时，还建立了"巴东'长江峡江号子'陈列室"，征集、建造长江峡江号子的实物载体——不同形状的木帆船 8 艘。编辑出版了《巴东长江峡江号子资料集》和《湖北巴东长江峡江号子代表性传承人传记集》。此外，积极推进长江峡江号子的数字化建设。2007 年，制作了《湖北巴东长江峡江号子》资料光盘。巴东县非遗保护中心组织了一批峡江纤夫号子传承人进行采访、记录、录音、摄像工作，并对传承人逐一登记建档，相关文字、照片、声像资料已录入数据库。2013 年，跟踪记录采访巴东县著名的"峡江号子活化石"101 岁传承人谭帮武，记录保存视频资料 12G。2014 年，由省级传承人张厚彪和 6 名县级传承人录制原声音频共 22 首 (段)，已存入巴东长江峡江号子档案系统。2014 年，由中国传媒大学任慧教授承担的全国国家级非遗项目立体声 3D 数字化电影胶片拍摄工作，跟踪记录拍摄巴东长江峡江号子影像资料，该视频资料已录入国家非物质文化遗产类立体声 3D 数字管理系统。四是注重传承人的培养。为激发非遗传承人的积极性，巴东县在全县命名表彰以巴东长江峡江号子传承为主的非物质文化遗产优秀传承人，组织传承人开展传承活动，招收青年传承人，在固定传习场馆坐场展示、传承，在全县组织了四次峡江纤夫号子知识竞赛及传承培训、一次全县巴东长江峡江号子传承人师徒大赛；组织编写了《长江峡江号子》中小学教材，积极推进非遗文化进校园，并在全县开展了一次小学生非物质文化遗产知识竞赛；2012 年 11 月，经主管部门批准，县非遗中心联系相关部门，在位于长江支流的"链子溪"风景区设立了"长江峡江号子链子溪水上培训中心"，该培训中心依托风景区的黄金水道以及木制帆船，可以进行实地实景传承培训。该培训中心成立后，曾成功举办过两次实地培训，共培训"号子爱好者"60 人。为向外界展示巴东长江峡江号子的艺术魅力，巴东县积极开展对外宣传和推介工作。一是组织编写以

"长江峡江号子"为主题的画册和图书。二是组织拍摄长江峡江号子的专题纪录片。三是组织传承人参加文艺赛事和演出。四是推进非遗与文化旅游相融合。2009—2022 年，巴东县已成功举办了十届"中国纤夫国际文化旅游节"，使纤夫文化和长江峡江号子的艺术魅力为更多人所熟知。五是举办学术论坛。巴东县先后举办了"纤夫文化论坛"和"巴东'长江峡江号子'文化论坛"，邀请国内知名专家学者参加，并出版了论文集。六是积极开展文化交流。

（三）保护与利用建议

1. 完善立法保护，加大资源投入

立法保护是国际社会保护文化遗产的通常做法，也是最有效的保护手段之一。目前，尽管三峡库区所属的重庆市、湖北省在立法保护非物质文化遗产的工作上进步很快，但是仍需借鉴国外和国内的先进经验，继续加快进程、加大力度，早日使长江峡江号子等文化遗产的保护工作做到有法可依①。同时要实实在在地在社会主义文化建设过程中认识到继承传统文化的重要性，要持续加大经费投入，安排专门机构、专门人员负责和督促保护工作。只有政府首先重视，才能在全社会营造保护文化遗产的良好氛围，并使广大干部和群众自觉树立保护非物质文化遗产的意识，这对于维护我国社会主义文化的多样性、增强民族自豪感、振奋民族精神、加强民族团结、构建和谐社会等具有无法替代的作用和意义。

2. 联合各方保护，拓展发展空间

对三峡库区长江峡江号子的保护要联合各方面的力量进行，联合保护既是联合沿江各省市的力量进行保护，也是联合社会各种力量进行保护。只有认识到非物质文化遗产不是某一省、某一市、某一机构甚至某

---

① 田阡. 重庆市非物质文化遗产研究与保护对策 [J]. 西南大学学报（社会科学版）,2008 (05):177-182.

一人的"私有财产"，而是全人类的共同精神文化财富，大家才能达成认识上的统一，保护才能真正做到举全民之力而为之。此外，政府在保护中还要勤于转换思路，注意拓展新的保护和发展空间。比如，举办各种类型的以宣传长江文化为主题的国际国内活动，加大对峡江号子等文化遗产音像图片文字等的文化记录、宣传和研究方面的投入，结合经济发展复制情景将其引入市场机制中进行保护，等等。

3.注重教育宣传，创新保护方式

对长江峡江号子的保护，目前最棘手的问题是后继乏人，要想解决这一问题，首先要提高继承人的经济待遇和社会地位，另外还可以尝试将长江峡江号子等非物质文化遗产有目的地引入中小学的乡土教材中，给长江峡江号子等非物质文化遗产提供传习、演出、展示的机会。同时，以文艺团体、研究机构为依托进行学术研究和交流，对有志青年进行培养。当然，对长江峡江号子的保护一定要符合时代的要求，必须探索出一种新的表演形式和传承方法，比如引入当下年轻人喜欢的原生态模式，并融入现代化的舞美设计和音乐伴奏，也可以用舞蹈、美术、朗诵等多种表现手法进行辅助。只有解决了长江峡江号子的表演方式问题，才能使它做到和市场真正接轨，也才能让更多年轻人喜欢上它，这就好比巴渝人民吃的火锅一样，尽管不同时期的用料不同、吃法不同，可是火锅的实质总能被保留下来并弥久而不衰。

二、重庆土家族吊脚楼营造技艺的保护与利用

（一）资源概况

吊脚楼立于平地，吊脚半边楼建于倾斜度较大的山坡上，后半边靠岩着地，前半边以木柱支撑，楼屋用当地盛产的木材建成。坡面开成上下两级屋基，下级竖较长柱，上级竖较短柱，使前面半间楼板与后面半间地面平行，形成半边楼。木柱木墙木楼板，楼皆建于数米高的石保坎上，房架高 6 ～ 7 米。每排柱的最外一根自上而下截齐上屋基处，形成

吊脚柱，"吊脚楼"因此得名。土家族吊脚楼营造技艺是湖北省咸丰县、湖南省永顺县、重庆市石柱土家族自治县的地方传统技艺。2011 年 5 月 23 日，土家族吊脚楼营造技艺经国务院批准列入第三批国家级非物质文化遗产名录。

吊脚楼通风防潮，阳光充足，十分受土家人喜爱。吊脚楼一般为横排四列三间，三柱六骑或五柱六骑，中间为堂屋，供历代祖先神龛，是土家族祭祀的核心。根据地形，楼分为半截吊、半边吊、两翼吊、钥匙头吊、曲尺吊、临水吊、跨峡过洞吊等。富足人家雕梁画栋，檐角高翘，石阶盘绕，大有空中楼阁的诗画之意境。

重庆土家族吊脚楼营造技艺，历史悠久，最早可追溯到东汉以前，多数修建于南宋至 20 世纪三四十年代。春秋战国后期，楚人大量迁入四川，受楚文化影响，重庆土家族吊脚楼在建筑形态上出现了"层台累榭"和"重屋累居"的风格，屋顶覆盖物也有了变化，不仅有竹篾、茅草，还出现了用泥坯烧制的板瓦和筒瓦覆盖房顶。元朝末年，大量荆楚移民再次进入重庆地区。巴、楚人口融合、文化交融，促进了当地社会经济的发展，对重庆土家族吊脚楼的运用及兴盛产生了巨大影响。明朝天顺年间，重庆人口数量为西南之最，城区也日渐扩大，尤其沿江一带的商业性用房鳞次栉比，突破了城墙的限制，形成城内八坊、城外附廓两厢的城市规模，城内城外民居多为吊脚楼。"夔州府城白帝西，家家楼阁层层梯。冬雪下来不到地，春水生时与树齐。"这是明代诗人杨慎所作的《竹枝词》里描写的重庆奉节吊脚楼的情景，形象地刻画了明代奉节吊脚楼规模之大、景色之美。

土家族吊脚楼有着丰厚的文化内涵，除具有土家族民居建筑注重龙脉、依势而建和人神共处的神化现象外，还有着十分突出的空间宇宙化观念。土家族吊脚楼具有静中见动、动中趋向统一的灵巧多变的均衡感，这种动态性多层次的高水平对称均衡把吊脚楼推上了美的典型形态，显示出超拔、风雅和流畅的形体风格，具有超越视觉的特异品质，无论远眺近览，还是平视仰瞻，它那优美的形体线条总给人一种"淡妆浓抹总相宜"的美感。这在石柱县的乡间常常可以看到。图6-8展示了重庆土家族吊脚楼。

图6-8　重庆土家族吊脚楼

（二）保护与利用现状

重庆石柱土家族吊脚楼营造技艺是重庆先民巴人的伟大创造，是巴渝民居的代表，是一种极具地方特色的乡土建筑。吊脚楼是非常适宜山地、丘陵地区的一种建筑形式，体现了人类在与自然相处中的智慧和技巧。

随着社会进程的加快，吊脚楼逐渐被现代建筑所取代，传承区域严重缩小，传承人严重减少，当前，这一传统建筑仅分布在永顺县泽家镇、石堤镇、车坪乡、颗砂乡、芙蓉镇等少数乡镇，传承人减少且后继乏人，传承活动难以为继。

随着社会的发展和人们居住理念的改变，以及重庆地区旧城改造，重庆土家族吊脚楼营造技艺文化的延续和实物保护都面临着极其严峻的挑战。

1. 民间传承的无序与失落

随着社会的发展和人民生活需求的提高，现实中大部分原真性的土家族吊脚楼已自发性"升级"，如屋檐下的装饰封檐、局部混搭风、"穿衣戴帽"式的无序外观改造等，剩下极少数原真性的吊脚楼由于缺乏有效保护而处于衰落与破败状态。

2. 官式保护的固态与失活

官式重点保护的吊脚楼相对完整，然而其中多数固化刻板，有些甚至在周围增设围墙，使之隔绝于众。这种固态"古董式"的保护方式最终只会使其静静地在某个角落没落，直至从人们的记忆中消失。

3. 商业开发的混乱与失真

在当前乡村振兴、旅游开发如火如荼的大背景下，大量以旅游开发为名的新建或改造的"伪吊脚楼"随处可见，这些建筑缺失传统吊脚楼的精神内核，只求外表的形似，在商业模式的运作下开发混乱、失真。

（三）保护与利用建议

土家族吊脚楼承载了土家族人的生活与记忆，凝聚着土家族人传统建筑的精髓，承载着土家族人深厚的文化底蕴与历史意义。少数民族不能随着经济增长带来的改变而盲目否定本民族的优秀传统，而是应对本民族优秀的传统文化技艺有着高度自信和自觉。2014 年 12 月 20 日，习近平在与澳门学生们谈话时说："五千多年文明史，源远流长，而且是没有断流的文化。建立道路自信、理论自信、制度自信、还有文化自信，文化自信是基础。"因此，在文化自信、文化自觉的基础上，还需要进一步探讨如何更好地保护本民族的优秀传统文化。

1. 对吊脚楼营造技艺的"文化空间"进行整体性保护

吊脚楼继承了土家族人古老的干栏技术，它依靠着武陵山绵延的山脉及灵动的河水，存在于这一片青山绿水的空间上。对吊脚楼存在的文化空间进行整体性保护，吊脚楼的文化空间保护是指从周围的自然环境、人文环境着手，达到人与自然、物质文化遗产与非物质文化遗产的和谐统一，形成整体性保护策略，而不是单一地对营造技艺进行孤立保护。

自然生态环境的保护是物质文化遗产保护的重要屏障，两者互相依赖。三峡库区东部大山林立，只有优良的物质生态环境的相对保护，才能够让吊脚楼在这片土地上依存。日月星辰、山川河流都是土家族人的信仰，这信仰使得土家族人对于自然万物有了敬畏心，因此，吊脚楼的保护与生态环境的保护不可分割。需要从当下做起，保护存续良好、具有象征性特点的吊脚楼，并保护周围的一草一木，这就需要防止"穿衣戴帽"工程留下的假古董泛滥。同时，需要使村民与政府正确认识到吊脚楼的价值，以及吊脚楼及其营造技艺的重要性，是民族文化、精神的体现。通过政府与各相关部门的通力合作，唤起民众对于文化空间自觉的保护意识，形成一个有力的保护屏障。

2. 以非物质文化遗产保护为核心的全方位开发

对吊脚楼营造技艺生存和依赖的文化空间进行整体性保护，在保护过程中，始终以吊脚楼营造技艺为保护核心，尊重营造技艺本身的真实性及其内在所蕴含的文化价值与内涵。对非物质文化遗产进行整体性保护，对其全部程序与技能实施全方位保护。吊脚楼营造技艺是由许多技艺、技能共同构成的，只保护其中部分技艺并不能够将吊脚楼营造技艺完整地传承下来，还必须对吊脚楼营造技艺的全部程序与技能实施全方位保护。

3. 对吊脚楼营造技艺进行数字化的整体性保护

吊脚楼的营造没有规划图纸，仅凭借掌墨师的经验建造而成，并且现有资料不够全面。科技的进步使我们能够用数字技术来弥补吊脚楼营造技艺传承的缺陷，通过对吊脚楼营造技艺内部复杂的榫卯结构的有效记录和全方位展示，通过走访吊脚楼营造技艺传承人、现存吊脚楼测绘以及实地调查整理归纳，利用摄影录像设备及三维成像技术对吊脚楼的建造工艺流程进行图文演示。利用图形处理软件对吊脚楼的主要营造流程通过数字技术手段来进行现场还原，并通过文字讲解，包括建造工具以及特有的标志性技巧"冲天炮""翘角挑""伞把柱"等进行分解展示，形成一个专门针对吊脚楼营造技艺的数据库，并对资源进行共享和保存，还能通过三维全景虚拟建立一个互动平台，使参观者能够参与其中，使更多人能够欣赏到土家族吊脚楼营造技术的建造魅力与文化价值。

4.完善吊脚楼营造技艺的传承机制

对于非物质文化遗产来说，建立有效的传承机制是重要保障。建立健全传承机制，并改变吊脚楼无人修缮的现象，充分明确传承人的权利与义务，政府与项目部门监督，并对吊脚楼营造技艺的传承人进行质量检验评定，制定奖惩制度、退出制度，使传承人在达到一定年纪，不能够履行传承义务的时候，自觉退出传承人行列，并推选出新的、具有活力的传承人，健全传承体系。充分调动传承人、参与者、学者、爱好者的积极性。建立和完善吊脚楼营造技艺的传习所、传习基地，并制定传承人行为规范，以保证传承活动顺畅开展。

土家族吊脚楼营造技艺与我国传统木结构营造技艺中的"徽派传统民居营造技艺与北京四合院传统营造技艺、香山帮传统建筑营造技艺、闽南民居营造技艺"息息相关，但又具有自身特点，只有因地制宜，才能有针对性地做好保护措施。土家族吊脚楼营造技艺作为建筑技艺里面的一朵奇葩，是祖辈留给后代宝贵的遗产。保护传承好民族文化是对我国文化的保护，使得中华民族的璀璨文明在时间的进程中延绵不尽。

三、水龙祈雨的保护与利用

（一）资源概况

水龙祈雨（图6-9）是重庆市级非遗项目，主要分布在重庆市丰都县、涪陵区等地。相传在涪陵区中峰乡境内，有一块方圆几十公里尽人皆知的"荒田"，明代居住在当地的民间高深道人鞠法真曾经耕种过这块田，迄今为止，这块田一直荒芜着，当地人对此都心存敬畏。当地民间流传着这样一个故事：当年住在涪陵区龙王沱的蔡龙王本来和大家相安无事，但有一年突然兴风作怪，导致周边一带天地龟裂，颗粒无收，一直勤劳耕作荒田的鞠法真看在眼里，决定降服蔡龙王，二人在天地间斗法，战得天昏地暗，最后鞠法真降伏了蔡龙王，迫使他降雨，拯救了黎民百姓。从此以后，每逢大旱年辰，当地老百姓便挥舞水龙，人们泼水附和，成为当地群众重要的拜神祭礼活动。

图6-9　水龙祈雨表演

（二）保护与利用现状

水是生命之源，是农业的命脉。"立春三场雨，遍地都是米。""伏里无雨，谷里无米；伏里雨多，谷里米多。"这些谚语很好地说明了雨水在农业生产中的重要作用。水龙祈雨祭祀活动一般在大旱年辰才会举办，而且有一套极为严格的程序。在丰都县社坛镇流传着一种独特的祈雨活动。相传古代神话中，土地神叫"社"，农作物之神叫"稷"。在农业灌溉、排泄技术欠发达时代，农业生产抵御自然风险能力差，大家能不能有食物吃由"社"和"稷"决定。因而，在现在的社坛镇一带，人们常常设"社稷坛"，祭祀土地神与农作物之神后稷，久而久之，人们把设立"社稷坛"的地方取名为社坛镇。

由于求雨带有浓厚的封建迷信色彩，而且随着国家对农业的投入加大，以及精神文明建设水平的提高，人们转变思想观念，正确认识了各种灾害天气，科学抗旱抗灾，逐渐摒弃了这一习俗，但其中的文化内涵和艺术形式却被保留下来。水龙祈雨已经演变成了人们娱乐健身的一项民间文化活动，当地群众组织龙会，经常进行各种舞龙表演，也保留下这一独特的民俗舞蹈艺术，在重大节日期间成为一个具有较强观赏性和民众参与性的文化活动项目。

"求雨既是祭祀仪式，也是一种民间龙舞表演，集器乐、舞蹈、杂技为一体，是一种综合性的民俗艺术。求雨活动有一套系统的仪式程序和表演程式，保持了意识形态和艺术形态的完整性。水龙舞技艺复杂精湛，动作古朴原始，保留了不少古老的舞蹈因素。"据丰都县非物质文化遗产保护中心相关负责人介绍，求雨是当地一种独特的民俗活动，为探究当地人生产、生活习俗提供了历史依据，体现了当地民众在大灾大难面前不退缩，共同抗击天灾的团结协作精神，展现了民族民间文化在民众中强大的凝聚力。

1. 水龙祈雨的活动内容

水龙祈雨的内容主要包括祭祀和龙舞表演。整个活动由"募钱量"、扎制水龙、祭祀和巡游四个部分组成。

"募钱量"即分头向各村各户募集财物，各家可视自家的情况而定，有钱的捐钱，有粮的捐粮，有物的捐物，家中什么也没有的，一般也不强求，就算拜拜水龙也可以，这一点充分体现了该民俗的"人本"理念，重要的是大家都参与，共同抗击天灾。中华人民共和国成立后，水龙祈雨活动中的民俗文化表演"水龙祈雨"活动保留，"募钱量"这一部分已不存在。

扎制水龙却是水龙祈雨活动必不可少的一部分，水龙长20米左右，直径30厘米，用篾条编制身筒子，全身再覆盖新鲜的杨柳枝条，看上去就像一条生机勃勃的绿龙。水龙扎好后还要供奉在当地祠堂里，每日以清水浇之，直到仪式开始的那一天。叶子保持得越新鲜，说明求雨的希望越大，所以水龙供在祠堂里，由专人照看，小心翼翼地养护，这一步也称为"养龙"。

祭祀就是在祠堂门前设下祭坛，将真人装扮的鞠法真供列其上，端公先生在祭坛前致辞。然后才是舞水龙，舞水龙的队伍有二三十人之多，其中有打锣鼓的、举宝的、举牌灯的、舞龙的、敲响篙的。表演者头戴斗笠，赤裸上身，下着白色短裤，赤脚行走。水龙边走边表演，时而伸直，时而盘绕，动作变化多端，如翻、滚、腾、挪，宛如一条正在兴云布雨的真龙。

巡游则是在祭祀仪式过后，水龙必须到邻近的村子巡游一圈，因为人们认为只有水龙所到之处才会有雨水降下。巡游的队伍很庞大，锣鼓队在前，然后是抬着鞠法真的滑竿，再是十来个人组成的响篙队伍，主要是挥舞响篙驱邪，最后才是水龙。每到一家门口，主人早知音讯，备好香烛、水桶，看见队伍来了，马上双手合十行礼，然后恭敬地泼上一瓢水，水龙被泼得越湿，那下雨的希望就越大，所以即便缺水，众人在这一点上也是绝对不吝啬的。接下来，水龙将一直在周边地区巡游，直到求雨成功，天降甘霖，滋润万物，这一独特的民俗活动才暂时告一段落。

水龙祈雨活动对舞龙者的要求很高，舞龙选手必须是身强力壮、动作敏捷的中青年男子。舞龙时，还有锣、鼓、镲、钹等民间常见器乐伴奏。水龙的各种动作及动作速度与器乐的节奏紧密配合，高潮迭起，形成了一种配乐舞蹈。

2. 水龙祈雨的民俗活动案例

（1）重庆市丰都县

丰都县将水龙祈雨民俗活动融入丰都庙会之中，把更多民俗文化内容、文化符号注入景区，讲"有意义、有意思"的故事，让游客循着故事来、带着故事走，让景区成为践行传统文化教育、美德教育的生动教材和宝贵资源。大力发展"旅游＋演艺""旅游＋教育"等旅游新业态，推出丰都庙会、中元节等文化节会活动，将名山打造成有温度、有故事、有品位、有体验的文化旅游产品。

（2）贵州省平塘县

每年端午节，贵州省平塘县都要举办一年一度的水龙表演。百余名腰拴草裙的壮汉挥舞水龙穿行于小城的大街小巷，接受民众泼水"洗礼"，祈求来年风调雨顺。平塘县布依族耍水龙、泼吉祥水始于明朝洪武年间，祈雨民俗活动一直延续至今。近年来，平塘县委、县政府加快推进全县"大旅游、大扶贫、大生态"战略行动的实施，努力打造民族文化与自然原生态旅游融合发展的思路，使布依族民间舞水龙这一具有浓郁民族特色的活动得以更好地传承。

（3）四川省成都市龙泉驿区

洛带素有舞水龙祈雨的传统，拥有男子龙、女子龙、娃娃龙等几支专业水龙队伍，这些客家人不仅继承了客家龙舞的精髓，还积极创新，让其萌发活力，使客家文化永葆生机。

洛带客家水龙文化节举办地位于成都市龙泉驿区洛带古镇，已经连续举办多届。水龙表演、泼水狂欢、客家精品剧目展演、民俗巡游等活动精彩纷呈，游客参与性较强。

（三）保护与利用建议

1. 保护与利用原则

（1）真实性原则

真实性原则是指在民俗的开发过程中，要挖掘出民俗的内在价值和文化内涵，呈现出民俗的真实原貌。在当代经济的冲击下，受商业利益的驱使，出现了不少"伪民俗"。"伪民俗"打着"民俗"的幌子、"非遗"的旗帜，对民俗现象进行虚假宣传，甚至假造与民俗相关的景观和事物。这种民俗不仅破坏了民俗的本来样貌，更容易造成人们的误解与厌倦。

（2）参与性原则

参与性原则是指在民俗的开发过程中，要善于将民俗与当代生活联系起来，引导民众参与其中。民俗产生于社会生活，与人们的日常生活有着紧密联系，自然应回归于人们的生活之中。民俗类表演、仪式、祭拜等不应仅仅成为人们观看、欣赏的对象，与人们的生活日渐背离，成为遥远的记忆。在民俗开发中适当增设体验性互动环节，引导民俗与当代生活相适应，在当代社会生活中继续展示其规范性、服务性、娱乐性等特性。当然，并不是所有民俗都能在当代生活找到其生存空间，在民俗开发中，要善于辨别，敢于剔除那些落后的、迷信的、愚昧的、野蛮的民俗事项。

（3）可持续发展原则

可持续发展原则是指在民俗开发过程中，要保护好生态环境，平衡好文化开发与经济发展的关系，坚持经济效益、文化效益、环境效益相统一。民俗现象往往与特定地区、特定群体相联系，当民俗作为一种文化资源被开发后，大量游客涌入当地，必然会对当地的环境造成压力。在民俗开发中，不能一味追求经济发展，还应根据环境的承受力，对游客数量进行评估和限制，同时制定合理的发展规划和环境公约。

2. 保护与利用策略

历史是根，文化是魂，传统历史文化是我们的文脉所在。丰都是历史文化名城，拥有丰厚的历史文化资源，经过数百年的沿袭，留下了数不胜数的文化遗产，水龙祈雨是民间一项沿袭已久的民俗活动，是极具研究价值的市级非物质文化遗产。非物质文化遗产是人民世代相承的、与群众生活密切相关的传统文化表现形式。它既是历史发展的见证，又是珍贵的、不可再生的文化资源，蕴含着人民特有的精神价值、思维方式和文化意识，体现着人民特有的生命力和创造力。水龙祈雨已经被挖掘传承，在丰都庙会的第一次亮相便惊艳众人。

（1）加强保护，整合水龙祈雨文化资源

水龙祈雨的内涵较广，既包括以具体存在物为代表的自然和人文景观，也包括具有抽象性的内在的民风民俗。这些宝贵的文化资源是水龙祈雨文化得以传承的重要依托。由于作为实体物的自然和人文景观分布不均、散落各处，一方面需要对重要景观进行修复和保护；另一方面可设计出合理路线，进行景观一日游。而抽象性的民风民俗只能依托水龙节庆进行呈现。甚至可以在传统仪式的基础上融入现代人民所喜闻乐见的因素。同时，要注意景区的可持续发展。

对水龙祈雨非遗资料进行存档整理，包括民俗的内容、源流与现状。以地方政府为单位，召集一批专家学者对当地的民俗用文字或影像等方式进行记录整理。例如丰都县人民政府对当地水龙祈雨民俗的考证与整理，通过文字等进行记录，并积极申报国家级非物质文化遗产名录进行保护。

（2）注重互动，增加体验性活动

每个旅游地点都有其特色，但并非每一个地方都能让游客的情感体验得到最大化。丰都庙会节庆所包含的鬼城文化、灯展、水龙祈雨等活动源自民间，应实现其作为民间资源的最大化。在节庆仪式中适当增加体验性互动环节有利于游客更好地体验当地的民俗风情。比如在水龙祈雨演出活动中，可以增加游客自己扮演舞龙手的环节；在巡游的仪式中，可以让游客换上服装参与其中；可以让游客在传承人的指导下，体验一番扎制水龙工艺，让游客亲自参与制作，完成后带走自己的作品。这种在体验中感悟民俗风情的方式显然更容易使游客获得心理满足。

（3）建立品牌，设计水龙祈雨文创产品

文化作为一种抽象物，必然要依托一系列实体物品而存在。通过水龙祈雨文化衍生制品的制作，推动相关文化品牌的建立，有利于更好地记忆和传承文化。丰都在吃、游、行等各方面都有自己的特色和优势，如何建立品牌是关键。吃牛肉，踩高跷，跑旱船，变戏法，各路神仙小鬼随锣鼓声而舞，随器乐声而歌，好不开心，伴随着一声高似一声的吆喝声，把庙会渲染得独具中国文化特色。将水龙祈雨与丰都庙会有机结合，将祈雨和祈福有效整合，做好相关文创产品的设计和制作，打造丰都水龙祈雨文化品牌。

（4）做好制度完善与政策创新

目前国家及地方政府仍然是非物质文化遗产发展的主要引导者，应当在保护与开发非遗项目的过程中为其提供立体化的政策、财政等方面的支持。传统文化的保护状态与政府的管理策略及文化系统有紧密的联系。在非遗的工作中，政府要转变思想，向文化公共服务的方向努力，发挥出非物质文化遗产在地区文化建设中的作用。

（5）给予传承人补贴，对民众进行引导

首先，梳理出民俗活动的关键点，确定相关的传承人。然后，通过非遗进校园、社区活动等，引导民众学习民俗，号召全民参与民俗活动。以水龙祈雨仪式为核心内容，寻访并确定相关传承人，通过出版地方教材、举办活动等方式，引导民众参与其中。

（6）文旅融合，将其与旅游业有机结合

突出地方民俗特色，打造地方旅游品牌。举办民俗文化节等活动，将传统民俗与当代生活联系起来。通过政府引导、商家投资的方式，在坚持民俗保护三大原则的基础上，对民俗资源进行开发。例如，丰都将旅游作为重点产业，举办丰都庙会等活动，满足人们的娱乐与沟通需求，用民众喜闻乐见的方式传承传统民俗。

四、重庆走马镇民间故事的保护与利用

（一）资源概况

走马镇是重庆市九龙坡区的一个镇子，这里流传着一种由以"走马"（赶马）为职业的人群口头创作并传承的民间故事，人们通常将其称作"走马故事"。走马镇民间故事起源的确切年代无从稽考，但走马场建立于明末清初并很快得以兴盛，故事应与之同步发展，其产生形成至少已有四五百年的历史。

由于"走马"人群的生存环境和生活阅历与常人不同，所以他们创作和讲述的故事显示出某些特点。走马镇民间故事内容庞杂、类型多样，除了民间传说故事的一般类型，如神话仙话、风物传说、动植物传说、民俗传说和生活故事等外，还蕴藏着其他独特的文化信息，诸如巴

人图腾龙蛇的传说等。作为古代巴文化的重要遗存，这类故事的数量相当多。20世纪80年代编纂"中国民间文学三套集成"时，在该镇采录到的民间故事达10915个，记录完成数达9714则，另外还采集到民间歌谣3000余首、谚语4000余条、歇后语和俗语等4000余条。

1990年，走马镇被重庆市文化局命名为"民间文学之乡"；2007年，"走马镇民间故事"被国务院列入首批国家级非物质文化遗产名录。该项遗产同时进入重庆市第一批省级非物质文化遗产名录，为其中唯一一项民间文学类非物质文化遗产。

目前，走马镇民间故事面临严重危机，主要问题在于传承乏人。抢救、保护走马镇民间故事不仅可以丰富民众的文化生活，而且能够为人类学、文化学、宗教学、民族学和方言学等多种学科提供研究资料。

（二）保护与利用现状

重庆走马镇民间故事是国家第二批数字化试点工程项目，亦系重庆市第一批国家级非物质文化遗产保护名录项目。目前，重庆走马镇民间故事有国家级代表性传承人1名——刘远扬；市级代表性传承人3名——陈富其、朱伟、吴文；传承教育基地1所——九龙坡区走马镇小学。重庆走马镇民间故事历史悠久，主要流传于重庆市九龙坡区走马镇。走马镇是重庆市人民政府命名的"民间文学之乡"，走马镇拥有全国闻名的"民间故事之村"——工农村。这里是民间文学的富矿，走马镇能讲上千则民间故事者有2人——魏显德、魏显发，被称为"中国格林兄弟"。有民间歌谣、民间故事讲唱群体300余人，其中能讲述500～1000则者3人，能讲述200～500则者10人。魏显德记录下来的故事达1367则，魏显发记录下来的故事达1141则。走马镇民间故事主要有风物传说、民俗传说、动植物传说、生活故事、神话等各种类型。

随着时间的流逝与社会的发展，走马镇民间故事家大多年事已高，开展讲述活动困难，或由于自身原因，已经不能再讲故事了，有的已经故去。尤其可惜的是，魏氏两兄弟也已经相继去世。目前走马镇民间故事国家级传承人只有刘远扬，已经80多岁高龄，而且缺少有讲述潜力的后继者，传承面临青黄不接的局面。此外，走马镇民间故事口耳相传的基地主要是茶馆，但现在能讲民间故事的大都是老者。可能是因为年轻人的观念发生变化，他们似乎对传统的民间文学缺乏兴趣。

（三）保护与利用建议

1. 数字化技术应用于传承教育基地

利用数字化技术融合学校教育是保护和利用走马镇民间故事最行之有效的方式[①]。

走马镇民间故事不仅是非物质文化遗产的重要组成部分，也是学校实施素质教育必不可少的内容。民间故事的熏陶对学生品德价值的建构、个性品质的形成以及想象力和创造力的培养能起到很大作用。九龙坡区走马镇小学为走马镇民间故事的传承教育基地，走马镇小学借助走马镇厚重、丰富的文化，从传承和弘扬民间文化出发，积极开展抢救、保护与传承。学校聘请了王倩予、邓毅等专家为民间特色学校建设的顾问，聘请民间故事讲唱家刘远扬、朱伟等为校外辅导员。根据各年级学生的年龄特征开展民间文化采风活动，全校师生搜集、整理民间故事4000余则、民间歌谣3900多首、民间谚语4200余条，已出版《黄葛树下是我家·走马民间故事集（青少年版）》《黄葛树下是我家·走马小学校本课程（高、中、低年级版）》，全面实现了课程开发、学习方式转变和民间文化传承的"三赢"，成为颇有影响力的民间文化教育特色学校。

利用数字化技术结合走马镇民间故事能使学生得到图文并茂、视听一体的交互式集成信息，可以在多媒体课件中阅读、听取民间故事内容和声音信息。数字化技术改变了枯燥、单一的教学模式，使学生能够更

---

① 罗敏. 数字化技术在重庆走马镇民间故事中的应用探讨 [J]. 重庆文理学院学报（社会科学版),2016,35(04):36-39.

加生动、形象地了解民间故事。学生不再被动接受信息，而是主动获取信息，甚至亲身体验民间故事讲述的过程。这有利于调动学生的学习积极性，提高学生的实践能力。

2. 全面采录走马镇民间故事，打造多媒体资源数据库

对民间故事这种非物质文化遗产资源，除应通过传统方式为其建立完整的档案库外，还应建设民间文学类多媒体资源数据库加以保存。2014 年，重庆申报国家第二批数字化试点工程成功。试点项目包括走马镇民间故事和重庆漆器髹饰技艺。目前，重庆正在按国家标准积极建设重庆非物质文化遗产数据库。重庆将在数据库建设的基础上，和各区县数据库互联互通，共享资源，同时借助媒体和网络进行传播。

走马镇民间故事数量与种类繁多，新的数据资源不断产生。传统管理方式不仅烦琐，而且利用率较低。数字化技术的引入使其能建立多媒体资源数据库。从 2008 年开始，当地将录音磁带、文字资料等分类建档，修复、整理后进行数字化转录，并移放到恒温、恒湿的文物储藏室保存。目前，当地需要建设多媒体资源数据库更好地存储资源。由于多媒体技术的交互性和实时性能大大提高检索效率，还可以采用声音、图形、图像、三维动画等形式建立索引，作为检索标志，可以按照颜色、图案索引民间故事图片，还可以用边缘轮廓结合其他图像处理技术索引人脸图像等对数字化视频和音频信息进行查找，从而提高数字化管理的效率。

3. 提高社区民众文化自信，加强社区参与

联合国教科文组织《保护非物质文化遗产公约》特别强调社区、群体和个人在水文化遗产保护中的作用。继《保护非物质文化遗产公约》之后，2015 年通过的《保护非物质文化遗产伦理原则》进一步强调了社区、群体和个人在水文化遗产保护中的主体地位、对该地区水文化遗产的知情权和参与感。水文化遗产的动态性和活态性应该得到尊重，在进行水文化遗产保护时，不应将社区、群体和有关个人同其自身的非物质水文化遗产相分离。这里的社区、群体和个人是非物质水文化遗产的真

正持有者，是非物质水文化遗产保护中的传承主体，是水文化遗产保护工作中不可缺少的必要因素。但在目前我国水文化遗产保护工作中，社区参与比较欠缺，水文化遗产保护工作主要由政府主导，文化持有者成为被动执行者，有时甚至对本区域内申报的遗产不了解或不知情。同时应该反思水文化遗产保护"是真正服务于文化持有者、水文化遗产践行者的日常生活，还是将文化剥离生活后再为本区域的文化赋权、加冕而脉络化、情境化？"

水文化遗产活态保护和传承的关键在于社区群体的参与，而加强社区参与的前提是提高社区民众的文化自信。首先，要让社区群体了解、认识自己所持有的文化，认识到自己所持有的文化的独特价值，对自己所持有的文化拥有自豪感和认同感。其次，让社区群体对本民族文化当前所面临的生存危机有紧迫感和使命感，主动参与非物质水文化遗产的保护和传承中来，从被动的"输血式"保护变成主动的"造血式"保护，从而激活非物质水文化遗产生存和发展的文化生态。最后，社区居民的主动参与是民间故事可持续传承的内生活力，"在传统社会中，民族民间口头传统能够得到传承和发展，靠的是集体的力量。就人类本身来说，不可能每一个人都成为文学家（而且作家或文学家是现代社会的一种职业称谓），但只要他们对本地区本民族的口头文学具有认同感，就可能成为其口头文学的创作者和传播者"。所以，要让更多社区居民主动参与民间故事的保护中来，通过教育和宣传等措施弘扬传统文化，通过民间故事的讲述，让走马镇上的居民，特别是年轻一代了解走马镇悠久的历史和文化，了解走马镇民间故事的文化意蕴和特殊价值。

五、以端午节为代表的民俗文化的保护与利用

（一）资源概况

随着我国非物质文化遗产申报工作的不断深化，申遗的热潮已经逐渐退去。非物质文化遗产的相关工作已经逐渐从申报过渡到保护和开发

的阶段。无论是联合国教科文组织，还是我国文化和旅游部，都强调对非遗项目进行科学合理的创新性开发。以端午节为代表的民俗类非物质文化遗产因为其集体继承性而具有很强的生命力，每年的"甜粽咸粽之争"、赛龙舟活动都会引发广泛的关注和讨论。特别是"甜粽咸粽之争"的网络话题，每年都能引发年轻人的广泛讨论，人们在相对轻松愉悦的氛围下，以这种新兴的"网络话题"的形式铭记住了"粽子"这一端午节的标志性事物对于节日文化的传承有着非常重要的意义。各地以节日为契机举办的庙会活动更是能够刺激消费增长，许多包含传统文化在内的小吃、手工艺产品、杂耍、文艺表演都吸引着消费者，推动非物质水文化遗产项目的市场化发展①。

"五月五（农历）过端午。"端午节是中华民族的传统节日。《续齐谐记》《荆楚岁时记》中记载，魏晋南北朝后，端午节便与纪念屈原结合起来。唐元和十五年，归州刺史王茂元在屈原故里秭归屈原沱建立屈原祠并写下祭文，众乡亲与各色龙舟会集于此，以此为起点，进行龙舟竞渡，形成了屈原故里端午民俗的鲜明特色。这种民俗在屈原故里延续至今，形成一种传统。

屈原故里端午民俗隆重而欢愉，一般端午三次过。五月初五小端午挂菖蒲、艾叶，饮雄黄酒；五月十五大端午龙舟竞渡；五月二十五末端午送瘟船，亲友团聚。祭奠屈原贯穿节庆活动的始终，包括设坛祭拜、游江、龙舟竞渡、粽子寄情、乡里"闹晚"等活动，端午民俗过程因此而更加完整、紧凑和鲜活。自明代起，秭归农民自发组织"骚坛诗社"，于端午时吟诵楚辞或作赋，相互唱和，这在全国各地端午习俗中独具一格。屈原故里端午民俗既传承了传统端午习俗驱疫避瘟的内容，更保留了当地人民对屈原精神、品格的颂扬和纪念之意。

屈原故里端午民俗是中国上古楚文化和端午礼俗等的活态见证，具

---

① 侯祥红，张鹏.非物质文化遗产开发策略研究——以端午节为例[J].智富时代，2018(12):154.

有人生观、价值观、历史学、心理学、人类学等多方面的研究价值。它宣扬和传播了中国文人杰出代表之一的屈原之精神品格和中国文化传统精神，把传统的祖先崇拜和英雄崇拜人性化和娱乐化，增强了民族的凝聚力和文化认同感。同时，这一节日民俗还传承了《楚辞》与其他民间文化表现形式，具有丰富的文化内涵。

图6-10　端午节

（二）保护与利用现状

以端午节为代表的民俗类非物质文化遗产开发具有局限性。

1. 只重视申报和技术

为了抢救和保护我国的非物质文化遗产，国家出台了保护性质较强的《国家级非物质文化遗产名录》，之后，各个地区申报非物质文化遗产的热情非常高涨，抢注故居类、名吃类、文化类的地区非常多，目的就是借水文化遗产项目的名头来拉动旅游经济，而对于一些无法直接刺激经济增长的水文化遗产项目则表现冷淡，在申报过程中，利益导向的现象非常明显。而且在申报完成后，部分地区只是通过一些技术手段，对水文化遗产项目采用文字、音频、影像的方式进行记录留存，并不关注水文化遗产项目本身，忽视了对水文化遗产项目传承的保护，以及水文化遗产项目自身所包含的巨大价值。单纯留在博物馆中的水文化遗产项目没有实际价值，想要促进水文化遗产项目的发展，就必须由民间、社会、政府共同努力，真正将非物质水文化遗产的保护和开发工作落到实处。

2. 原生态文化与市场开发的矛盾

关于非物质水文化遗产的保护和开发问题的争论一直没有停止过。以端午节为代表的非物质水文化遗产是在一定地域条件下，由当地人民共同的文化生活产生的。就端午节而言，粽子、赛龙舟本身具有开发价值，进行有益的开发之后，不仅能够让更多人铭记端午节，了解端午节背后的爱国思想，还能带来很好的经济效益。相对而言，挂艾草的开发价值较小，对此就可以保护为主，在对端午节进行传承的过程中，尽量保留挂艾草的习俗，让端午节这样的民俗节日类非物质水文化遗产保存得更加完整。对于民俗类的非物质水文化遗产，不开发是问题，过度开发也是问题。个别地方为了获得更多的经济效益，在开发非物质水文化遗产的过程中加入了过多的现代元素，使得非物质文化遗产失去了原有的文化内涵，而变得面目全非，这种"滥开发"也应当杜绝。

3. 知识产权制度不够健全

我国在知识产权保护和发展方面相对落后，而且大多数民俗类非物质水文化遗产的知识产权属于一种共有性质，所以，在具体的界定上显得更加困难。在这样的情况下，一些机会主义者就会钻法律的漏洞，盗取他人的知识产权，在开发非物质水文化遗产的幌子下，谋取个人利益，这不仅是对他人权益的侵害，也是对非物质水文化遗产项目的破坏。随着水文化产业的不断壮大，必须尽快健全知识产权的相关制度，只有形成合理合法的知识产权制度，才能避免水文化产业市场的恶性竞争，营造良好的市场环境。

（三）保护与利用建议

1. 制度的完善与政策的创新

目前，国家以及地方政府是引导非物质水文化遗产的中坚力量，不仅为非物质水文化遗产的开发以及保护制定了立体化的政策，也在财政方面给予了大力支持。传统文化的保护离不开政府的文化系统以及相关管理措施。政府在开展非物质水文化遗产的工作时，应该改变思路，将非物质水文化遗产与文化公共服务相结合，为地区的文化建设提供支持。

目前，在非物质水文化遗产保护政策方面，我国已经进行了创新，如《文化部关于开展国家级非物质文化遗产代表性传承人抢救性记录工作的通知》（文非遗函〔2015〕318号）就是通过鼓励非物质水文化遗产传承人开展研修，激发其创造力，从而促进非物质水文化遗产自身的发展，因此，政策的完善对开发非物质水文化遗产具有重要价值。同时，国家也将非物质水文化遗产列入了国家公共文化体系，为非物质水文化遗产的发展提供了更大的空间以及更多的渠道。

2. 借助互联网技术

目前，互联网已经影响人们生活的各个方面，也为传统文化的传播提供了新途径，创造了新局面。关于非物质水文化遗产项目的各种数据库、宣传网站、微信公众号等都促进了我国传统文化的传播，彰显了我国文化的价值与魅力。目前，大部分非物质水文化遗产传承人也开始借助直播平台等新领域传播传统文化，利用"粉丝经济"带领人们感受非物质水文化遗产的魅力。互联网的最大特性就是信息传播的即时性，在互联网空间中，信息可以得到快速广泛的传播，传统文化在互联网传播的过程中与多种文化结构相结合，摒弃了传统的传承模式，明确了新的发展方向，也得到了年轻群体的文化认同，未来会形成良好的非物质水文化遗产生态模式。

3. 强化知识产权保护

目前文化产业中不正当知识产权的纠纷问题已经显现，如果在处理侵权纠纷的问题时无法采取行之有效的措施的话，就会阻碍整个文化创意产业的健康持续发展。非物质水文化遗产的开发与文化创意产业的发展息息相关。由于人们的产权意识相对薄弱，政府市场监管工作的缺失，文化创意产业行业间的恶劣竞争，使得良币在劣币面前失去了竞争力。例如，很多网络游戏在端午节期间会引入端午主题活动，不仅从侧面传播了端午文化，还让网友的游戏体验更加丰富多彩。而且，如今网络游戏的发展越来越重视对著作权与软件著作权的保护，避免盗版泛滥的情况损害著作权人的利益，影响网友的游戏体验。

为适应当代社会发展的需要，需要尽快完善知识产权的相关政策，并着力制定严格的法律，加大执法的力度，做到立法与执法相辅相成，为文化创意产业的发展营造良好的环境，在文化创意产业发展的进程中，强化知识产权的作用。政府应该加大宣传力度，致力于提高文化创意产业相关人员对产权保护以及品牌建设的意识，使得文化创意企业在寻找创意，发展自身的同时，也可以利用知识产权的相关知识保护自己。

建立知识产权交易平台也是十分必要的，主要是由于非物质水文化遗产的传承人以基层群众居多，一部分人对知识产权的概念模糊，甚至没有这个概念，所以政府部门应该联合市场建立知识产权交易平台，为推动非物质水文化遗产的创意转化奠定基础，促进相关企业开发更多的文化创意产品，对于有开发价值的非物质水文化遗产应给予资金支持，让传统文化在市场中实现其经济价值。

参考文献

[1] 刘易斯·芒福德. 城市文化 [M]. 北京：中国建筑工业出版社，2009.

[2] 中共中央马克思恩格斯列宁斯大林著作编译局. 马克思恩格斯选集（第四卷）[M]. 北京：人民出版社，2012.

[3] 单霁翔. 我国文化遗产保护的发展历程 [J]. 城市与区域规划研究，2008，1(03): 24-33.

[4] 国务院. 国务院关于加强文化遗产保护的通知 [国发〔2005〕42 号][EB/OL].[2023-5-20]. https://www.gov.cn/gongbao/content/2006/content_185117.htm.

[5] 贾兵强. 新常态下我国水文化研究综述 [J]. 南水北调与水利科技，2016(06): 201-208.

[6] 乔利祥. 新时期水文化的内涵及其与水利文化的关系 [J]. 山西农经，2016(18): 39.

[7] 毛春梅，陈苡慈，孙宗凤，等. 新时期水文化的内涵及其与水利文化的关系 [J]. 水利经济，2011(04): 63-66.

[8] 程宇昌. 现状与趋势：近年来国内水文化研究述评 [J]. 南昌工程学院学报，2014(05): 14-18.

[9] 李静，马育红. 节水型社会背景下可交易水权制度之构建 [J]. 现代商业，2015(02): 279-281.

[10] 陈祺，杨斌. 文化型水利标志景观设计探析 [J]. 吉林水利，2014(08): 5-8.

[11] 郑晓云. 水文化的理论与前景 [J]. 思想战线，2013(04): 1-8.

[12] 郑晓云. 近年国外水文化的发展与创新 [J]. 中国水利，2017(09): 61-64.

[13] 李宗新. 漫谈文化与水文化 [J]. 河南水利与南水北调，2012(01): 29-30.

[14] 李宗新. 略论水文化的基本架构 [J]. 河南水利与南水北调，2012(03): 25-27.

[15] 李宗新. 水文化的研究对象 [J]. 河南水利与南水北调，2012(07): 22-24.

[16] 李宗新. 水文化的主要功能 [J]. 河南水利与南水北调, 2012(05): 18-20.

[17] 李宗新. 当前水文化建设的主要任务 [J]. 河南水利与南水北调, 2012(09): 12-13.

[18] 李宗新. 水是治国之枢 [J]. 河南水利与南水北调, 2012(11): 9-10.

[19] 李宗新. 再论水文化的深刻内涵 [J]. 水利发展研究, 2009(07): 71-73.

[20] 刘华杰. "河流伦理"思想及论证中的若干挑战 [J]. 武汉科技大学学报 (社会科学版), 2007(01): 12-16.

[21] 李肖强, 吴强. 构建河流伦理 促进人水和谐 [J]. 道德与文明, 2006(05): 70-72.

[22] 王建明, 杨志考. 当代水伦理价值观反思 [J]. 常熟理工学院学报, 2012(01): 17-21.

[23] 杨志考, 赵丽红. 企业发展中的生态伦理反思 [J]. 内蒙古农业大学学报 (社会科学版), 2010(03): 260-261.

[24] 陈进. 水生态文明建设的方法与途径探讨 [J]. 中国水利, 2013(04): 4-6.

[25] 王文珂. 水生态文明城市建设实践思考 [J]. 中国水利, 2012(23): 33-36.

[26] 杜平原. 试论水文化与民族精神和时代精神 [J]. 河南水利与南水北调, 2008(12): 50-52.

[27] 王鹰. 中国水文化在文学作品中的表现 [J]. 文学教育 (下), 2014(06): 17-20.

[28] 张云鹏, 崔波. 《周易》水文化浅析 [J]. 华北水利水电大学学报 (社会科学版), 2014(04): 8-11.

[29] 张实. 云南迪庆藏族水文化 [J]. 云南师范大学学报 (哲学社会科学版), 2011(03): 64-68.

[30] 陈鸿, 张纯德. 开发利用少数民族水文化 保护水资源: 以彝族水文化为例 [J]. 思想战线, 2011(增刊 2): 11-12.

[31] 井晓旭. 淮河流域的"水文化"[J]. 华中人文论丛, 2013, 4(02): 127-129.

[32] 王易萍. 水的文化隐喻及认同变迁: 西江流域水文化的人类学研究 [J].

广西民族研究 , 2014(01): 46-52.

[33] 席景霞 , 贾昌娟 . 古徽州水文化的自然生态观解析 [J]. 浙江水利水电学院学报 , 2016(03): 10-13.

[34] 席景霞 . 巢湖水文化探究与溯源 [J]. 齐齐哈尔大学学报 (哲学社会科学版), 2015(01): 24-25.

[35] 王延荣 , 国立杰 . 中原水文化建设的思考 : 水利改革与发展需要水文化大发展大繁荣的支撑 [J]. 河南水利与南水北调 , 2012(07): 8-10.

[36] 王延荣 . 水文化建设成果和传播的若干思考 [J]. 河南水利与南水北调 , 2014(03): 34-35, 47.

[37] 靳怀堾 . 水与中华区域文化——以吴越文化为例 [J]. 河海大学学报 (哲学社会科学版), 2008(04): 5-10.

[38] 张芹 , 张娟 . 三峡水文化传播途径研究 [J]. 铜仁学院学报 , 2013(03): 44-47.

[39] 陈玲 . 论三峡水文化在纪录片中的传播 [J]. 重庆三峡学院学报 , 2014(06): 16-19.

[40] 陈玲 . 三峡水文化的传播优势及其发展趋势 [J]. 西部广播电视 , 2014(20): 57-59.

[41] 钟亮 , 熊红燕 . 南昌水文化符号的构建与传播探析 [J]. 中共南昌市委党校学报 , 2014(04): 43-46.

[42] 谭徐明 . 水文化遗产的定义、特点、类型与价值阐释 [J]. 中国水利 , 2012(21): 1-4.

[43] 汪健 , 陆一奇 . 我国水文化遗产价值与保护开发刍议 [J]. 水利发展研究 , 2012(01): 77-80.

[44] 涂师平 . 论水文化遗产与水文化创意设计 [J]. 浙江水利水电学院学报 , 2015(01): 10-15.

[45] 郑晓云 . 傣族的水文化与可持续发展 [J]. 思想战线 , 2005(06): 76-81.

[46] 薛祺 , 黄强 . 关于榆林市水利风景区发展的探索 [J]. 水利发展研究 , 2016(06): 75-79.

[47] 周波，谭徐明，王茂林 . 水利风景区水文化遗产保护利用现状、问题及对策 [J]. 水利发展研究，2013(12): 86-90.

[48] 张帅 . 都江堰水文化与可持续发展 [J]. 四川水利，2005(01): 44-46.

[49] 李大钊 . 东西文明根本之异点 [J]. 言治，1918(7).

[50] 梁漱溟 . 梁漱溟全集（第 3 卷）[M]. 济南：山东人民出版社，1990: 81.

[51] 余谋昌 . 生态文化论 [M]. 石家庄：河北教育出版社，2001: 326-327.

[52] 陈寿朋，杨立新 . 论生态文化及其价值观基础 [J]. 道德与文明，2005(02): 76-79.

[53] 司马云杰 . 文化社会学 [M]. 北京：中国社会科学出版社，2001: 158.

[54] 魏美仙 . 文化生态：民族文化传承研究的一个视角 [J]. 学术探索，2002(04): 106-109.

[55] 王东昕 . 环境与文化互动关系的文化生态学反思：以怒江峡谷为例 [J]. 云南民族大学学报（哲学社会科学版），2007(06): 23-27.

[56] 冯天瑜，何晓明，周积明 . 中华文化史 [M]. 上海：上海人民出版社，2005: 94.

[57] 方李莉 . 文化生态失衡问题的提出 [J]. 北京大学学报（哲学社会科学版），2001(03): 105-113.

[58] 季羡林 . 三十年河东，三十年河西 [M]. 北京：当代中国出版社，2006: 3.

[59] 尹绍亭 . 一个充满争议的文化生态体系：云南刀耕火种研究 [M]. 昆明：云南人民出版社，1991.

[60] 曲凯音 . 乡土文化变迁与文化生态建设：民族地区五村落实证调查 [M]. 北京：人民出版社，2017.

[61] 梁渭雄，叶金宝 . 文化生态与先进文化的发展 [J]. 学术研究，2000(11): 5-9.

[62] 钟淑洁 . 积极推进文化生态的健康互动 [J]. 长白学刊，2001(06): 79-81.

[63] 利奥波德 . 沙乡年鉴 [M]. 侯文蕙，译 . 长春：吉林人民出版社，1997.

[64] 卡逊 . 寂静的春天 [M]. 吕瑞兰，李长生，译 . 长春：吉林人民出版社，2000.

[65] 哈迪斯蒂.生态人类学 [M].郭凡,邹和,译.北京:文物出版社,2002.

[66] 史徒华.文化变迁的理论 [M].张恭启,译.台北:台湾远流出版事业股份有限公司,1989.

[67] 石群勇.斯图尔德文化生态学理论述略 [J].社科纵横,2008(10): 140-141.

[68] 拉帕波特.献给祖先的猪:新几内亚人生态中的仪式 [M].赵玉燕,译.北京:商务印书馆,2016.

[69] 曹诗图,等.长江三峡学概论 [M].武汉:长江出版社,2007.

[70] 史广峰.历史文化资源的保护与开发研究综述 [J].河北省社会主义学院学报,2012(01): 89-91.

[71] 刘玉堂.三峡文化的主要内涵 [J].三峡大学学报 (人文社会科学版),2005(05): 5-10.

[72] 杨顺华.长江三峡旅游交通刍议 [J].旅游学刊,1993(05): 21-22.

[73] 向剑君.跨世纪的三峡旅游大开发 [J].计划与市场,1995(01): 38-40.

[74] 徐廉明.三峡旅游开发前景辉煌 [J].中国水运,1995(09): 44-45.

[75] 王善樵.三峡文化丰富多彩旅游产品应创名牌 [J].三峡文化研究,2006(01): 467-476.

[76] 巴芒.塑造新三峡旅游文化形象的对策研究 [J].经济论坛,2007(01): 20-22.

[77] 王乃举,黄翔.跨区域旅游品牌共建的可行性研究:以湖北三国文化旅游为例 [J].重庆三峡学院学报,2010,26(04): 61-64.

[78] 龚义龙.民族走廊与文化长廊:关于长江三峡旅游文化资源连片开发的若干思考 [J].三峡文化研究,2015(00): 331-339.

[79] 胡大江,陈学梅,牟红.基于演化博弈的三峡旅游区域合作研究 [J].现代管理科学,2011(08): 91-93.

[80] 张玉蓉,林娜.三峡库区生态与文化遗产旅游廊道资源赋存及价值功能 [J].旅游纵览 (下半月),2018(22): 23-25.

[81] 李哮沛.宜昌屈原文化建设的构想 [J].三峡大学学报 (人文社会科学

版), 2008(02): 9-11.

[82] 梁颂成 . 常德市城区屈原文化资源考述 [J]. 湖南文理学院学报 (社会科学版), 2009, 34(05): 49-52.

[83] 龚红林 , 何轩 . 屈原文化版图考 [M]. 南京 : 南京大学出版社 , 2017.

[84] 张祖群 . 端午节 : 基于文化认同的民俗转型意义 [J]. 西北工业大学学报 (社会科学版), 2014, 34(01): 85-88, 104.

[85] 沈思涵 . 非物质文化遗产保护视域下节庆文化传承发现研究 : 以湖北省秭归县端午节为例 [J]. 长江大学学报 (社会科学版), 2018, 41(03): 27-31.

[86] 熊登海 . 端午节蕴含的文化意义思考 [J]. 理论与当代 , 2018(08): 60-63.

[87] 李万军 . 三峡文物保护的数字化研究 [J]. 武汉纺织大学学报 , 2011, 24(01): 50-53.

[88] 郝国胜 . 数据中的三峡文物保护 [N]. 中国文物报 , 2014-11-28.

[89] 曹诗图 , 胡绍华 , 查俊峰 . 三峡区域非物质文化遗产特点与旅游开发研究 [J]. 地域研究与开发 , 2010, 29(02): 81-85.

[90] 阚如良 . 非物质文化遗产旅游开发的 "人本范式" [N]. 光明日报 (理论版), 2014-06-11.

[91] 黄健民 . 长江三峡地理 [M].2 版 . 北京 : 科学出版社 , 2011.

[92] 谭雪霏 . 文化生态视域下的三峡宜昌库区文化资源保护研究 [D]. 武汉 : 华中师范大学 , 2019.

[93] 涂师平 , 王磊 , 金柯洁 , 等 . 重庆水文化遗产保护 [M]. 北京 : 中国水利水电出版社 , 2019.

[94] (宋) 王象之 . 舆地纪胜 [M]. 北京 : 中华书局 , 2003.

[95] (清) 徐松 . 宋会要辑稿 [M]. 北京 : 中华书局 , 1957.

[96] 余静 . 从近年来三峡考古新发现看楚文化的西渐 [J]. 江汉考古 , 2005(01): 73-84.

[97] (五代) 刘昫 . 旧唐书 [M]. 北京 : 中华书局 , 1975.

[98] 陈雷 . 弘扬和发展先进水文化 促进传统水利向现代水利转变 [J]. 中国水利 , 2009(22): 17-22.

[99] 彭万廷. 巴楚文化研究 [M]. 北京：中国三峡出版社, 1997.

[100] 李俊. 长江三峡地区外来文学家的聚集与唐代贬谪文化 [J]. 中华文化论坛, 2015(11): 19-25.

[101] 陈晓群, 吴雪洁, 舒卫萍. 湖北水利风景资源开发利用现状及发展对策 [J]. 中国农村水利水电, 2019(04): 39-41, 46.

[102] 朱海风. 水文化与水科学融通共振是当代中国治水兴水的重要路径 [J]. 中州学刊, 2017(8): 89-92.

[103] 赵国栋. 地方水生态：牧区水文化的价值、风险与化解 [J]. 贵州民族研究, 2020, 41(2): 52-60.

[104] 郑小云, 赵晓宁. 国家视野下旅游地的开发与保护研究 [M]. 成都：四川大学出版社, 2016.

[105] 邹统钎. 遗产旅游发展与管理 [M]. 北京：中国旅游出版社, 2010.

[106] 郑志龙. 行政管理学 [M]. 北京：中央广播电视大学出版社, 2000.

[107] 刘璐. 三峡库区文化遗产空间分布及遗产廊道构建研究 [D]. 重庆：重庆理工大学, 2019.

[108] 周丹丹. 基于乡村振兴的水文化建设：以安吉县西苕溪流域为例 [J]. 浙江水利科技, 2020, 48(02): 1-4.

[109] 索晓霞. 乡村振兴战略下的乡土文化价值再认识 [J]. 贵州社会科学, 2018(01): 4-10.

[110] 廖彩荣, 陈美球. 乡村振兴战略的理论逻辑、科学内涵与实现路径 [J]. 农林经济管理学报, 2017, 16(06): 795-802.

[111] 龙井然, 杜姗姗, 张景秋. 文旅融合导向下的乡村振兴发展机制与模式 [J]. 经济地理, 2021, 41(07): 222-230.

[112] 熊正贤. 文旅融合的特征分析与实践路径研究：以重庆涪陵为例 [J]. 长江师范学院学报, 2017, 33(06): 38-45, 141.

[113] 熊正贤. 文化势能与西部地区文化产业发展研究 [M]. 北京：经济科学出版社, 2015.

[114] 冯林雪. 三峡库区农旅融合发展路径探析：以云阳县为例 [J]. 农家参

谋 , 2019(22): 22, 44.

[115] 赵建新 . 宜昌百里荒国家级水利风景区顺利通过省级初评 [J]. 中国水土保持 , 2016(07): 31.

[116] 邱强 . 磁器口历史文化街区保护与利用路径选择 [J]. 规划师 , 2017, 33(S2): 70-73.

[117] 重庆中国三峡博物馆 . 重庆中国三峡博物馆简介 [EB/OL]. [2022-4-29].http: //www.3gmuseum.cn/web/article/toArticleNo.do?articleno=1&base=&fullPath=http%3A%2F%2Fwww.3gmuseum.cn&type=&itemsonno=12121212&topitemno=402880b25a3bb962015a3bc512212223&itemno=402880b25a3bb962015a3bc512212223.

[118] 卓玲 . 博物馆文创产品开发及发展策略 : 对重庆中国三峡博物馆的思考 [J]. 收藏与投资 , 2021, 12(12): 78-80.

[119] 卓玲 . 博物馆展览方式的创新思考 : 以重庆中国三峡博物馆为例 [J]. 东方收藏 , 2021(23): 47-48.

[120] 蒋锐 . 浅析水下文化遗产保护管理措施及成效 : 以白鹤梁题刻为例 [J]. 自然与文化遗产研究 , 2020, 5(01): 114-119.

[121] 田阡 . 重庆市非物质文化遗产研究与保护对策 [J]. 西南大学学报 (社会科学版), 2008(05): 177-182.

[122] 罗敏 . 数字化技术在重庆走马镇民间故事中的应用探讨 [J]. 重庆文理学院学报 (社会科学版), 2016, 35(04): 36-39.

[123] 侯祥红 , 张鹏 . 非物质文化遗产开发策略研究 : 以端午节为例 [J]. 智富时代 , 2018(12): 154.

[124] 吴传钧 . 论地理学的研究核心 : 人地关系地域系统 [J]. 经济地理 ,1991(03):1-6.

[125] 陆大道 , 郭来喜 . 地理学的研究核心——人地关系地域系统——论吴传钧院士的地理学思想与学术贡献 [J]. 地理学报 ,1998(02):3-11.

[126] 刘彦随 . 现代人地关系与人地系统科学 [J]. 地理科学 ,2020,40(08): 1221-1234.

[127] 葛剑雄.全面正确地认识地理环境对历史和文化的影响 [J].复旦学报（社会科学版),1992(06):51-55, 104.

[128] 邓先瑞.试论文化生态及其研究意义 [J].华中师范大学学报（人文社会科学版),2003(01):93-97.

[129] 黄永林，李琳.文化生态视角下湖南地区民间信仰的传承与保护 [J].长江大学学报 (社会科学版),2019,42(03):13-18.

[130] 牛文元.中国社会发展的战略构想 [J].中国人口·资源与环境 ,1994(04):9-14.

[131] 蔡运龙，WYCKOFF B.地理学思想经典解读 [M].北京：商务印书馆 ,2011.

[132] 大卫·哈维.地理学中的解释 [M].北京：商务印书馆 ,1996.

[133] 哈特向.地理学性质的透视 [M].北京：商务印书馆 ,1963.

[134] 詹姆斯，马丁.地理学思想史（增订本）[M].李旭旦，译.北京：商务印书馆 ,1989.

[135] 格蒂斯，格蒂斯，费尔曼.地理学与生活 [M].黄润华，韩慕康，孙颖，译.北京：后浪出版咨询（北京）有限责任公司、世界图书出版公司 ,2013.

[136] 克里福德，瓦伦丁.当代地理学方法 [M].北京：商务印书馆 ,2012.

[137] 约翰斯顿.哲学与人文地理学 [M].蔡运龙，译.北京：商务印书馆 ,2010.

[138] 美国国家研究院地学、环境与资源委员会，地球科学与资源局重新发现地理学委员会.重新发现地理学：与科学和社会的新关联 [M].黄润华，译.北京：学苑出版社 ,2002.

[139] 克拉瓦尔.地理学思想史 4 版.郑胜华，刘德美，刘清华，等译 .[M].北京：北京大学出版社 ,2015.

[140] 伍光和，王乃昂，胡双熙，等.自然地理学 [M].4 版.北京：高等教育出版社 ,2018.

[141] 蔡运龙.综合自然地理学 [M].3 版.北京：高等教育出版社 ,2019.

[142] 赵荣，王恩涌，张小林，等.人文地理学 [M].2 版.北京：高等教育出版社 ,2006.

[143] 顾朝林, 于涛方, 李平, 等. 人文地理学流派 [M]. 北京: 高等教育出版社, 2008.

[144] 周尚意, 孔翔, 朱竑. 文化地理学 [M]. 北京: 高等教育出版社, 2008.

[145] 赵济, 陈传康. 中国地理 [M]. 北京: 高等教育出版社, 1999.

[146] 保继刚, 楚义芳. 旅游地理学 [M]. 3 版. 北京: 高等教育出版社, 2012.

[147] LAMPARD E E. American historians and the study of urbanization[J]. The American Historical Review, 1961, 67(1): 49-61.

[148] LEIGHLY J.Land and Life [M]. Berkeley and Los Angeles: University of California Press, 1963.

[149] BERRY J. Cross-cultural Psychology: Research and Application[M]. Cambridge: Cambridge University Press, 2002.

[150] GUPTA J, PAHL-WOSTL C. Editorial on global water governance[J]. Ecology and Society, 2013, 18(4): 54.

[151] ACEROS J C, Domènech M. The 'New Water Culture' on the Web: an issue network analysis[J]. Regional Environmental Change, 2011, 11:963-973.

[152] HWAN-SEUNG J. A Study on the Meanings of Water in Thai Culture[J]. Journal of Korean Association of THAI Studies, 2014,20:21-56.

[153] FAN M Y, SHI Y Z, LIU H J, et al. Demand Analysis and Technical Framework of Water Ecological Civilization Construction in Shandong Province[J]. Applied Mechanics and Materials, 2015, 737: 701-704.

[154] LIU K B, WANG X, LI H B, et al. Theoretical Framework of Urban Eco-Civilization Construction[J]. Advanced Materials Research, 2013, 616: 1234-1237.

[155] ZhU H Q, WANG Y. Urban Water Conservancy Project Based on Engineering Construction Combined with Ecological Environment[J]. Applied Mechanics and Materials, 2015, 700: 534-537.

[156] JIANG M D, WANG H L, WANG J. Construction of Eco-Civilization of Water Based on Human-Water Harmony[J]. Applied Mechanics and Materials, 2014,3488(641/642): 477-480.

[157] LIU Z H, LIU F. The Basic Framework System and Connotation of Chinese Water Culture[J]. Applied Mechanics and Materials, 2013, 295: 1862-1865.

[158] LI J Z, JIANG T, AHMAD H, et al. The enlightenment on the construction of urban infrastructure in China from Dujiangyan Irrigation Project[J]. Applied Mechanics and Materials, 2017, 858: 319-324.

后　记

　　文化兴则国运兴，文化强则民族强。党的十八大以来，党中央高度重视文化建设工作，把文化自信和道路自信、理论自信、制度自信并列为中国特色社会主义"四个自信"。党的十九届五中全会明确提出，到2035年建成文化强国。党的十九届六中全会通过的《中共中央关于党的百年奋斗重大成就和历史经验的决议》强调，要"推动中华优秀传统文化创造性转化、创新性发展"。水文化既是中华文化的重要组成部分，也是水利事业不可或缺的重要内容。习近平总书记先后对保护、传承、弘扬、利用黄河文化、长江文化、大运河文化做出一系列重要指示批示，明确提出统筹考虑水环境、水生态、水资源、水安全、水文化和岸线等多方面的有机联系，为水文化建设提供了根本遵循和行动指南。2022年2月，水利部办公厅印发"十四五"水文化建设规划，明确"十四五"时期力争实现"水利遗产保护显著加强，水利工程建设文化品位明显提高，水文化公共产品和服务进一步丰富，水利行业文化软实力和社会影响力大幅度提升，水文化建设管理体制机制逐步完善"的总目标，提出要从水文化保护、传承、弘扬、利用四个方面建设"水利遗产系统保护""长江文化传承创新工程"等专栏。

　　水文化遗产的基础在于挖掘与保护，核心在于传承和利用，本质在于发挥其价值。只有积极开发和利用，才能更好地保护与传承，二者之间是辩证统一的关系。如何将水文化遗产的开发和利用与乡村振兴、旅游开发相结合是值得当地政府和科研工作者思考和攻关的重要课题。党的十九大报告指出，农业、农村、农民问题是关系国计民生的根本性问题，必须始终把解决好"三农"问题作为全党工作的重中之重，实施乡村振兴战略。乡村是具有自然、社会、经济特征的地域综合体，兼具生产、生活、生态、文化等多重功能，与城镇互促互进、共生共存，共同构成人类活动的主要空间。乡村兴则国家兴，乡村衰则国家衰。我国人民日益增长的美好生活需要和不平衡不充分的发展之间的矛盾在乡村最为突出，我国仍处于并将长期处于社会主义初级阶段，它的特征在很大程度上表现在乡村。全面建设社会主义现代化强国最艰巨、最繁重的任务在农村，最广泛、最深厚的基础在农村，最大的潜力和后劲也在农村。实施乡村振兴战略是解决新时代我国社会主要矛盾、实现"两个一百年"奋斗目标和中华民族伟大复兴中国梦的必然要求，具有重大的现实意义和深远的历史意义。

三峡库区内部发展的不平衡、不充分问题十分突出，乡村成为制约三峡库区可持续发展和现代化建设的突出矛盾。统筹实施三峡库区内水文化遗产的保护与开发利用是促进三峡库区城乡发展的有力手段，是建设美丽三峡库区的重要举措，是传承优秀文化的有效途径，是三峡库区乡村振兴的必然选择。

弘扬中华优秀传统文化是时代赋予旅游业的使命，文化和旅游部提出了"宜融则融，能融尽融，以文促旅，以旅彰文"的工作思路，注重文化和旅游的融合发展，从而更好地服务人民的美好生活。建设三峡库区文化旅游带是新时代三峡库区旅游业发展的迫切需求。流域水文化遗产保护与利用是推动流域旅游业高质量发展的重要引擎。目前，随着我国进入新时代，旅游业发展进入新阶段，三峡库区旅游事业与文化协同发展的重要性日益凸显，三峡库区水文化遗产的开发和利用已经成为推动三峡库区旅游业发展不可或缺的重要组成部分。本书全面梳理了三峡库区水文化遗产的基本特征、发展现状、保护传承、开发利用和典型个案，既是促进三峡库区旅游业高质量发展的重要抓手，也是推动长江经济带绿色发展的重要支撑，更是加快长江国家文化公园建设的必然选择。